Sociologia do Direito

F.A. de Miranda Rosa

Sociologia do Direito

O Fenômeno Jurídico como Fato Social

18ª edição

ZAHAR
Rio de Janeiro

Copyright desta edição © 2009:
Jorge Zahar Editor Ltda.
rua México 31 sobreloja
20031-144 Rio de Janeiro, RJ
tel.: (21) 2108-0808 / fax: (21) 2108-0800
e-mail: jze@zahar.com.br
site: www.zahar.com.br

Capa: Miriam Lerner

Edições anteriores: 1970, 1973, 1974, 1975, 1977, 1978, 1981 (7ª ed. rev. e ampl.), 1984, 1992, 1993, 1994, 1996 (duas ed.), 1997, 1999, 2001, 2004 (17ª ed. rev. e atual.)

CIP-Brasil. Catalogação-na-fonte
Sindicato Nacional dos Editores de Livros, RJ

R694s Rosa, Felippe Augusto de Miranda
18.ed. Sociologia do Direito: o fenômeno jurídico como fato social / Felippe Augusto de Miranda Rosa. – 18.ed. [14. reimpr.] – Rio de Janeiro: Jorge Zahar Ed., 2009.

Inclui bibliografia
ISBN 978-85-7110-219-4

1. Sociologia jurídica. I. Título.

09-0272 CDU: 34:316.334.4

Sumário

Intróito, 11
Introdução à Sétima Edição, 13
Introdução à Segunda Edição, 15
Prefácio à Edição Anterior, 19

Capítulo I **A Importância dos Estudos Sociais**, 21

1 *A crescente importância das Ciências Sociais. A era da tecnologia e o* "cultural lag". *O ser humano como centro, razão de ser e finalidade de todo conhecimento, 22* • **2** *A posição dos sociólogos na sociedade moderna. O Estado e o planejamento da atividade social, 24* • **3** *O que o futuro nos reserva. Os caminhos do Direito. Algumas antevisões, 25* • **4** *Novas considerações, 28*

Capítulo II **Posição e Autonomia da Sociologia do Direito**, 31

1 *A visão sociológica do fenômeno jurídico. A posição da Sociologia do Direito entre as Ciências Sociais, 32* • **2** *Os três modos de encarar o fenômeno jurídico e sua inter-relação. Sociólogos e juristas diante da Sociologia jurídica, 34* • **3** *Alguns dados históricos sobre seu desenvolvimento no Brasil, 37* • **4** *A autonomia da Sociologia do Direito como Sociologia especial, 38* • **5** *Jurisprudência sociológica e Sociologia jurídica, Criminologia e Sociologia da Criminalidade, 39* • **6** *Alguns dados adicionais, 41*

Capítulo III **O Direito como Fato Social**, 43

1 *A norma jurídica como resultado e reflexo da realidade social, 44* • **2** *Condicionamentos socioculturais da normatividade jurídica, 45* • **3** *Formação extralegislativa do Direito, 47* • **4** *Discussão esclarecedora, 48*

Capítulo IV **O Direito como Condicionante da Realidade Social**, 55

1 *A interação social e o Direito. Influência deste sobre as demais manifestações sociais, 56* • **2** *A norma jurídica como instrumento de controle social, 57* • **3** *Funções educativa, conservadora e transformadora. O Direito como agente de mudança social. Ação do Direito sobre a opinião pública, 58* • **4** *Em resumo, 61*

Capítulo V **O Direito, a Solução de Conflitos e a Mudança Social,** 65

1 *O conflito como processo social. Discussão do conceito, 66* • **2** *Uma tipologia dos meios de acomodação de conflitos. Negociação direta, mediação ou conciliação, arbitramento, recurso ao aparelho judicial, 67* • **3** *As normas jurídicas e sua influência nos diversos tipos referidos. Normas de outra natureza, 69* • **4** *Fatos determinantes das opções quanto aos tipos aludidos. O que efetivamente ocorre e suas motivações, 71* • **5** *A mudança social e o Direito. Diferentes maneiras de conceituar a mudança social. Enfoque estrutural. A mudança como processo. Evolução, desenvolvimento e progresso, 71* • **6** *A idéia das transformações "significativas". A mudança como um universal da sociedade. Mudança perceptível. Transformações duráveis, 73* • **7** *Macro e micromudanças. Abrangência do conceito, 74* • **8** *Conclusão, 75* • **9** *Adendo, 76*

Capítulo VI **Direito e Anomia,** 79

1 *A importância dos conceitos sociológicos para o estudo do Direito. A noção de "papel"; outros conceitos significativos, 80* • **2** A *noção de anomia; ambigüidade e imprecisão. Significados habituais. Durkheim e o estudo da anomia quanto à divisão do trabalho social e ao suicídio, 81* • **3** *A teoria geral da anomia formulada por Merton. Tipologia dos comportamentos anômicos ou de desvio. Objeções, 84* • **4** *O Direito como resposta aos comportamentos de desvio. Os muitos níveis dessa relação, 88* • **5** *Conclusão, 91* • **6** *Em tempo, 92*

Capítulo VII **Campos de Estudo da Sociologia do Direito,** 93

1 *A identificação concreta do objeto da Sociologia do Direito. Os campos de estudo. O estudo teórico e a investigação científica no domínio da especulação intelectual, 94* • **2** *O estudo objetivo com base em verificações obtidas em pesquisa. Orientações preconizadas por Recaséns Siches, Treves, Fechner, Jorion, Carbonnier, 96* • **3** *Orientação sugerida pelo autor, 100* • **4** *Lembrete, 101*

Capítulo VIII **Eficácia das Normas Jurídicas e seus Efeitos Sociais,** 103

1 *Os efeitos e a eficácia das normas jurídicas. Os fenômenos de mudança social e sua repercussão, 104* • **2** *Direito de Família: questões relativas à sua evolução; a* patria potestas; *regime matrimonial, dissolução da sociedade conjugal; relações patrimoniais intrafamiliares; administração de bens da prole. Direito das Sucessões, 105* • **3** *Direito do Trabalho: sua rápida evolução. Influência das forças sindicais. A previdência social, 108* • **4** *Direito Fiscal e Direito Financeiro: repercussão das normas tributárias, sua eficácia real; o caso do imposto de renda; o conceito de "normas de força latente", 110* • **5** *Leis contra a discriminação racial: realidade social; vinculações com situação econômica e grau de instrução, 111* • **6** *O controle de preços; racionamento de bens de consumo necessário; repressão ao jogo e à prostituição, 113* • **7** *Comentário, 115*

Capítulo IX **O DIREITO PROCESSUAL COMO EXPRESSÃO DE VALORES SOCIOCULTURAIS**, 117

1 *O processo judicial como fato das sociedades complexas. Sua natureza: modo de acomodação de conflitos sociais, 118* • **2** *A importância do estudo dos valores dominantes para o Direito Processual. A escassa discussão teórica a esse respeito, 119* • **3** *O sentimento de justiça e a realização do justo. Justiça distributiva e retributiva. A igualdade das partes. O equilíbrio social, 120* • **4** *A segurança individual e a segurança social. A segurança nas relações jurídicas e a observância das normas processuais. A defesa social. Valores éticos e ético-afetivos, 122* • **5** *Sobrevivências e praxes processuais. Aspectos folclóricos do Direito Processual. Unidade processual e diversidade dos contextos socioculturais. Centralismo e regionalismo na prática processual, 125* • **6** *Conclusão, 131* • **7** *Discussão complementar, 132*

Capítulo X **OS INSTRUMENTOS HUMANOS DE REALIZAÇÃO DA ORDEM JURÍDICA**, 133

1 *Os magistrados: seus poderes, seu recrutamento; a origem social dos juízes, sua ideologia e formação; o processo de formação das decisões dos juízes e os condicionamentos que sobre ele incidem; a importância dos precedentes; o magistrado jurista e o não-jurista, 134* • **2** *A Justiça como organização; custo da prestação jurisdicional; justiça gratuita, 141* • **3** *O Ministério Público. Os advogados, 146* • **4** *Fuga à máquina judiciária: causas, conseqüências; juízos arbitrais, 147* • **5** *Legisladores: origem, forma de escolha, fatores condicionantes de seu comportamento. Os agentes da administração detentores da função legislativa material: fatores condicionantes de sua ação, 148* • **6** *Atualizando, 150*

Capítulo XI **A OPINIÃO PÚBLICA SOBRE O DIREITO E AS INSTITUIÇÕES JURÍDICAS**, 153

1 *A opinião e o sentimento de justiça. Correspondência entre as leis e esse sentimento. Diferenças de opinião segundo variáveis, como urbanização, sexo, idade, grau de instrução e outras, 154* • **2** *O prestígio do Direito e de suas instituições. A imparcialidade dos juízes e tribunais. O conhecimento das normas e dos princípios que orientam o Judiciário, 155* • **3** *Reações às normas de Direito Tributário ou limitativas ao exercício da liberdade, 159* • **4** *Outras considerações, 160*

Capítulo XII **MÉTODOS E TÉCNICAS DA SOCIOLOGIA DO DIREITO**, 163

1 *Breve introdução metodológica. Conceito de método e sua variabilidade. Métodos e técnicas, 164* • **2** *Métodos, ou técnicas, de pesquisa sociológica; formulação de hipóteses, documentação, observação, amostragem, questionário, entrevistas, experimentação, simulação; análise e processamento de dados, 165* • **3** *Métodos e técnicas da ciência dogmático-normativa do Direito; interpretação das normas, decisões, atos, contratos etc.; mundo conceptual do Direito; semântica especializada; a arte do raciocínio jurídico, 169*

Capítulo XIII **CONSIDERAÇÕES FINAIS**, 171

1 *A sociedade de massas e o Direito. A nova realidade social e a relativização da normatividade jurídica, 172* • **2** *A revolução cultural contemporânea. "Contestação". A* *atuação da juventude do segundo pós-guerra. Expectativas, realidade e seus reflexos no Direito,* 173 • **3** *Os ideais de justiça e sua permanência no mundo moderno. A noção de Justiça e sua significação sociológica,* 176 • **4** *A questão da "profissionalização" da magistratura. Juízes de carreira e juízes temporários; juízes profissionais e juízes leigos,* 179 • **5** *Algumas conclusões,* 181 • **6** *Reflexões adicionais,* 183

Apêndice **A CENSURA NO BRASIL: O DIREITO E A REALIDADE SOCIAL,** 185

1 *O direito de opinião e a liberdade de pensamento. As condições da liberdade. O abuso do direito e o controle estatal,* 186 • **2** *O Poder de Polícia: conceito. O direito de censura,* 190 • **3** *Fundamentos jurídicos do direito de censura no Brasil. A evolução do Direito Constitucional,* 190 • **4** *Problemas da realidade mundial e nacional; o inconformismo das novas gerações; a "sociedade informada"; a condicionante tecnológica; a consciência das carências. O debate em curso,* 194 • **5** *Problemas de censura e segurança,* 202 • **6** *Conclusões provisórias. Advertências e um projeto de pesquisa,* 204 • **7** *Apêndice I: Os tempos mudaram...* 205 • **8** *Apêndice II: ... e mudaram mesmo,* 206

Notas, 211

A Lourdes, minha mulher,
pelo apoio que nunca faltou.

Intróito

Quando a idade do texto original e de alguns acréscimos em outras edições de nosso *Sociologia do direito* tornou-se provecta, fez-se evidente a necessidade de uma nova edição, atualizada e aumentada.

Uma razão de ordem prática, e que talvez tenha raízes em uma certa impaciência no tratamento das questões adiante referidas, deve ter sido o primeiro motivo do rumo adotado na feitura desta edição. O segundo foi a leitura da nova edição do *Conflitos sociais e limites do Poder Judiciário*[1] do professor Aurélio Wander Bastos, em que foi mantido o texto original ao qual se acresceram dois estudos complementares entre si e ao texto inicial, que o autor denominou simplesmente "Posfácio I" e "Posfácio II". Percebemos desde logo a importância do método seguido, que aliou o texto primitivo do seu estudo com novas maneiras de abordá-lo, incluindo a elaboração de um quadro teórico enriquecedor.

A convergência dos dois motivos indicados acima animou-nos a adotar uma forma semelhante à metodologia de Wander Bastos. Decidimos manter inalterado o texto original de nosso livro, então já na 16ª edição, o que mostra um índice de aceitação e utilização elevado.

A esse texto adicionamos algumas observações de natureza complementar e comentários atuais que permitem a percepção, pelo leitor, da presença permanente da mudança social no universo abordado por nós, com uma amplitude talvez demasiadamente ambiciosa. A cada um dos capítulos (nem todos) seguem-se considerações adicionais, sobre os mesmos temas e/ou matéria correlata que nos pareceu esclarecedora.

Foi mantido um apêndice que também era conjuntural. E um novo apêndice foi acrescentado, em face das novas realidades e de problemas surgidos na vida político-jurídica do país.

Assim, esta nova edição de *Sociologia do direito* cuida, de maneira geral, do conhecimento do direito como fato social, segundo o título primeiro que nós utilizamos, mostrando, entretanto, que fatos, conceitos, princípios e normas se transformaram no decurso dos mais de 30 anos, desde 1970, quando nos aventuramos a tentar abarcar as questões e os temas que compõem o escrito.

O que aqui se afirmou, como explicação que nos pareceu necessária para orientar os leitores eventuais quanto aos motivos na maneira de apresentar os temas primitivos e os mais novos (alguns deles), deve deixar clara a razão deste intróito diminuto. Àqueles que nos acompanharem na leitura das páginas seguintes, esperamos que tenham muito a examinar.

Para a feitura desta edição, contribuíram críticas e sugestões de colegas da vida judiciária e do ensino. Agradecemos pelo estímulo. Também agradecemos a colaboração no preparo da matéria prestada pela advogada Ely Christianne Esperon de Miranda Rosa.

FELIPPE AUGUSTO DE MIRANDA ROSA
Rio de Janeiro, maio de 2004

Introdução à sétima edição

A primeira edição deste livro foi escrita em 1969 e veio a público em 1970.

A segunda, revista e aumentada, teve sua redação finda em 1971 e foi publicada em 1972.

Seguiram-se quatro edições, sem qualquer modificação. O fato em si representa uma recompensa muito maior, para o autor, do que este esperava. Afinal, o livro mereceu sucessivas edições e uma acolhida extremamente favorável do público universitário e em geral.

Alguns fatos novos, entretanto, aconselharam a que esta sétima edição fosse novamente revista. Ela é também acrescida de dois capítulos novos, resultado da reformulação de artigos publicados sobre o objeto do livro. Por outro lado, o autor, ele também, viveu (felizmente) e, portanto, mudou. Ninguém é o mesmo em toda a vida. Isso recomendou algumas — pouquíssimas — alterações do texto. Pareceu ao autor preferível resistir à tentação de reescrever o livro, de modo que as alterações feitas foram apenas aquelas absolutamente necessárias.

Da segunda à sétima edições, o panorama da bibliografia na Sociologia do Direito — ou Sociologia jurídica, como preferem alguns dizer — enriqueceu-se bastante. Parece que a primeira edição surgiu no momento em que esse ramo do conhecimento sociológico amadurecia entre nós o suficiente para a produção de textos diversos. Contribuindo para isso, também, a inclusão, pouco depois, da Sociologia no currículo mínimo oficial dos cursos de Direito.

Não é, porém, de todo injustificado nem pretensioso em extremo, imaginar que o aparecimento deste livro em 1970, quase simultaneamente com o de Nelson Nogueira Saldanha, de título igual, tenha sido um dos fatores dessa eclosão de interesses e de produção de textos de Sociologia do Direito.

Após a segunda edição, vale mencionar a publicação de livros, coletâneas e relatórios de pesquisas que enriquecem sobremodo a bibliografia especializada. De Cláudio Souto, dele e de Solange Souto, de Machado Neto a reedição ampliada de sua obra mais importante, são alguns dos trabalhos vindos a lume,[1] a que se deve acrescentar referências aos relatórios de pesquisas de Teresa Miralles e suas colaboradoras, de Herkenhoff, de Miranda Rosa, Miralles e Cerqueira Filho,[2] e também a um ensaio de Aurélio Bastos, às coletâneas organizadas por Celso A.P. Castro e Cláudio Souto e Joaquim Falcão, a pesquisa deste e Teresa Miralles e a um curto ensaio do autor,[3] como exemplos do crescente interesse pela matéria. Pesquisas importantes em curso produzirão, ainda, outras publicações dentro de um lapso de tempo pequeno. E diversos artigos desses e de outros autores foram publicados.

Isso vem contribuir, decerto, para o conhecimento científico do fenômeno jurídico como fato social. Qualquer que seja a vertente teórica de que provenham tais estudos, é certo que os cientistas e pesquisadores futuros encontrarão o terreno muito mais trabalhado do que aquele que foi dado ao autor para o plantio. A colheita deverá ser, portanto, muito melhor. É a esperança que fica.

FELIPPE AUGUSTO DE MIRANDA ROSA
Rio de Janeiro, agosto de 1980

Introdução à segunda edição

Desde quando redigimos os originais para a primeira edição de *Sociologia do direito*, importantes trabalhos vieram ao conhecimento público, capazes de reforçar ou modificar os rumos que as investigações científicas apontavam para nosso objeto de estudo. Esses trabalhos foram, de um lado, indagações teóricas, algumas de gabinete, diversas com o reexame de velhas questões à luz de novas teorias ou novos conhecimentos; de outro, pesquisas de campo, mediante programas de variada amplitude e profundidade, com o resultante trabalho de análise e interpretação ao nível da teoria. A formulação de hipóteses novas, ou a reformulação, ou mesmo ainda o reexame de velhas hipóteses, tiveram em todos esses trabalhos uma grande significação.

Amadureceram também certos enfoques. A utilização, por exemplo, de conceitos sociológicos no campo da chamada Ciência do Direito, que outro não é senão o conhecimento dogmático-normativo da ordem jurídica e diferenciado portanto da Filosofia do Direito e da Sociologia do Direito, ganhou maior nitidez e viabilidade. Partindo dos estudos anteriores de Madeleine Grawitz sobre a utilização no Direito das noções sociológicas, havíamos lembrado que os conceitos de *papel*, de interação, de mudança social, de processos sociais, especialmente aquelas noções de conflito, acomodação, aculturação, sociabilidade, mobilidade social, todos esses conceitos poderiam (e podem, certamente) revelar muitas coisas úteis para as cogitações dos juristas.

O conceito de anomia está entre aqueles que mais utilidade podem ter para a exata compreensão dos fenômenos da normatividade jurídica, pois as regras de Direito são editadas, realmente, para enfrentar comportamentos de desvio das normas sociais anteriores, costumeiras ou jurídicas. Esses comportamentos, rejeitando as regras de conduta socialmente aprovadas, são precisamente a chamada "conduta anômica". Por esse motivo entendemos de abordar a anomia nesta segunda edição, inserindo um capítulo inteiro dedicado ao seu exame.

No mais, não quisemos fazer modificações no texto original, publicado em 1970. Ele guarda ainda as mesmas estrutura e redação. É verdade que, no amadurecimento das idéias, teríamos algo a mudar aqui e ali, retocando, substituindo, acrescentando. Não houve, porém, no relativamente curto intervalo entre as épocas em que escrevemos o livro e autorizamos a publicação desta segunda edição, motivos importantes para modificações substanciais, com a exceção já mencionada.

Convém, entretanto, salientar alguns fatos que modificaram o panorama geral da Sociologia do Direito nesses poucos anos. Os traços característicos de nosso trabalho editado em 1970 foram, primeiro, a tese defendida sobre a necessidade de uma Sociologia do Direito atuante, real, baseada em estudos e pesquisas da realidade social com trabalhos de campo, mediante colaboração interdisciplinar dos cientistas sociais (sociólogos, economistas, juristas, politólogos, psicólogos, psicossociólogos etc.); segundo, a visão global do que se estava fazendo, e do que se tinha feito em matéria de tais pesquisas, sua análise e interpretação, sua correlação e os programas conjuntos que as aproximavam e coordenavam.

É conveniente, portanto, fazer uma breve referência a trabalhos parecidos de então para cá, sem a pretensão de abranger a totalidade dessas contribuições, algumas preciosas, que os investigadores sociojurídicos têm dado à ciência. Diga-se logo que, no Brasil, ocorreu uma simpática reação ao silêncio que sobre a nossa disciplina vinha sendo mantido, com as raras exceções já apontadas no capítulo II.

De Nogueira Saldanha, logo após o nosso, veio a lume importante trabalho,[1] no qual o eminente professor pernambucano reexaminou de maneira sistemática os problemas clássicos da Sociologia jurídica. Outro livro excelente que sobre a matéria surgiu foi o de Cláudio Souto[2], no qual o seu autor deu um enfoque particularmente feliz à introdução ao estudo do Direito de um ponto de vista sociológico, convindo observar a grande atualização das informações contidas no texto, inclusive quanto à existência de importantes trabalhos de pesquisa de campo. O mesmo autor havia publicado pouco antes artigo valioso da Sociologia do Direito, em revista também pernambucana.[3]

De outro lado, acompanhando a intensa elaboração doutrinária e de pesquisa científica dos sociólogos de Pernambuco, na Bahia o Professor Nélson Sampaio se preocupou com a disciplina. Um de seus trabalhos, particularmente importante, foi entretanto publicado em Portugal,[4] convindo que os estudiosos do assunto a ele se remetam para uma compreensão abrangente de que se faz em matéria da Sociologia do Direito no Brasil. Em campos muito próximos e especialmente significativos para os estudos que nos ocupam, estão, por exemplo, as incursões na área do estudo das relações entre a Cibernética e o Direito, especialmente o livro de Igor Tenório e artigos de Luiz Antonio de Andrade.[5] Curioso é o trabalho de Juary Silva,[6] a respeito das realidades da nossa sociologia industrial, em relação ao Direito. Por outro lado, na copiosa literatura recente a respeito dos problemas conseqüentes da expansão do consumo de tóxicos, é possível destacar, do ponto de vista sociológico, o livro de Menna Barreto,[7] embora fosse desejável que os autores que se ocuparam da matéria tivessem mergulhado mais profundamente nas implicações socioculturais do problema. A propósito de assunto diferente, como é a questão dos condicionamentos da fertilidade humana no Brasil, utilíssimo trabalho é o de Dora Feiguin,[8] como relatório de uma pesquisa que realizou, correlacionando aqueles fenômenos com a normatividade jurídica em nosso País.

No estrangeiro, como é natural, é muito mais copiosa a bibliografia recente, incluindo numerosas reedições e traduções de trabalhos clássicos. Não havíamos feito referência, antes, a alguns deles, para os quais pedimos entretanto a atenção dos estudiosos agora. Uma importante coletânea de trabalhos preciosos sob a direção do Professor Wilheim Aubert, assim como as traduções italianas de Olivecrona e Schur, estão nesse caso.[9] Carbonnier trouxe uma importante contribuição do que chama de "sociologia do direito sem rigor", em trabalho francês, como é, porém rigorosamente técnico, o estudo sobre a sociologia da adoção, publicado por Marie-Pierre Marmier.[10] Uma nova coletânea em italiano cuidou dos novos desenvolvimentos da Sociologia do Direito, em todo o mundo, publicada como a anterior, sob a responsabilidade do brilhante Renato Treves, que também contribuiu com importante monografia, baseada em numerosos trabalhos de pesquisa, sobre a justiça e os juízes na sociedade italiana.[11] Por seu turno, além de numerosos artigos científicos, principalmente sobre a criminologia e a administração da justiça, o eminente belga Versele dirigiu a publicação dos anais de um colóquio internacional sobre a Sociologia do Direito e da Justiça, em que se encontram importantes informações científicas.[12] Estes e muitos outros trabalhos enriqueceram extraordinariamente o estudo da disciplina.

Um esforço intenso para reunir documentação em escala mundial a respeito vem sendo desenvolvido pelo Comitê de Pesquisas de Sociologia do Direito, da Associação Internacional de Sociologia, não só em seu escritório central em Milão, mas também por intermédio do grupo de trabalho do holandês Vinke e do alemão Kaupen. De outro lado, o grupo norte-americano coordenado por Biderman está elaborando índices e um banco de dados riquíssimo sobre o assunto, ao passo que o grupo de Szabo, no Canadá, desenvolve importante atividade na área da sociologia da criminalidade. Outras iniciativas valiosas, do mesmo tipo, e a copiosa atividade de pesquisas européias e norte-americanas, a que a América Latina assiste enquanto faz as primeiras tentativas no terreno, poderiam ser mencionadas. No Brasil, o desamor pela pesquisa de campo trouxe os obstáculos conhecidos ao desenvolvimento da Sociologia do Direito. No Rio de Janeiro, nós mesmos já realizamos trabalho experimental e procuramos desenvolver investigações empíricas a respeito da correlação entre o conhecimento da norma jurídica, sua aprovação e sua eficácia. Sociólogos e pesquisadores a nós associados também desenvolvem projetos a respeito de opinião pública e Direito, do conceito sobre as profissões ligadas à administração da justiça, e até sobre o Direito como agente de mudança social. Por outro lado, o Professor Virgílio Donnici procura, com o apoio do Instituto dos Advogados do Brasil e de sua cadeira universitária, dar um tratamento científico e sociológico ao estudo dos problemas da criminalidade.

Sem otimismo excessivo ou ilusões prematuras, é possível entretanto vislumbrar a viabilidade de um breve desenvolvimento de tais estudos em nosso País, à medida que as Universidades, instituições oficiais e entidades privadas tomarem consciência da importância que a Sociologia jurídica pode assumir no desenvolvimento nacional. Fazemos votos de que essa previsão, limitada incursão que fazemos no terreno da futurologia, se confirme.

FELIPPE AUGUSTO DE MIRANDA ROSA
Rio de Janeiro, setembro de 1971

Prefácio à edição anterior

"Em suas dimensões atuais, a Sociologia é, ao mesmo tempo, uma disciplina universitária e uma profissão nascente", afirmou Morris Janowitz.[1] É uma verdade. No Brasil, principalmente, como aliás em outros países em processo de desenvolvimento, para usarmos do eufemismo corrente, apenas se manifestam, os primeiros vagidos do infante. Nem mesmo se reconhece a profissão de sociólogo, em termos legais; e é possível dizer que a administração pública tem apenas, em seu conjunto, uma leve e imprecisa idéia da importância que a Sociologia poderá ter no planejamento governamental e no processo de desenvolvimento nacional.

Mesmo como disciplina universitária, a Sociologia tem sido maltratada. Está ausente de grande número de cursos que só serão completos e verdadeiramente úteis quando a incluírem; e é muito escassamente estudada nos demais. Sua importância nos cursos de Direito, por exemplo, é somente percebida, mas não avaliada em suas verdadeiras dimensões. Noções de Sociologia são incluídas em disciplinas como Introdução à Ciência do Direito, ou Teoria do Estado, ou até mesmo em Economia Política; mas não se encontra a cadeira de Sociologia na formação comum do advogado.

O fato é um contra-senso. O estudo da Sociologia, em geral e, particularmente, o da Sociologia do Direito, se nos afigura indispensável na preparação dos juristas, cuja tradição de interesse pela coisa pública e pelos problemas sociais é, para honra nossa, um fato constante na vida brasileira.

Por outro lado, os cursos de Sociologia, ou de Ciências Sociais, como alguns são denominados, têm permanecido quase hostis ao fenômeno jurídico, apesar de sua natureza quase universal em relação às manifestações grupais e de instrumento mais importante do controle social institucionalizado. Assim, raramente encontramos o estudo da Sociologia do Direito em tais cursos universitários, o que também constitui coisa que surpreende.

Nossa preocupação, portanto, foi abordar o assunto, partindo de uma tese de concurso para Livre-Docente de Sociologia, na Faculdade de Ciências Econômicas do Estado da Guanabara, de modo a colocá-lo sob a atenção dos estudiosos e dos estudantes, dos teóricos e dos pesquisadores dos juristas e dos sociólogos. Este livro é uma "inflação" da tese então defendida. Inclui capítulos que não foram então examinados, e quanto aos que o foram trata-os com muito maior amplitude e detalhe.

Após o corpo, propriamente dito, da matéria exposta, entendemos útil incluir um apêndice, focalizando o tema do exercício da censura, que havia sido objeto de uma pesquisa nossa, com a intenção de veicular um modo de encarar a questão e, ao mesmo tempo, evidenciar a diferença de tratamento que o mesmo problema pode ter, do ângulo da política jurídica, da ciência dogmático-normativa do Direito e da Sociologia jurídica.

Uma advertência se impõe, entretanto: o nosso é um trabalho de abertura de frentes de investigação. Um convite à reflexão e, sobretudo, à pesquisa. Constitui um desafio a intelectuais, especialmente aos dirigentes e professores universitários, e à administração pública, para que não se persista nos processos não-científicos de edição e conhecimento das normas de Direito e para que se tenha, afinal, na devida conta, os fatos sociais que condicionam e são condicionados pela normatividade jurídica, e dos quais esta é uma das manifestações.

Ao entregarmos os originais deste trabalho, queremos afirmar o nosso agradecimento pelas preciosas sugestões que, em crítica à tese de que nasceu o livro de agora, fizeram os Professores Evaristo de Moraes Filho, Ney Cidade Palmeiro, Djacir Menezes, Carlos Haroldo Porto Carreira de Miranda e Windson Natal; ao Professor José Joaquim da Fonseca Passos, que a esmiuçou pouco depois; a Elizabeth Miranda Rosa Santoro, que, relendo os originais, formulou observações valiosas que motivaram algumas alterações no texto; e principalmente à Professora Odila Dinorá de Alagão Cândido, que, como havia feito quando da preparação de nosso livro *Patologia social*, datilografou e revisou os originais, contribuindo com sua crítica sagaz para maior clareza de nossa exposição.

FELIPPE AUGUSTO DE MIRANDA ROSA
Rio de Janeiro, março de 1969

Capítulo I

A Importância dos Estudos Sociais

1. *A crescente importância das Ciências Sociais. A era da tecnologia e o* "cultural lag". *O ser humano como centro, razão de ser e finalidade de todo conhecimento.*

2. *A posição dos sociólogos na sociedade moderna. O Estado e o planejamento da atividade social.*

3. *O que o futuro nos reserva. Os caminhos do Direito. Algumas antevisões.*

4. *Novas considerações.*

1 A crescente importância das Ciências Sociais. A era da tecnologia e o "*cultural lag*". O ser humano como centro, razão de ser e finalidade de todo conhecimento.

O estudo dos fenômenos sociais é sempre fascinante. A sua natureza muito especial, com as características tantas vezes apontadas, de grande dificuldade, ligada à acentuada fluidez dos fatos, das mudanças constantes, da imprecisão de conceitos, idéias e tantas outras facetas particulares, tal natureza, repetimos, lhe confere uma capacidade de atrair a atenção, certamente insuperável em face da curiosidade científica.

Depois de um período em que as Ciências Sociais sofreram, apesar do que ficou dito acima, as conseqüências de um retraimento dos estudiosos, impressionados com a necessidade de penetrar mais a fundo no universo físico e voltados para o que se convencionou chamar, também erradamente, de "ciências exatas", tem sido observado um interesse crescente pela dimensão social da criatura humana, precisamente aquela dimensão que lhe confere, em sua plenitude, a condição de pessoa, de ser humano realizado.

É interessante notar que a idéia de precisão, ou de exatidão, que tantos espíritos inseguros quanto ao universo que os cerca entendem indispensável ao conhecimento científico verdadeiro, vai-se afastando, cada vez mais, do centro do moderno pensamento e da ciência mais atualizada. A inserção do relativismo no mundo das Matemáticas, e os resultados da nova cosmovisão assim imposta (de profundas implicações filosóficas), alteraram e caminham para destruir aquela preocupação, talvez irmã de tantas outras, como a busca da estabilidade no mundo que cerca o ser humano, este em procura de segurança, de se sentir no conhecimento, no universo controlado por seu saber e, se possível, sua vontade.

Reconhecida a crescente imprecisão fronteiriça entre os diversos ramos do conhecimento, a que se alia uma interpretação já agora inegável de todos esses campos da ciência, de tal maneira que o psicólogo só o é quando incorpora saber, pelo menos, da Sociologia, da Medicina no sentido mais genérico; da Biologia, da Antropologia, da Química e da Física (os fenômenos elétricos surpreendidos no sistema nervoso são da maior importância), por exemplo, perde força e prestígio a pretendida e pretensiosa afirmação de uma importância maior daquelas "ciências exatas", em contraposição ao que alguns relutam, mesmo, em considerar ciência, mas que se compreende no universo social, naquilo que tem de mais típico, como objeto de conhecimento científico.

A distorção assim espelhada está em decadência. Aos espíritos lúcidos não mais escapa a realidade de que o conhecimento científico é necessário, em termos integrados, harmônicos, vinculado sempre àquilo que lhe é essencial, como obra do homem, para a realização do ser humano em suas potencialidades. Daí o impressionante volume de trabalhos publicados nos últimos 20 anos, sobre questões filosóficas, e principalmente no que se refere às Ciências Sociais em geral, com o início de investigações novas, seguindo rumos antes não suspeitados e cujos resultados se mostram altamente promissores.

É de particular significação que tal ocorra no centro da denominada "era da tecnologia", a que se referiu Raymond Aron em conhecido ensaio[1] e que tem sido objeto de profundas reflexões dos pensadores contemporâneos. No momento em que, percebendo em todas as suas implicações o que representa o enorme progresso científico e tecnológico atingido no século XX e, principalmente, nos anos que já estão decorridos de sua segunda metade, os estudiosos de todo o planeta — e principalmente os do mundo chamado subdesenvolvido — conseguem sensibilizar os sistemas dirigentes das respectivas sociedades, procurando o caminho do conhecimento e de sua aplicação em benefício geral, nesse momento se apresenta a dimensão social de todo esse progresso e de toda a aplicação do conhecimento e do poder conseqüente, como elemento cuja compreensão se impõe esmagadoramente.

O progresso científico e tecnológico em geral só tem razão de ser quando entendido à luz da sua dimensão humana. Adquire, então, o significado verdadeiro e próprio, como resultado de uma profunda necessidade de saber, e como condição conquistada, para a realização do bem-estar e de todos os fins que a criatura humana se propõe, consciente ou inconscientemente. Ora, o descompasso entre o progresso no conhecimento científico ligado ao campo da tecnologia, e o progresso nas Ciências Sociais em geral e em algumas em especial, está atuando como obstáculo à realização dos ideais humanos. As instituições sociais, em verdade, não acompanharam e não acompanharão, ainda por muito tempo, as necessidades que lhe estão sendo e serão impostas pelo progresso técnico-científico e as realidades da vida humana em expansão no universo físico.

Nos tempos em que se começa a conquista do espaço externo ao planeta de origem do homem, as sociedades humanas encontram-se em crise profunda. As contradições internas se manifestam em forma de explosões reveladoras de forças sociais imensas, represadas ou em curso; as populações aumentam aceleradamente e com isso as tensões internas dos grupos sociais, ou as tensões entre grupos diferentes; a ideologia se apresenta com enorme capacidade de polarização do pensamento e da ação; o sentido, mesmo, que deve ter a vida humana, é posto em questão; mas em meio aos problemas e aos conflitos, há uma vitalidade imensa, cheia de espírito criador, da solidariedade, em que um novo eclodir do humanismo se mostra, e quando a procura de unidade no essencial rivaliza com a afirmação das diferenças inerentes à personalidade.

Em um quadro como esse, em verdade, deveria surpreender o apenas razoável interesse que, em certos setores, despertam os estudos científicos dos fenômenos sociais. O "*cultural lag*" a que nos referimos, refletindo uma distância entre os dois tipos de conhecimento científico, ou melhor, uma diferença de andamento, para empregar uma linguagem musical, entre o progresso nas ciências do mundo material e o nas ciências do mundo social, deveria provocar um esforço conjunto, geral, intenso, no sentido de se corrigir o descompasso. O emocionalismo, o complexo de opiniões, idéias feitas, atitudes pseudocientistas de fundo ideológico, ou mesmo pseudo-ideológico, que têm predominado no trato da dimensão social do homem, deveriam ter sido drasticamente afastados. E, em seu lugar, a mentalidade científica verdadeira, baseada no estudo dos fatos reais, constatáveis no universo social, suas regularidades, suas implicações habituais, seus reflexos nas estruturas sociais, enfim, tudo quanto esses fatos oferecem como objeto de observação e, portanto, de comparação e de base de conhecimento, tal mentalidade científica, repetimos, deveria ter instalado um novo modo de se olhar a sociedade.

2 A posição dos sociólogos na sociedade moderna. O Estado e o planejamento da atividade social.

É a visão sociológica que está faltando. Quando existem, ainda, como resquícios de velhas insuficiências culturais, os que negam a própria existência da Sociologia, e outros que procuram obstar a marcha da história (vã pretensão, essa!) negando lugar aos que, pelo estudo e pela pesquisa, pretendem fazer da Sociologia o fundamento de uma profissão e querem que se reconheça aos sociólogos, em termos legais, a especificidade de um campo de atividades científicas, técnicas e profissionais que, a rigor, é irrecusável, urge que se insista na necessidade de tal maneira de olhar a realidade social.

Não temos a menor dúvida, nesse particular, quanto ao futuro. É tranqüilamente certo, a nosso ver, que dentro de alguns (não muitos) decênios a organização estatal em todos os países se valerá, intensamente, dos serviços dos sociólogos. Estes atuarão, na esfera governamental, tanto no plano político como no plano administrativo, com influência e em escala não inferior à que, hoje, se vai atribuindo aos economistas, juristas e técnicos em administração. O primado absoluto dos juristas, no passado, refletindo em grau empírico nas demais técnicas para o trato dos assuntos político-sociais e administrativos, cede lugar a um equilibrado conjunto de elementos de influência, em que o papel dos sociólogos se fará sentir cada vez mais.

O que se afirma acima nada tem de surpreendente. É mesmo imperativo que assim ocorra. Já se acentuou que o Estado deixou de ser, definitivamente, um mero espectador da maioria das atividades sociais, passando a uma atuação múltipla, em todas as manifestações de alguma importância na sociedade, cujo desenvolvimento e cuja vida ele deve planejar. A sociedade planejada, ou planificada, não é mais considerada incompatível com a democracia, nem apenas um sonho de marxistas, ou de fascistas empolgados pelos problemas decorrentes da aparente necessidade de controlar as massas. Pelo contrário, o que se constatou é que, sem planejar a própria atividade estatal e, com o perdão pelo dito, sem planejar o planejamento, será impossível à liberdade essencial do homem a sobrevivência na sociedade de massas, sociedade industrial, complexa, que tende para as manifestações do impessoal, para a despersonalização, em detrimento do indivíduo, do fenômeno único e inconfundível que é cada pessoa.

A sociedade tem que caminhar, assim, para o autoconhecimento. Ela tem que fazer a sua própria análise. Para isso, deve dispor dos elementos de orientação, ou seja, do conhecimento dos fatos de sua vida. O homem, em sua dimensão social, é o objeto elementar de tal estudo, com o fenômeno social como centro de preocupações e alvo de exame minucioso. Se os cientistas sociais se aplicarem detidamente à pesquisa da realidade assim referida, poderão abrir, como de fato já estão abrindo, novas perspectivas ao progresso humano. E serão capazes de desfazer, dentro de algum tempo, a distância entre o progresso tecnológico e o das Ciências Sociais.

O sociólogo estará no centro desse processo. A ele caberá, seguramente, a função delicada e fundamental de coordenar o conhecimento científico na esfera das Ciências Sociais. Seu trabalho abrangerá desde a identificação dos problemas, das dificuldades, dos mistérios a pesquisar, até a análise dos estudos realizados, e finalmente a interpretação que deles deverá ser tirada, sintetizada em normas científicas, em regularidades e em relações de causa e efeito que poderão ser, e seguramente serão, os elementos orientadores principais na conduta dos negócios sociais.

3 | O que o futuro nos reserva. Os caminhos do Direito. Algumas antevisões.

Nesse mundo em que estamos penetrando, e de que temos, já agora, as primeiras manifestações parciais, as normas jurídicas continuarão, é certo, exercendo o seu papel de sempre. O direito é fenômeno que se associa a qualquer sociedade que apresente um mínimo de complexidade. Ele acompanhará o fenômeno social porque a ele é próprio, inerente. O consenso que domina o social se manifesta irrecusavelmente em normas, das quais as jurídicas são instrumentos de que não se pode despojar a sociedade, sob pena de comprometer a própria existência. A universalidade do fenômeno jurídico nas sociedades humanas é um elemento de convicção a respeito dessa associação obrigatória entre o fenômeno social complexo e a presença de normas jurídicas.[*]

Ora, se isso é verdadeiro, também não se pode negar, certamente, que o direito caminhará por novos rumos. À proporção que a realidade social se modifica, assume novas formas, incorpora outros valores, se adapta a fatos do meio físico,

---

* A questão da universalidade do fenômeno jurídico vincula-se à da própria conceituação do Direito. Ver a propósito F.A. de Miranda Rosa, *Direito, justiça e ideologia*, Rio de Janeiro, Achiamé/Socii, 1980, p.15-22.

cumpre o processo histórico, as normas que regulam a sua existência vão-se alternando. O Direito é, por isso mesmo, mutável, sociologicamente provisório, manifestação de superestrutura, cujas fontes se encontram naquela realidade social que lhe é subjacente e que o inspira e alimenta.

Assim é que a marcha da história nos ensina que as normas jurídicas sempre acompanharam as modificações sociais, em um processo de harmonização do particular com as demais partes do geral, processo esse em que, naturalmente, cada setor influi nos demais e no todo. A evolução das instituições jurídicas tem obedecido a essa regra e os exemplos recentes, no século XX, são ricos em lições a respeito. A observação dos sistemas contemporâneos de Direito mostra a presença de ramificações novas, especializações que surgiram da diversificação crescente das atividades sociais, ou da pujança de certos setores de grande riqueza. Por outro lado, as instituições jurídicas se transformaram notavelmente e, de certo modo, foram revitalizadas pela sua maior adequação às fontes materiais de que nasceram.

O surgimento das primeiras normas referentes às relações jurídicas decorrentes da conquista do espaço externo à atmosfera terrestre, e da projeção da criatura humana aos outros corpos celestes, ou mesmo da presença de engenhos do homem, enviados sem tripulação, a esses astros, é um exemplo claro do que ficou acima afirmado; é uma antevisão do que o futuro nos pode trazer em matéria de evolução do Direito.

Tão característico é esse desenvolvimento, que já se edita mesmo uma revista de Direito Espacial, na qual se pode encontrar copioso material, inclusive análise de artigos e obras diversos, publicados em variados países, uma resenha das atividades de numerosas organizações internacionais e a posição dos tratados internacionais a respeito do espaço exterior. A matéria é classificada segundo 17 rubricas: direito do espaço, estatuto jurídico, engenhos, pessoal, corpos celestes, responsabilidade, assistência e restituição, propriedade intelectual, poluição, utilizações militares, telecomunicações, utilizações outras que não as telecomunicações, programas nacionais e administrações, empresas privadas, organizações internacionais, cooperação internacional, congresso-colóquio.[2]

Não é apenas, decerto, pelo alargamento do mundo físico dominado pelas humanidades que se estenderá o campo de vigência das normas jurídicas. Também as novas formas de convivência trarão, consigo, realidades modificadas ao mundo jurídico. O desaparecimento gradativo das soberanias nacionais em grande parte do mundo, ou a formação dos grandes organismos políticos multinacionais, como os decorrentes da criação do Mercado Comum Europeu e dos primórdios do chamado "Parlamento da Europa", assim como outras tentativas internacionais de tipos diversos, vão inserindo no mundo do Direito problemas novos, que estão a impor soluções também inéditas. Recentes reuniões internacionais de juristas têm revelado a grande preocupação com essa evolução, com os debates em torno da vigência de institutos de Direito tradicionais, diante das novas realidades socioeconômicas.

A tendência para a formação dos grandes complexos políticos multinacionais, ou supranacionais, a aglutinação político-social-econômica, observada segundo os grandes grupos ideológicos, atendendo aos respectivos pólos de poder, a compreensão de que os organismos destinados a manter a paz e a segurança mundiais só terão sucesso em sua missão à medida que puderem exercer o seu poder sobre as nações separadamente, e a crescente intervenção, na economia mundial e no campo social, sanitário e educacional, dos organismos internacionais, influindo nas políticas nacionais em tais aspectos, condicionando-as ou mesmo determinando-as, mediante a realização de programas e a concessão de financiamentos de origem coletiva, são fatos que estão a provocar toda uma nova formulação de princípios jurídicos, com a edição de normas de diferente força obrigatória, mas de cada vez maior atuação.

Tais normas não incidem apenas no setor de Direito Internacional Público, mas modificam os demais setores do Direito Público e faixas extensas e profundas do Direito Privado. O que ocorre no Direito Comercial, por exemplo, é ilustrativo dessa influência, pois tal ramo do Direito, extremamente sensível à realidade econômica dos fenômenos do comércio, está sofrendo, freqüentemente pela via da edição de normas de tipo fiscal e financeiro, e outras vezes pela adoção de acordos internacionais, alterações que podem representar, em parte, um passo importante no sentido de sua publicização.

Ainda agora, está em pleno processo de elaboração e definição o chamado "Direito de Publicidade Comercial", que se prende, em parte, aos problemas gerais do Direito em relação à comunicação social, à informação, à propaganda em sentido amplo e à publicidade. O assunto é de tão grande atualidade que preocupa juristas, cientistas políticos, sociólogos e outros especialistas não apenas na área capitalista, mas também no mundo socialista.

Em Perugia, no ano de 1968, houve uma reunião promovida pelo Centro Internacional de Magistrados "Luigi Severini", subordinada ao tema geral de "Publicidade e Direito". Logo após, foi editado, na Itália, importante trabalho de Luigi Sordelli, em que os problemas jurídicos da publicidade comercial são olhados com particular agudeza, especialmente quanto às dificuldades reais da observância de normas e princípios de Direito, inclusive disposições contratuais, em face de uma realidade prática extremamente dinâmica, informal e até mesmo de discutível moralidade. O estudo de Sordelli é exemplo das preocupações realistas de que se reveste a Sociologia jurídica.[3]

O conhecimento da relação entre a realidade social subjacente às normas jurídicas, e estas, em suas múltiplas manifestações, mudanças, adaptações, no que tange à sua eficácia, e no que se refere à sua força condicionante do *substractum* social é, assim, uma imposição dos tempos. A sociedade industrial complexa, massificada, exige o próprio conhecimento em todas as suas facetas. A esfera do Direito, entendido como fato social, não escapa a tal exigência. Se progredirmos suficientemente no estudo da Sociologia do Direito, será possível prever as tendências da legislação; será viável buscar uma adequação maior entre os fins sociais e as normas jurídicas que se destinam a realizá-los; poderão os legisladores cumprir melhor a sua função, como serão capazes, os governantes e juízes, de dar aplicação mais precisa às normas de Direito que houverem sido editadas.

Estamos convencidos de que isso ocorrerá mais adiante. A sociedade não continuará, certamente, pelos caminhos da imprevisão, do acaso, da improvisação, mas será compelida, inevitavelmente, a planejar, a planejar a própria organização, visando assegurar-se o mínimo de eficiência que, em caso nenhum, alcançou até hoje; e garantir o máximo de liberdade, ideal moral da humanidade,[4] e objetivo perseguido em todo o desenvolvimento da história. A liberdade planejada, a democracia planificada, são metas que, naturalmente, temos todos, e esperamos sejam atingidas pela criatura humana. A sociedade caminha em tal rumo, em busca de um alvo definido e atingível.[5]

Um dos instrumentos de que terá que se valer será o cuidadoso conhecimento do Direito como fato social. O estudo da Sociologia do Direito e a sua aplicação em projetos concretos e objetivos correspondem precisamente a essa necessidade. Os capítulos que se seguem espelham a convicção de que assim é e, portanto, de que é tempo de se trabalhar em tal sentido.

4 Novas considerações.

O texto anterior foi redigido em determinado momento histórico e isso é evidente do que nele se disse.

É suficiente atentar para as previsões e antevisões nele mencionadas para se constatar essa posição no tempo. A evolução nele prevista (em parte) prosseguiu e a distância entre o quadro descrito nas páginas anteriores e a chamada "sociedade globalizada" torna claro o sentido evolutivo da vida social.

A "globalização" que se desenrola no momento em que estas novas considerações são expostas está apenas no começo. Suas primeiras conseqüências vão sendo agora percebidas e abrem o campo de variadas reflexões, em grande parte, contraditórias. A simples diversidade dessas formulações mostra o estágio inicial em que estão os estudos das novas realidades. Dificuldades muito grandes estão sendo encontradas em escala planetária; o mundo se transforma desigualmente, produzindo fenômenos sociais diferenciados, nas várias regiões geográficas, objeto de análise.

A sociedade brasileira espelha nitidamente essa situação. Nela se instalou o debate sobre os rumos a seguir e é nessa conjuntura que focalizamos a matéria. Modelo típico das chamadas sociedades em desenvolvimento, ou "emergentes", o Brasil pode ser analisado sob esse prisma.

As controvérsias resultantes adquiriram um forte conteúdo político-social, com implicações sobre a organização do Estado e suas instituições.

No momento em que escrevemos estas considerações, ao se aproximarem as eleições de 2002, voltaram à tona debates sobre o próprio sistema social e político.

Questiona-se a respeito de medidas legislativas, de natureza constitucional, que envolvem a própria definição do regime político. Institutos de natureza parlamentarista, deixados na organização política resultante da elaboração da Constituição de 1988 têm a sua sobrevivência reexaminada, o que significa a reabertura dos embates entre presidencialismo e parlamentarismo. A transformação sociopolítica ocorrida em pouco mais de um decênio parece ter sido propiciatória desse reexame.

Tal fato ocorre em pleno processo de inserção do país no mundo globalizado, em que os interesses econômicos assumem uma feição supranacional e em que empresas multinacionais vão exercendo uma feição quase governamental, sob certos aspectos, regulando grande parte da vida econômica. O processo de globalização, ainda indefinido em vários aspectos, tem nisso uma participação fundamental. A mudança social conseqüente já é visível a olho nu.

Como articular as novas realidades sociopolíticas e socioeconômicas com uma planificação ampla, supranacional, sem a perda de valores essenciais a uma sociedade democrática? Tal questão está posta e a ela voltaremos adiante.

Capítulo II

POSIÇÃO E AUTONOMIA DA SOCIOLOGIA DO DIREITO

1. *A visão sociológica do fenômeno jurídico. A posição da Sociologia do Direito entre as Ciências Sociais.*

2. *Os três modos de encarar o fenômeno jurídico e sua inter-relação. Sociólogos e juristas diante da Sociologia jurídica.*

3. *Alguns dados históricos sobre seu desenvolvimento no Brasil.*

4. *A autonomia da Sociologia do Direito como Sociologia especial.*

5. *Jurisprudência sociológica e Sociologia jurídica, Criminologia e Sociologia da Criminalidade.*

6. *Alguns dados adicionais.*

1 A visão sociológica do fenômeno jurídico. A posição da Sociologia do Direito entre as Ciências Sociais.

"... O estudo doutrinário da lei jamais pode ser separado da Sociologia do Direito. Embora o estudo doutrinário esteja interessado na ideologia, esta é sempre uma abstração da realidade social."

Com essas palavras, Alf Ross,[1] o brilhante professor e jurista escandinavo, colocou em questão um dos grandes problemas com que se defronta o estudioso moderno do Direito, qual seja, como dissemos antes, a necessidade de melhor compreender o Direito como fato social, e não apenas como um conjunto de normas que formam um sistema lógico, disciplinador da vida em sociedade.

O referido escritor, cujo crescente prestígio, após as traduções inglesas de suas obras, tem sido apontado por muitos (e é parte do significativo fenômeno da grande influência que os sociólogos do Direito escandinavos têm, hoje em dia, na formulação doutrinária e na orientação prática dos respectivos estudos), acrescentou à idéia exposta acima que "mesmo se o jurista não está reconhecidamente interessado no vínculo que liga a doutrina à vida real, apesar disso, o vínculo existe. Ele se encontra no conceito do 'direito válido' que, como foi demonstrado, é parte integrante de toda proposição doutrinária". E disse mais que tal conceito "se refere à eficácia das normas como um fato social".[2]

Pois bem, essa é a preocupação que vai dominando os analistas do fenômeno jurídico e, com eles, os que examinam toda a normatividade social. A realidade do mundo contemporâneo e a superação inevitável dos formalismos estéreis, pela procura imperativa de soluções aos problemas humanos de convivência, vêm impondo que se encare o fenômeno do Direito como fato, ou seja, como fato social que condiciona suas manifestações e, sobretudo, sua adequada compreensão. Longe dessa conotação, como ficou dito, ele só pode ser parcialmente sentido e percebido.

Tal estudo, portanto, corresponde ao exame do enfoque sociológico da realidade jurídica. Esse enfoque sociológico é o objeto da Sociologia do Direito. Melhor dizendo, ele se dirige para o que constitui o objeto da Sociologia do Direito, reconhecidas todas as dificuldades que a sua identificação comporta.

Muitas são as divergências a respeito da natureza e do conceito da Sociologia do Direito. O debate tem-se alargado e a ele não tem estado alheia a Filosofia, especialmente a Filosofia do Direito, cujos cultores, em grande número, ocuparam e ocupam situação de relevo entre os mais notáveis autores que têm abordado o tema. Isso orientou, em boa parte, a natureza da discussão travada, pois adotando um ponto de vista principalmente filosófico os autores que assim agiram assumiram, conseqüentemente, posições muitas vezes dogmáticas, ou adotaram como base de seu raciocínio juízos de valor que, embora válidos em certos aspectos, recobriram o elemento fáctico presente no fenômeno jurídico, prejudicando a óptica objetiva, sociológica, desejável em seu estudo, no âmbito da Sociologia do Direito.

A observação acima não importa em desmerecer o trabalho, seguramente fecundo e pioneiro, de muitos de tais autores. Sua importância para a delimitação do campo de estudo da Sociologia do Direito é, sem dúvida, muito grande. Partindo da necessidade de encontrar o objeto próprio da disciplina que nos ocupa, foram desenvolvidos estudos significativos, destinados à obtenção dos elementos sobre os quais proceder a uma análise adequada dos elementos distintivos da Sociologia do Direito, em relação às ciências ou ramificações científicas, que lhe são mais próximas. Não existe, é claro, dificuldade maior no separar o que é Sociologia do Direito daquilo que constitui matéria da Geografia Humana, ou Psiquiatria; quando, porém, se procura situar um fenômeno entre a Sociologia jurídica e a História do Direito, ou o Direito Comparado, ou ainda os estudos de Psicologia Judiciária, surgem dificuldades de ordem teórica e de natureza prática, cuja superação é conveniente se consiga, em benefício de apropriado entendimento do que deve constituir o exame do fenômeno jurídico como fato social.

Um autor recente está a merecer referência neste passo. Trata-se de Edmond Jorion, que formulou exame epistemológico interessante da Sociologia jurídica,[3] e que avançou algumas conclusões algo surpreendentes. Para Jorion, a Sociologia do Direito e a Ciência do Direito constituem uma só e mesma disciplina.[4] No detalhe, ele se afasta da orientação hoje considerada pacífica, que separa nitidamente as duas ramificações do estudo científico do fenômeno jurídico, e que vê a Ciência do Direito como preocupada com o Direito como norma, ou "dever ser", ao passo que a Sociologia do Direito se preocupa apenas com o Direito como fato, ou realidade existente, ou ainda como "ser", mas se aproxima, como veremos adiante, das posições de Julius Stone.[5]

O brilhante professor belga assume, ainda, outras posições pouco ortodoxas, mas o faz com grande firmeza de argumentação. Sustenta que a Sociologia jurídica deve tomar em consideração, além do Direito estatal, "tudo o que certos autores entendem por *controle social*", o que se justifica pela tese normológica que defende. De fato, Jorion prossegue,

> se o Direito não pode finalmente ser dissociado totalmente da moral, ele não o pode ser *a fortiori* da pressão social que emana das autoridades não estatais e munida de sanções penais comparáveis às sanções do Direito estatal (exclusão de grupos sociais, anulação castigando as participações faltosas nas competições esportivas, multas dos jogos sociais etc.).[6]

Essa normatividade não estatal, em verdade, não pode ser totalmente afastada das preocupações do sociólogo do Direito. A formação espontânea de normas dotadas de força coativa e que se impõem no meio social, algumas vezes mais fortemente que as normas oriundas do Estado, deve merecer o exame dos pesquisadores e dos estudiosos teóricos do fenômeno jurídico.

2 Os três modos de encarar o fenômeno jurídico e sua inter-relação. Sociólogos e juristas diante da Sociologia jurídica.

Não é demais apontar, contudo, como fazem os autores mais modernos e nos quais mais sensibilidade se faz presente quanto à Sociologia jurídica, que o fenômeno do direito admite ser encarado de três maneiras: ele pode ser visto mediante a captação da realidade jurídica por meio de sua relação com as causas primeiras e os princípios fundamentais, no estudo da própria natureza do Direito e da sua significação essencial; temos, então, a Filosofia do Direito. Também pode ser encarado em termos adequados à atividade profissional dos juristas como um conjunto sistemático de normas de conduta, guardando lógica interna e de natureza dogmática; encontramos, sob esse aspecto, a ciência dogmático-normativa do Direito. E, finalmente, pode ser olhado como fato social, realidade do que ocorre na sociedade, causa e conseqüência de outros fatos sociais, captando a realidade jurídica e projetando-a somente em relação a causas e princípios verificáveis;[7] aqui estamos na área da Sociologia jurídica.

É possível dizer que, no Brasil, os estudos se limitaram, por muito tempo, quase exclusivamente ao Direito como norma, ordenadamente formando um todo de princípios coerentes entre si, obedecendo a uma lógica formal e dogmática. Ninguém negará que, no mundo da ciência tradicional do Direito, nossos autores foram e continuam a ser do mais elevado nível, e as suas cogitações têm sido das mais fecundas. Sua produção a respeito, por outro lado, é copiosa.

A Filosofia do Direito foi mais comedida. Apesar disso, a formação clássica e humanista, no Brasil, proporcionou alguns desenvolvimentos importantes. Desde a chamada Escola do Recife, com Tobias Barreto, passando por Clóvis Beviláqua e outros e hoje com Miguel Reale, cuja projeção internacional, especialmente européia, é inegável, os estudos de Filosofia do Direito entre nós atingiram caudal significativo e um desenvolvimento apreciável. Reale, em especial, com sua famosa e controvertida descrição dos elementos que integram a realidade jurídica, a saber, *fato, valor* e *norma jurídica*, deu lugar a um processo de renascimento dos debates jurídico-filosóficos e abriu, certamente, caminhos à melhor compreensão, também, do direito como fato social.[8]

A Sociologia do Direito no Brasil, porém, ainda engatinha. Se essa é afirmação que só agora vai perdendo veracidade em muitos outros países, aqui ainda é inteiramente válida. Os motivos, entretanto, são aproximadamente os mesmos observados em outras terras. Em primeiro lugar, convém mencionar seu desenvolvimento recente, a ponto de haver quem duvide ter ela alcançado, ou não, autonomia como disciplina de estudo. Há mesmo juristas e sociólogos eminentes que põem essa autonomia em questão e tendem a negar independência à Sociologia do Direito, ora da ciência dogmático-normativa do Direito, ora finalmente da Sociologia, sobretudo da Sociologia da Cultura.

O próprio Alf Ross, apesar das suas afirmações já citadas, parece ter sérias dúvidas a propósito, a ponto de dizer que, "na maioria, os trabalhos alegadamente de Sociologia do Direito se revelam como disfarçadas filosofias de direito natural", o que resultaria do fato de que "a Sociologia é, em sua origem, uma Filosofia política mascarada", acrescentando ainda que a Sociologia jurídica de Gurvitch é sobretudo uma interpretação metafísico-espiritualista dos conceitos de direito e justiça, enraizada no intuicionismo de Bergson e na fenomenologia de Husserl..."[9]

Acreditamos que a observação de Alf Ross contenha boa parte de verdade, como já ficou dito a propósito da influência dos filósofos do Direito do desenvolvimento de nossa disciplina. O grupo espanhol a que pertencem Luiz Recaséns Siches, Luiz Legaz y Lacambra, Angel Sanchez de La Torre e outros, cuja influência na Sociologia latino-americana é particularmente clara em Alfredo Poviña, por exemplo, oferece rico material para a verificação de tal fato, sem prejuízo de importantes contribuições para a conceituação, a identificação da natureza e do objeto da Sociologia do Direito.

Não são eles, porém, como bem deixa claro o mesmo Alf Ross, caso isolado. Os estudiosos ingleses do fenômeno jurídico têm revelado, certamente, profunda tendência para uma colocação filosófica das questões de Sociologia jurídica, como exemplifica o magnífico ensaio de Morris Ginsberg, sociólogo e psicólogo social, sobre a realização da justiça na sociedade.[10]

A dependência da Sociologia jurídica, por vezes, dos hábitos de estudo e reflexão dos juristas — que mais se preocupam com o fenômeno do Direito — e, outras vezes, dos sociólogos, fazendo que se busque do mundo da Ciência do Direito propriamente dita e do mundo da Sociologia Geral e das sociologias especiais o material com que trabalha, levam-na a um hibridismo aparente e a dificuldades metodológicas de grande importância. Isso constitui entrave ao seu estudo, desencoraja as curiosidades e investidas dos pesquisadores.

Por seu turno, é inegável a hostilidade tradicional dos juristas diante da nova disciplina, desenvolvida embora de necessidades intensamente sentidas e racionalmente comprovadas na aplicação do Direito. O tipo de formação, a destinação prática, finalística, o pragmatismo que domina a orientação do jurista tradicional, constituem obstáculos importantes à aceitação, em seu meio, dos novos métodos experimentais, das técnicas de análise e amostragem, tudo pertencente ao campo da atividade dos sociólogos e cientistas sociais. É natural que assim ocorra. A visão profissional se recusa a aceitar, em qualquer campo de atividade e de conhecimento, se coloque em questão os modos de pensar e de fundamentar que serviram à própria formação especializada. Além disso, o jurista tradicional tende, compreensivelmente, à conservação do sistema dogmático-normativo em que se aprofundou e para cuja utilização se adestrou particularmente.

Ciência muito mais antiga do que a Sociologia, com um desenvolvimento teórico e doutrinário de grande envergadura e um cabedal de aplicação prática que corresponde, precisamente, a material experimental copioso e variadíssimo, o Direito possui tradições e técnicas próprias, sem par no campo das Ciências Sociais. Desenvolveram os seus cultores, assim, ao lado de um conhecimento teórico-doutrinário muito grande, técnicas apuradas obedientes a sistemas lógicos de normas de conduta. As situações possíveis correspondem, nesses sistemas, a modelos predeterminados, aos quais se ajustam soluções ou providências preestabelecidas.

Dominam a Ciência do Direito, tradicionalmente, a pesquisa teórica, a formulação de doutrinas e a construção dogmático-normativa. Ora, as técnicas e os métodos da Sociologia são diversos. Nesta, as formulações teóricas estão baseadas em fatos sociais, e, da fase intensa de elaboração teórica, passou-se à experimentação e à pesquisa da realidade observável na vida de todos os dias.

Convém acrescentar que, pertencendo a profissões para cujo exercício é exigida uma preparação universitária, ainda dominada por métodos tradicionais, o jurista tende a se fixar principalmente nos aspectos dogmáticos e sobre a "arte do raciocínio jurídico", consistente, de um lado, no correlacionar sistematicamente normas e conceitos e, de outro, no distinguir os elementos juridicamente relevantes ou irrelevantes nos casos particulares.

O jurista prático adota critérios para apreciar o que é relevante num caso particular, baseado nos sistemas de normas e conceitos apreendidos na vida universitária e no estudo posterior; o jurista teórico elabora conceitos baseados na prática da justiça no passado e no presente, empenhando-se numa incessante atividade de formulação e reformulação do próprio sistema conceptual, adaptando-o ao novo material que continuamente é revelado pelas pesquisas históricas e ao novo Direito criado pela atividade legislativa e judiciária.

O teórico do Direito procura obter o grau mais alto de coerência interna com um mínimo de mudança no seu sistema conceptual, de modo a contribuir para a manutenção da máxima "segurança jurídica", ou seja, da possibilidade de prever a aplicação de normas e princípios jurídicos aos casos particulares. Dessa maneira, é criada uma impressão de que o núcleo do Direito é constituído em grande parte de princípios permanentes, incidindo as transformações principalmente sobre aspectos periféricos ou secundários da ordem jurídica ou, então, operando as mudanças mais importantes segundo modos preestabelecidos e gradualmente, sem afetar a unidade interna do sistema.[11]

Logo, se novas cogitações invadem o seu mundo de valores e formas de conduta, de regras formando um todo sistemático, alterando-lhe a maneira de apresentação e insistindo na adoção de métodos experimentais, no estudo, não da norma em si e em relação a outras normas do mesmo e de outros sistemas igualmente integrados, mas da norma em relação com a realidade do meio social em que ocorre, de que é resultado e que, por sua vez, ela condiciona e modifica, é fácil concluir que sua natural reação seja de hostilidade.

Não é menos verdade, entretanto, que os sociólogos se têm mostrado curiosamente frios em relação ao desenvolvimento da Sociologia do Direito. Parece que o fato de ter o Direito sido, por muito tempo e como foi dito, a principal, se não a única, ciência social verdadeiramente desenvolvida, e o fato de que os juristas, em certa fase, foram numerosos e muito atuantes nos passos importantes para a formação da própria Sociologia como ciência, despertaram alguns ressentimentos e certas reservas intelectuais entre os sociólogos. Além disso, o chamado "imperialismo sociológico" de Comte, com a tendência de imergir o Direito na Sociologia, aceito com variações por muitos outros importantes nomes dos estudos sociológicos, rejeitou por bastante tempo a idéia de que se pudesse falar de uma Sociologia jurídica.

3 Alguns dados históricos sobre seu desenvolvimento no Brasil.

É possível mencionar, como uma das causas do relativamente pequeno interesse despertado pela Sociologia do Direito entre nós, até há poucos anos, a inexistência de uma tradição de estudos universitários, ou de instituições, com o recurso e as técnicas de pesquisa. O pouco que se desenvolveu, assim mesmo recentemente, no setor referido, dá ênfase a estudos da realidade econômica, educacional e de opinião pública sobre problemas gerais. O planejamento e a realização de pesquisas de Sociologia do Direito, até aqui, são raros. Alguns esforços muito recentes pretendem enfrentar o problema, porém ainda é cedo para se dizer algo a respeito.[*]

Apesar disso, alguns professores, juristas e sociólogos brasileiros se têm dedicado ao assunto. O referido Miguel Reale, embora mais preocupado com problemas pertencentes à Filosofia do Direito, invadiu o campo do fato jurídico-social. Desde antes do início do século XX, porém, é possível assinalar a presença de trabalhos de Sociologia jurídica entre nós. Paulo Egídio, nos *Estudos de sociologia criminal* e em um folheto intitulado *Introdução filosófica à sociologia*, aplicou os princípios durkheimianos expostos na *Division du travail social* à Sociologia do Direito, segundo Fernando de Azevedo.[12] Carlos Campos escreveu *Sociologia e filosofia do direito* e E. Lima fez editar, pela primeira vez, o seu conhecido livro *Princípios de sociologia jurídica*, em 1922, seguindo-se edições em 1931, 1933, 1936 e 1941, o que revela o interesse e a utilidade desse trabalho.[13]

Desde a edição brasileira de *Sociology of Law* de Gurvitch, em tradução de Djacir Menezes,[14] a disciplina recebeu maior atenção, pois foi então que se ingressou francamente no campo da moderna orientação que vinha seguindo a teoria sociológico-jurídica, delimitado claramente o seu âmbito de cogitações e, já agora, caracterizado melhor o objeto do seu estudo como a dimensão social do fenôme-

---

* O leitor é remetido à Introdução à 2ª edição e, principalmente, à Introdução à 7ª edição, que dão conta das importantes modificações do quadro aqui descrito.

no jurídico. Essa edição é de 1946. Em artigos publicados em revistas jurídicas, Océlio de Medeiros abordou uma "Introdução à Sociologia Jurídica dos Municípios Brasileiros" e Oscar Saraiva nos deu um exame interessante da influência do pensamento jurídico norte-americano do Direito brasileiro, em 1947, seguindo-se um ensaio de J. Flóscolo da Nóbrega sobre a "Sociologia do Júri",[15] entre outros trabalhos.

A edição da obra de Evaristo de Moraes Filho, intitulada *O problema de uma sociologia do direito*,[16] em 1950, foi o ponto mais alto da evolução desse período, seguindo-se do mesmo autor outros livros, cujas implicações de Sociologia jurídica são muito nítidas, representando contribuição valiosa para os estudos que nos ocupam agora. Orlando Gomes, com sua grande autoridade de jurista, tem, de 1955, *A crise do direito*, no qual o problema da interação da sociedade em geral e das classes sociais em particular com as normas jurídicas é objeto de exame. A esses autores, mais recentemente, juntaram-se observações nos diversos livros de Paulo Dourado de Gusmão e A.L. Machado Netto, os trabalhos de Roberto Lyra e outros, dando maior vivacidade ao tratamento da matéria.

Ora, apesar de tal desenvolvimento (e temos a certeza de que omitimos numerosos estudos valiosos e autores cuja contribuição terá sido importantíssima, como por exemplo Pontes de Miranda), estamos longe da riqueza de material com que os outros países, principalmente os Estados Unidos, a França, a Itália, a Holanda, a Bélgica, a Espanha, a Noruega, a Suécia, a Dinamarca, a Polônia e a Inglaterra expandiram a bibliografia teórica e de interesse prático imediato, no campo da Sociologia do Direito. A inexistência de pesquisa concreta, sobre hipóteses determinadas, terá sido, seguramente, o principal elemento motivador de nossas deficiências.

4 A autonomia da Sociologia do Direito como Sociologia especial.

O problema do cabimento, ou não, da Sociologia do Direito constitui questão superada. Acreditamos que não haja mais, atualmente, bons fundamentos para a discussão quanto à existência desse ramo do pensamento e do estudo sociológico. Estão ultrapassadas as dúvidas que dominaram as cogitações de tantos sociólogos e juristas.

Em verdade, já o dissemos a partir da citada *Sociology of Law*, de Gurvitch, obra que correu mundo, esmaeceram os argumentos contra a admissibilidade da Sociologia do Direito como disciplina autônoma, embora as restrições, já mencionadas, que Alf Ross formulou contra a obra do grande sociólogo francês. A minuciosa análise que Gurvitch formulou a respeito da evolução da Sociologia jurídica, evidenciando a sua realidade em um processo histórico que se acelerou com as obras de Durkheim, Duguit, Lévy, Hauriou, Max Weber e Ehrlich, na Europa, e os norte-americanos Wendell Holmes, Pound e Cardozo, não deixou margens restantes para apoio dos que negam a existência e a validade dessa disciplina.

Por outro lado, o exame cuidadoso do que ele denominou sistemática jurídica, abrangendo a Microssociologia jurídica; Sociologia Diferencial do Direito, com a tipologia jurídica dos agrupamentos particulares e das sociedades globais; e Sociologia Genética do Direito, com o exame de origens e da evolução do fenômeno jurídico, situou, já agora em plano rigorosamente científico, as cogitações a respeito do fenômeno jurídico como manifestação da realidade sociocultural.

A Sociologia jurídica, convém acentuar, talvez por demais, é Sociologia. Pertence ao campo dos estudos sociológicos e não ao da chamada "teoria do Direito", ou "Ciência do Direito". É Sociologia especial, como são a Sociologia da Arte, a Sociologia Política, a Sociologia da Educação, a Sociologia do Conhecimento etc. É do ângulo sociológico, portanto, que deve ser encarada em primeiro lugar.

Isso não impede que seu objeto seja o fenômeno do Direito. E, no que tange ao estudo desse fenômeno, que seja um dos modos, apenas, de abordá-lo. Como já foi dito, o enfoque sociológico desse fenômeno que é a normatividade jurídica se situa a par com os outros dois: o que tem como objeto a natureza mesma do Direito, em suas implicações ético-valorativas, e o que se refere especificamente às normas jurídicas em si, como fato dogmático-normativo, num sistema coerente e lógico.[17]

A Filosofia do Direito, repetimos, preocupa-se com os problemas da natureza do que é jurídico, suas causas e seus princípios últimos, seu conteúdo ético e seu mundo axiológico. Por outro lado, a ciência dogmático-normativa do Direito cuida da norma jurídica em si e como parte de um sistema coerente, com regras internas próprias e lógicas, e com princípios que se regem pelos fins e pela estrutura do próprio sistema.

É, assim, diverso o modo de ver o mesmo fenômeno jurídico. E a Sociologia do Direito responde à necessidade de que esse fenômeno seja olhado de um ponto de vista especial, como fato social a que se aplicam as regras gerais que dominam os demais fatos sociais, além de certas regras que lhe são próprias. Daí a sua autonomia científica. É Sociologia, convém insistir: Sociologia especial, cuida da realidade jurídica. E por esse motivo é desdobramento especial dos estudos sociológicos, ao mesmo tempo modo especial de estudo do fenômeno que é o Direito.

Reconhecida a autonomia da Sociologia Jurídica, no plano teórico e doutrinário, é de esperar que se possa entrar no campo das verificações práticas, sempre baseadas nas hipóteses teóricas que forem formuladas sobre a realidade da vida do Direito.

5 Jurisprudência sociológica e Sociologia jurídica, Criminologia e Sociologia da Criminalidade.

Uma advertência se impõe, entretanto, no que se refere ao desenvolvimento da Sociologia jurídica: é necessário não confundir o conceito desta disciplina, a que deve corresponder certo rigor metodológico e científico, com a orientação a que se convenciou chamar de "Jurisprudência Sociológica", desenvolvida principalmente pelos norte-americanos Pound, Cardozo, Brandeís, Frankfurter e outros,[18] seguidores, em parte, das doutrinas de Holmes, e depois adotada em outros países.[19] Essa orientação se revela principalmente finalística, dominando a atividade dos tribunais e procurando dar às decisões judiciais e aos pronunciamentos doutrinários em matérias de Direito um fim social autêntico, ou seja, uma sensibilidade maior à necessidade de realização da justiça como a sociedade a encara, com o abrandamento dos aspectos puramente formais da atividade judiciária.

A chamada "Jurisprudência Sociológica", por seu turno, não deve ser confundida no sentido que se dá, entre nós, ao vocábulo "jurisprudência". Para o Direito anglo-saxão, a palavra *jurisprudence* é virtualmente sinônimo de "Ciência do Direito", ou "Teoria do Direito" e nesse sentido, aliás, Paulo Dourado de Gusmão já o utilizou entre nós.[20] Pois é a Ciência do Direito voltada para as finalidades sociais de toda a normatividade jurídica que está no centro do pensamento dessa corrente de estudiosos do fenômeno do Direito.

Nos próprios Estados Unidos, uma forte reação se manifestou contra as tendências da Jurisprudência Sociológica, através do grupo neo-realista, o que não retira importância ao extraordinário trabalho daqueles estudiosos do direito vivo. Embora a Jurisprudência Sociológica não constitua rigorosamente Sociologia do Direito, os trabalhos que ela inspirou e inspira ainda, aliados às preocupações que motivou, na aplicação do Direito, têm contribuído com farto material para o desenvolvimento de nossa disciplina.

É verdade que Stone, o prolífico e profundo cientista social e jurista australiano, defende a "Jurisprudência Sociológica" como a única forma de colocar validamente o estudo do Direito[21] dentro de uma orientação teleológica séria. Considera ele a Sociologia do Direito como inviável e inútil, se dissociada da "Jurisprudência Sociológica". Já agora, entretanto, sua posição, apesar dos méritos extraordinários de seus trabalhos, vai-se tornando isolada e indefensável.[22]

Em alguns países, o desenvolvimento da Sociologia do Direito se realizou, em grande parte, vinculado ao estudo da Criminologia. Isso fez que se estabelecesse, com freqüência, uma relação tendente a confundir as duas disciplinas.[23] Essa confusão deve ser evitada e objeto de cuidado especial. A Criminologia é o estudo de todos os fenômenos ligados à existência, à prevenção e à regressão do crime. Alcança, portanto, problemas de ordem histórica, de natureza política, econômica, psicológica, médico-sanitária e outras, e não apenas de fundo sociológico. É campo de cogitação científica em que a maioria de seus aspectos não se situa dentro da área de pesquisa de formulação teórica da Sociologia.

Já a Sociologia da Criminalidade, como aspecto da Sociologia do Direito, também o é da Sociologia da cultura em geral e tem algumas raízes noutros campos de Sociologias especiais. Nela, são estudadas as regularidades tendenciais da delinqüência, suas relações com outras realidades sociais, de modo a se estabelecer princípios que possam explicar o fenômeno da criminalidade e indicar instrumentos de que possam dispor os criminólogos, assim como os demais cientistas sociais e aplicadores práticos dos sistemas de controle social, para a sua tarefa.

O fato delituoso penal, convém acentuar, é dos mais ricos em material para investigações de Sociologia do Direito. A isso, é de acrescentar a circunstância de que a pesquisa sociológica em matéria criminal é muito facilitada, porque esse é um ramo do fenômeno jurídico bastante conhecido pela média das pessoas e porque os fatos a examinar são da mais nítida significação sociológica do que o comum dos fenômenos jurídicos. Esse conjunto de características deve ter contribuído, portanto, para o intenso uso dos fenômenos de Direito Criminal para as pesquisas de Sociologia Jurídica e, em decorrência, para a confusão entre Sociologia do Direito e Criminologia, a que nos referimos pouco antes.

O interesse sociológico que a criminalidade apresenta, aliás, constitui, em grande parte, objeto dos estudos de Patologia Social,[24] nos quais os trabalhos de investigação têm obedecido às técnicas mais modernas e continuam fornecendo copioso material para análise. Sobre esse aspecto da delinqüência, um trabalho de pesquisa e estudo interdisciplinar, entre a Sociologia do Direito e os que cuidam da desorganização social, será de grande utilidade.

6 Alguns dados adicionais.

Nestes últimos anos, finalmente, cresceu a bibliografia jurídico-sociológica no país e, evidentemente, no exterior.

Uma expansão mundial do conhecimento na matéria verificou-se, com a ampliação de publicações especializadas, como por exemplo, a "Law and Society Review",[25] a principal delas nos Estados Unidos, para só nos referirmos a que mais trouxe temas de pesquisas científicas a respeito.

Entre nós, merecem destaque os trabalhos do grupo de estudos "Direito e Sociedade", além de outras iniciativas que envolvem troca de informações e estudos. Novos autores ingressaram no cenário.

Cláudio Souto e Solange Souto[26] aumentaram seu acervo bibliográfico com novas edições de trabalhos anteriores e a publicação de novos estudos, sempre aprofundando as reflexões já citadas. A influência de Cláudio Souto no nordeste brasileiro é um dado importante, pela amplitude e profundidade de seus trabalhos, muitos deles em parceria com Solange, sua mulher, também uma socióloga de grande valor. O pernambucano Joaquim Falcão,[27] já portador de bagagem significativa, também tem estado presente na produção de livros e artigos, inclusive em trabalho conjunto com Cláudio Souto.

Em São Paulo, um grupo relativamente numeroso veio apresentar interessantes estudos. José Eduardo Faria é um deles; Octávio Ianni, este com especial amplitude; Celso Fernandes Campilongo, mais recente ao tempo em que estas notas foram redigidas; Janaína Amado, Aires da Mata Machado Filho, focalizando aspectos que se poderia classificar como "Micro"; o veterano Florestan Fernandes, aqui e ali em sua vasta produção sociológica; João Baptista Herkenhoff, com suas pesquisas no judiciário do interior do Espírito Santo; Celso A. Pinheiro de Castro, no plano introdutório da aplicação de métodos e estudos sociológicos ao estudo do Direito; Anna Maria de Castro e Edmundo F. Dias, também no plano introdutório, são alguns autores, entre outros, que contribuíram e estão contribuindo para o alargamento da abordagem dessa disciplina.[28] Não se pode esquecer, em especial, a contribuição do Instituto Direito e Sociedade (IDES), principalmente Eliane Botelho Junqueira,[29] esta última com prolífica atividade no plano das pesquisas e da produção de suas reflexões em livros e artigos.

Eliane, aliás, é importante elo entre a Sociologia Jurídica no Brasil e no exterior, com sua atividade em organizações internacionais na área que nos ocupa. Mencionamos em especial seus livros *Através do espelho — Ensaios de sociologia do direito*, *A sociologia do direito no Brasil — Introdução ao debate atual*, em que abrange o trabalho de diversos autores nacionais, os curiosos estudos que são "faculdades de direito ou fábricas de ilusões?" e *Literatura & direito*, com referência ampla aos estudiosos da matéria.

É claro que não temos a pretensão de esgotar a relação dos que contribuíram e estão contribuindo para o estudo da Sociologia do Direito no Brasil. Gente nova está aparecendo, como por exemplo, Ana Lúcia Sabadel, Adriana A. Locke, Helder R.S. Ferreira, Luís Antônio F. Souza e Wânia Pasinato Izumino,[30] pertencentes à nova geração sulista muito engajada com colegas de São Paulo, nas preocupações do chamado "direito alternativo" decorrente da influência européia, principalmente italiana.

Do exterior, sem a pretensão de indicar muitos autores, gostaríamos de referir os trabalhos de Adam Podgórecki,[31] professor e pesquisador de grande atuação em seu país, a Polônia, e nos Estados Unidos e Canadá, cuja *Sociologia do direito* é um resumo de múltiplas investigações científicas relevantes. Também, por exemplo, Donald Black, com suas reflexões sobre o "comportamento do direito", além da obra já clássica de Talcott Parsons, Offenbacher Pôster, estudos de Robert W. Shirley, Louis Lallament, W. Friedman e Marshall McLuhan.[32]

Não podemos deixar de referir, em especial, no Brasil (voltamos ao nosso quintal), as pesquisas e a produção científica de Luís Werneck Vianna, do Instituto Universitário de Pesquisas do Estado do Rio de Janeiro (Iuperj), e seus colegas de equipe: Maria Alice Rezende de Carvalho, Manuel Palácios Cunha Melo e Marcelo Baumann Burgos, cuja abordagem do atual Judiciário no Brasil, em conseqüência de pesquisas conjuntas com a Associação dos Magistrados Brasileiros — (AMB), das quais, entre outros, surgiu o *Corpo e alma da magistratura brasileira*,[33] após uma pesquisa pioneira de amplitude nacional. Do mesmo grupo é interessante conhecer o estudo sobre a judicialização da política e das relações sociais no Brasil.[34] Em tais estudos, salientam-se, em especial, os fenômenos de transformação da sociedade brasileira com a tomada de consciência, cada vez maior, da dimensão jurídica dos problemas nacionais e do crescimento, da importância dos tribunais, ou do Poder Judiciário na vida brasileira.

As referências aqui feitas são meras indicações de fontes utilíssimas, algumas delas básicas, para uma compreensão abrangente da dimensão sociológica do fenômeno jurídico no país.[35]

Capítulo III

O Direito como Fato Social

---

1. *A norma jurídica como resultado e reflexo da realidade social.*

2. *Condicionamentos socioculturais da normatividade jurídica.*

3. *Formação extralegislativa do Direito.*

4. *Dicussão esclarecedora.*

---

1 A norma jurídica como resultado e reflexo da realidade social.

O Direito é fato social. Ele se manifesta como uma das realidades observáveis na sociedade.[1] É o instrumento institucionalizado de maior importância para o controle social. Desde o início das sociedades organizadas manifestou-se o fenômeno jurídico, como sistema de normas de conduta a que corresponde uma coação exercida pela sociedade, segundo certos princípios aprovados e obedientes a formas predeterminadas.

A norma jurídica, portanto, é um resultado da realidade social. Ela emana da sociedade, por seus instrumentos e instituições destinados a formular o Direito, refletindo o que a sociedade tem como objetivos, bem como suas crenças e valorações, o complexo de seus conceitos éticos e finalísticos.

Esse fato pode ser esclarecido mediante simples referência à variedade de sistemas e normas de Direito em diferentes quadros culturais. O estudo histórico das sociedades revela a existência de estruturas jurídicas bastante diversas no tempo e no espaço. As pesquisas realizadas sobre a evolução do direito de família, ou sobre as diversas fórmulas adotadas no direito de sucessão hereditária, no que se refere ao direito de propriedade etc., mostram que cada uma dessas faces do fenômeno jurídico global apresentou uma dessemelhança de formulações, extremamente interessante e curiosa. As realidades sociais diferentes condicionaram ordens jurídicas também diversas.

É importante pesquisar as relações existentes entre as estruturas e a dinâmica sociais dos exemplos tomados, e as manifestações das instituições de Direito. Nesse estudo, a relação entre a realidade do meio social e cada uma das facetas do seu sistema cultural, nele incluída a ordem jurídica, revela a existência de uma interação entre a conjuntura global e a normatividade jurídica.

É por esse motivo, por exemplo, que as manifestações jurídicas nas sociedades em desenvolvimento tendem a apresentar grandes diferenças em relação às que são vigentes nos países chamados desenvolvidos. As sociedades "em desenvolvimento", ou subdesenvolvidas, têm realidades socioculturais próprias, inconfundíveis e não-identificáveis com outros modelos. O contexto real de tais sociedades não pode ser assemelhado ao que se observa nas sociedades plenamente desenvolvidas.

Há uma realidade particular de cada processo histórico nacional, ou grupal, muito própria e diferenciada, dentro de um quadro mundial que tende à redução das diversidades fundamentais e à maior influência recíproca de todos os grupos humanos. A essa realidade particular corresponde a produção de instituições também particulares, entre elas as jurídicas. O motivo evidente do fracasso de fórmulas e instituições de Direito tão bem-sucedidas em certas sociedades, quando aplicadas sem as devidas modificações a outras sociedades, é precisamente a inadequação das normas assim editadas à realidade concreta do meio em que se as pretende empregar. Modelos jurídicos das sociedades industriais mais avançadas não podem, evidentemente, ser bons para sociedades subdesenvolvidas, a menos que sofram grandes transformações no processo de aplicação, quando isso for possível.

A mudança social, que opera em escala planetária, repercute assim, sempre, na transformação do Direito. O fato, notório aliás, mereceu de Friedmann um preciso exame em três livros interessantes, em um dos quais o analisou de forma genérica, focalizando especialmente as interações da mudança social com a mudança do Direito, lembrando que os estímulos sociais à modificação da ordem jurídica assumem formas variadas, seja pelo crescimento lento da pressão dos padrões e normas alterados na vida social, criando uma distância cada vez maior entre os fatos da vida e o Direito, seja pela súbita e imperiosa exigência de certas emergências nacionais, visando a uma redistribuição dos recursos naturais ou novos paradigmas de justiça social, ou seja, ainda pelos novos desenvolvimentos científicos.[2]

2 | Condicionamentos socioculturais da normatividade jurídica.

Os condicionamentos socioculturais da normatividade jurídica, destarte, se mostram claros e indiscutíveis. Às modificações do complexo cultural de uma sociedade correspondem, a seguir, alterações na sua ordem jurídica. Tais modificações são verificadas com maior ou menor celeridade, dependendo de diversos fatores incidentes sobre o processo social, e atendendo ao fato de que a norma jurídica, geralmente, mas não sempre, como afirmou erradamente Hall,[3] em trabalhos de 1952, é editada após a constatação, pelos órgãos sociais a isso destinados, da sua necessidade diante de determinada realidade da vida social. O chamado "retardamento cultural" que se refere à maior lentidão com que as modificações sociais se operam, comparadas com os progressos materiais; e o fenômeno da diferença em ritmos e velocidades na mudança social, entre as diversas manifestações culturais, explicam essa variação na rapidez da resposta dos mecanismos produtores de normas jurídicas às alterações do sistema cultural.

O que se afirmou acima fica mais claro diante da observação do que ocorre no campo do Direito, paralelamente à evolução das comunicações e dos contatos entre as diversas sociedades, em uma escala global. Um dos fatos marcantes dos meados do século XX é precisamente essa expansão do sistema de comunicações, de modo que qualquer fato social de alguma significação é quase imediatamente conhecido e observado em todos os continentes. As modificações do contexto social, portanto, se verificam em dimensão mundial, ocorrendo a tendência para certa uniformidade cultural em todo o planeta.

Esse processo rumo à padronização sociocultural ainda está em sua fase de desenvolvimento, porém a previsão normal é de que não se detenha, de modo que a Terra apresentará, provavelmente, dentro de certo número de decênios, um panorama sociocultural relativamente homogêneo. Não vaticinamos aqui a supressão de todas as diversidades histórico-culturais relativamente às diversas civilizações, porém tais variações tendem a esmaecer, sob o influxo das conseqüências sociais do enorme progresso tecnológico.

O fenômeno da transformação de nosso mundo planetário numa grande aldeia foi analisado com grande sucesso por McLuhan, especialmente no que se refere ao campo da comunicação social, seus símbolos e os resultados do aperfeiçoamento de seus meios e instrumentos, mostrando que a humanidade estendeu, com o progresso tecnológico, o sistema nervoso central de cada homem, "num abraço global", em pleno processo de transformação da criatura humana que estaria readquirindo uma escala de valores de culturas anteriores à escrita e retomando, pelo conhecimento em bloco, instantâneo, dos fatos de toda parte, processos socioculturais de longa data em declínio.[4]

A verdade é que o Direito vai também sofrendo os impactos de tais novas realidades. A influência do elemento "tempo" nas várias formas de normatividade jurídica é disso exemplo. Prazos de validade, presunção de conhecimento de fatos juridicamente relevantes, encurtamento de distância para efeitos práticos, pela facilidade de comunicações e de deslocamento físico das pessoas, problemas relativos à eficácia e aos efeitos das leis, foram diretamente afetados pelas novas condições materiais que a tecnologia moderna criou.

Assim sendo, é curioso observar que essas relativas identidades de quadros socioculturais apresentam, também, uma semelhança crescente dos sistemas jurídicos das diversas sociedades, que se aproximam, uma das outras, no modo de viver. Existe certa uniformidade de padrões socioculturais, por exemplo, na civilização ocidental; os sistemas de Direito nos países pertencentes a tal civilização são também assemelhados, e nele são observados idênticos modos de tratar as principais instituições jurídicas.

Como já se acentuou, o fenômeno jurídico poderia ser qualificado como um "universal" da sociedade. Sanchez de la Torre o afirmou em interessantes considerações, sobre a força garantidora que a norma jurídica possui contra o mero arbítrio. Não é, porém, exclusivamente sob esse aspecto que nos ocupa essa característica de "universal" que o Direito possui. Reexaminemos, a propósito, a afirmação de que a presença da ordem jurídica é fato constatável em qualquer sociedade complexa. Ao aparecimento do grupo social com características próprias e institucionalizadas corresponde de logo o surgimento de um determinado sistema jurídico, compreendendo as normas de conduta aprovadas e desaprovadas pelo grupo, e os meios de coação que este utiliza, para assegurar obediência àquelas normas.

Isso porque, em qualquer agrupamento humano, estão presentes, inevitavelmente, fenômenos de valoração, pelos quais o grupo atribui certos valores a determinadas situações, coisas e idéias. Não há, contudo, valores da sociedade sem que se estabeleçam condutas necessárias; nem imposições normativas sem a avaliação concreta do que é justo e do que é injusto. Daí que todas as sociedades sejam organizações jurídicas, pelo menos no que se refere à confirmação de uma consciência de solidariedade que estabelece regras necessárias à sobrevivência do grupo.[5]

Essa relação entre a realidade social, condicionante sociocultural da normatividade jurídica, e esta pode ser ainda salientada pela enorme força que possui o costume, cujo papel como elemento decisivo na formação do Direito não pode ser negado.[6] O costume reflete práticas que se revelaram socialmente úteis e aprovadas, ajustadas às demais formas de vida do grupo social e que, com o tempo, tendem à uniformidade e a adquirir autoridade própria.

Essa autoridade é uma conseqüência da convicção que se forma na sociedade de que tal ou qual modo de proceder é adequado e conveniente aos fins sociais. Em grande número de casos, o costume se transformou em Direito Positivo, acolhido e institucionalizado nas leis que os órgãos da sociedade editaram. Em muitos outros, o costume foi mandado observar no texto das normas de Direito Comercial, cuja importância para a Sociologia do Direito ainda não foi convenientemente estudada. Na grande maioria dos exemplos, entretanto, o costume permanece à margem do Direito Positivo, mas o influencia de maneira peculiar e o condiciona em todos os momentos.

A questão das regras sociais juridicamente relevantes, aliás, é de grande atualidade. Não apenas no que tange ao costume, mas também às normas morais, normas religiosas e outras normas de comportamento que existem em vários planos e atendendo a interesses diversos, há conseqüências jurídicas a considerar, mesmo quando não são expressamente mandadas observar no texto das leis. O assunto, sempre fascinante para juristas e sociólogos, mereceu de Balossini um tratamento primoroso que muito pode esclarecer os estudiosos, e que faz inteiramente clara a natureza de fato social que tem o fenômeno jurídico, de acolhimento que a normatividade jurídica manifesta às demais formas de normatividade social.[7]

3 Formação extralegislativa do Direito.

Aqui vale focalizar a questão da formação extralegislativa do Direito. Do ponto de vista sociológico, não se discute mais a existência de copioso material que pode ser classificado como "normas jurídicas" e que não provém dos órgãos estatais cuja função seja a edição das leis. Gurvitch analisou com meticulosidade os diversos planos em que opera a produção das normas de Direito, segundo a estratificação social e atendendo às diversas formas de sociabilidade que adotou em sua classificação.[8] Depois dele, todos os autores e pesquisadores do assunto são concordes na existência da produção de normas jurídicas fora dos quadros legiferantes do Estado.

O Direito que emana das associações, criando obrigações e deveres intragrupais, é disso um exemplo marcante. Outro é o conjunto de regras das organizações sindicais, paralelas às normas estatais, e que, como outras regras de Direito, não-oriundas dos órgãos do Estado, possuem, por vezes, força coativa superior às que o são e prevalecem em casos de conflito. Exemplo disso é a normatividade que emana das grandes corporações industriais e dos acordos entre elas, na sociedade industrial moderna.

Tais regras de Direito, de formação extralegislativa, têm uma importância que ainda está por receber exame e pesquisa adequados à sua verdadeira influência na sociedade. Elas são bem a medida da afirmação de que o Direito é reflexo da realidade social e se ajusta, necessariamente, às demais formas de sociabilidade adotadas pelo grupo, a cujo modo de viver, a cujas crenças e valorações se adapta.

4 | Discussão esclarecedora.

Convém acrescentar aqui as reflexões que fizemos sobre os aspectos ideológicos relevantes do que seja justo ou injusto na sociedade. As considerações que se seguem dizem respeito à natureza do que se convencionou chamar ideologia e sua influência no conceito básico de justiça.

1) Ideologia[9] não é apenas ideologia política. Esta é simples manifestação daquela, tipo, ramo, parte. O conceito de ideologia, *tout court*, é muito mais amplo.

Pode-se ler em Caldas Aulette[10] que ideologia é

> ciência que trata da formação das idéias; tratado das idéias em abstrato. Interpretação subjetiva dos fenômenos sociais. Sistema de idéias sobre a vida. Maneira de pensar característica de um indivíduo, ou de uma classe, dentro das suas convicções e convenções filosóficas, religiosas, sociais e políticas. Sistema filosófico que considera a sensação como fonte única dos nossos conhecimentos e único princípio de nossas faculdades.

Outro dicionarista, o mais famoso de hoje, Aurélio Buarque de Holanda Ferreira,[11] dá os seguintes conceitos de ideologia:

> Ciência da formação das idéias; tratado das idéias em abstrato; sistema de idéias. Pensamento teórico que pretende desenvolver-se sobre seus próprios princípios abstratos, mas que, na realidade, é a expressão de fatos, principalmente sociais e econômicos, que não são levados em conta ou não são expressamente reconhecidos como determinantes daquele pensamento.

Como se constata, a maneira de definir ideologia é aproximadamente a mesma nos dicionários do vernáculo. E em ambos os exemplos, aliás clássicos, o conceito é largo, transcende em muito o aspecto puramente político, entretanto o mais conhecido.

Já Emílio Willems[12] diz ser ela um sistema de idéias peculiar a determinado grupo e condicionado, em última análise, aos interesses desse grupo. Depois de lembrar que a função da ideologia é a conquista ou a conservação de um determinado status social do grupo e de seus membros, assinala que doutrinas políticas, religiosas, econômicas e filosóficas desempenham, geralmente, funções de ideologia. Ele observa, porém, ser raro que essas funções cheguem à luz da consciência dos que professam a ideologia.

Ao apontar esse fato, Willems toca no ponto possivelmente essencial do conceito de ideologia na teoria marxista. Para Marx e Engels, as ideologias são formas de falsa consciência, sistemas de idéias distorcidas e enganadoras que se contrapõem às teorias ou opiniões científicas. A questão da falsa consciência[13] é fundamental para o entendimento da teoria marxista — que não se quer enquadrada como ideologia — e tem sido objeto de extenso debate.[14]

Paulo Dourado de Gusmão[15] aproxima-se do conceito de Willems ao dizer que ideologia é

> forma de pensamento, sentir e agir, correspondente aos interesses do grupo, destinada a perpetuá-lo em uma dada condição. Sistema de idéias e de reformas sociais defendido pelos partidos políticos ou pelos grupos sociais. Formas de pensamento, sentir e agir provocadas pelos interesses do grupo. Sistema de idéias destinado a explicar o fato social, modificá-lo, aperfeiçoá-lo, transformá-lo ou destrui-lo.

Em Dourado de Gusmão fica mais explicitada a face de processo que a ideologia tem. Ela é, assim, fato estrutural e processo.

A abordagem sistêmica é enriquecida por Loewenstein,[16] para quem a "ideologia é um sistema coerente de idéias e de crenças, explicando a atitude do homem em relação à sociedade e conduzindo a adoção de um modo de comportamento que reflete essas idéias e essas crenças e que a elas se conformam".

Na mesma linha de entendimento, Adam Schaaf[17] afirma que a ideologia "é um sistema de opiniões que, fundado sobre um sistema de valor, determina as atitudes e o comportamento a respeito dos objetivos desejados de desenvolvimento da sociedade, do grupo social ou do indivíduo".

Assim, embora importe sempre em um posicionamento que acaba por ser político, pois o fenômeno político por excelência, o Poder, está em todas as manifestações da vida social,[18] o conceito de ideologia é mais abrangente que o de ideologia política. Esta é uma de suas formas de presença, relativa a um determinado grupo de aspectos dos processos e das estruturas sociais.

Para os fins aqui buscados, dessa maneira, ideologia é um sistema de idéias, crenças, valores e opiniões que se manifesta por modos de sentir e de agir e por uma visão do mundo peculiar a determinado grupo. Tal sistema pode referir-se às religiões, às manifestações artísticas, à cultura, ao conhecimento, à política. Ele permeia e influencia a sociedade. Está presente, pois, na percepção da idéia de Justiça.

2) A idéia do justo está entrosada com, e depende do valor "justo". Ou seja, segundo o valor que damos ao que é, ou nos parece, justo, definimos o que o seja.

Ou talvez a recíproca seja mais verdadeira. Na verdade, essa é uma influência mútua. Ou melhor, trata-se no caso de duas manifestações da mesma coisa. Idéia e valor, valor e idéia, configuram o que é justo e definem o que seja Justiça, no sentido de Justiça-idéia, Justiça-valor, em contraposição à Justiça-Instituição.

O que seja justo é assim um conceito sociocultural. As sociedades humanas e seu contexto cultural formulam os parâmetros da Justiça como idéia e como valor. Daí que algumas coisas sejam tidas como justas em determinadas formações sociais, e injustas em outras. Como a desigualdade (ou a igualdade) entre homens e mulheres. Para o mundo árabe, é justo que o homem tenha simultaneamente várias mulheres, oficialmente, e que ele exerça domínio e autoridade sobre elas; no Brasil, como aliás no mundo ocidental em geral, isso é impensável na atualidade.

Assim, o conteúdo do conceito do que é justo e do que seja Justiça é relativo no tempo e no espaço. Entre nós, já foi considerado justo (e não apenas legal) o predomínio masculino no casamento e nas relações familiares. Hoje, não apenas isso não ocorre e, por conseqüência, a lei (a nova Constituição o faz) declara a completa igualdade.

O conceito do que seja o justo é, portanto, uma criação social. Mais precisamente, um produto sociocultural. Ou seja, da formação social e da cultura que lhe é peculiar. Convém assim precisar qual o conceito de cultura com que se trabalha aqui. Ele não é o grau mais ou menos elevado de saber, que faz com que se diga que alguém é uma pessoa culta. Trata-se da acepção sociológica e antropológica de cultura, segundo a qual ela é o conjunto de normas de convivência, conhecimento acumulado, técnicas de produção, criações artísticas e do pensamento, valores, idéias, crenças, ética, modos de pensar, agir e sentir, as instituições juntamente com os objetos, vestuário, utensílios, instrumentos etc., e o modo como tais elementos se combinam.[19] Esse conceito ajusta-se à segunda e à terceira acepções apontadas por T.S. Eliot[20] em ensaio famoso, segundo o qual o termo "cultura" pode ser compreendido como referido ao desenvolvimento de a) um indivíduo, b) um grupo ou classe, e c) a sociedade como um todo.

Pois é esse "modo de vida" de uma formação social dada que condiciona o que nele é tido por justo. Ora, pode-se observar que o conceito de ideologia abrange parte dos elementos que compõem uma cultura. Ou seja, cada cultura desenvolve certos tipos de ideologia que lhe são peculiares, característicos do modo como se estrutura e "funciona".

Lógico, portanto, que a idéia e o sentimento do justo dependam desse contexto. Mais que isso, porém, eles estão vinculados aos interesses ideologicamente válidos. O processo de compreensão e de sentir que algo é, ou não é justo, é dominado pela ideologia do agente, ou observador. Por isso mesmo, quando se enuncia o princípio "a cada um segundo suas necessidades e seu merecimento", afirma-se algo justo porque profundamente enraizado no universo ideológico.

Claro está que tais considerações necessitam de mediação para o entendimento do que se passa na mente individual diante de certas situações conflitivas. O elemento "interesse" intervém então, como expressão conjuntural de pretensões culturalmente (e, portanto, ideologicamente) válidas. Quando interesses individuais ou grupais estão em oposição, isso produz freqüentemente (quase sempre) representações conflitantes do que é justo. Cada um dos oponentes considera justo aquilo que atende a seus interesses, mas o faz somente dentro dos parâmetros ideologicamente admitidos no contexto sociocultural em que se encontra.

Como se sabe, o conceito do justo é o cerne do conceito de Justiça. Este possui duas acepções básicas: a) Justiça-valor, que abrange aspectos racionais, ideativos e do sentir, e b) Justiça-instituição, locus ideal daquele, por meio da qual a Justiça-valor alcança a sua concretude (o aparelho judicial do Estado).

A realização do justo, da Justiça-valor, entretanto, não está circunscrita ao funcionamento do aparelho judicial, ou Justiça-instituição. Ela se faz em grande amplitude, por todas as formas pelas quais a interação social constrói as composições que correspondem ao que é equânime. Esses pontos ideais de equilíbrio social, nos quais os interesses diversos são respeitados em proporção à sua "justiça", são o elemento central de todo um universo normativo que, integrando o controle social atua por vezes (a maioria) de maneira difusa, constante e generalizada, conformando comportamentos a um elenco de expectativas que a seu respeito a sociedade desenvolve.

Não é, contudo, apenas o aparelho judicial do Estado que constitui Justiça-instituição. Outras instituições sociais atuam para a realização da Justiça-valor. Todos os organismos, estatais e da chamada sociedade civil, inclusive as instituições religiosas, funcionam para que se atinja o justo nas relações interindividuais e grupais.

Tais organismos, instituições, aparelhos de Estado, assim agindo, funcionam no sentido de ajustar as condutas sociais aos parâmetros das expectativas sociais de comportamento. Estas são, entretanto, dominadas por considerações de justiça-valor, ou do valor justiça, e por interesses que podem, ou não, ser conflitantes.

A presença do fundamento ideológico reproduz, dessa maneira, os modelos do que é justo, como objetivo de tais criações institucionais ou funcionais, que têm como uma das razões de ser a adequação dos modos de sentir, agir e pensar aos valores estabelecidos como equânimes. Tal busca da equidade é, pois, essencial.

Nos casos conflituais mais agudos, excetuados os das contradições básicas da formação social (macroconflitos que pertencem ao fato político e que, portanto, só se resolvem ou compõem no plano do poder), porém, é o aparelho judicial do Estado que deve atuar em busca do justo. Ele o faz, ele também, segundo os fundamentos ideológicos definidores da eqüidade e das regras para cumpri-la. Daí que se possa afirmar que o Judiciário funciona segundo os parâmetros ideológicos que lhe deram vida e o condicionam em sua função. Os valores, as crenças, as idéias, os sentimentos que informam a vida social estão presentes na razão de ser do Judiciário e nas regras segundo as quais ele se deve comportar, o modo como ele deve decidir litígios, assim como a obrigatoriedade imposta a todos, no sentido de cumprir suas decisões.

Segundo essas considerações, o aparelho judicial de uma determinada sociedade é um produto ideológico.

3) Algumas conseqüências podem ser extraídas do que foi dito:

a) Os órgãos do Judiciário, como aparelho estatal, são estruturados, quanto à sua organização e competência, segundo a ideologia dominante na sociedade a que pertençam. Os órgãos judicantes e administrativos são estabelecidos em conformidade com o sistema de idéias, valores, crenças, do meio em que devem atuar e essa adequação é condição de sua viabilidade.

Dessa maneira, criam-se juízos monocráticos ou colegiados, coordenados ou hierarquizados entre si, tribunais de vários tipos e níveis; são estabelecidos os seus procedimentos judiciais e administrativos; é a eles atribuída a respectiva competência, tanto no plano jurisdicional quanto no do funcionamento administrativo. A visão do mundo espelhada na ideologia dominante é refletida em tudo isso.

b) Os seus membros, principalmente os magistrados de todos os níveis, são recrutados segundo parâmetros e regras que refletem essa mesma ideologia. Pertencem eles quase sempre aos estratos sociais mais condicionados por tal ideologia — e que são geralmente os membros da classe média, a mais fiel seguidora dos fundamentos ideológicos dominantes da vida social.

Os requisitos para o ingresso no aparelho judicial são ajustados aos valores, idéias e crenças dominantes; o tipo de formação intelectual é também assim condicionado, por um longo processo de educação e ensino. E os conhecimentos necessários são referidos à ordem jurídica existente que é, a toda evidência, espelho das relações de Poder em curso e da ideologia dominante, quer no aspecto político, quer nas demais manifestações.

c) As decisões do Judiciário são, assim, tendentes a uma certa (relativa) uniformidade, que respeita os postulados ideológicos aludidos. É compreensível que, submetidos aos mesmos tipos de condicionamento em sua formação e no seu recrutamento, os juízes tendam a decidir de maneira predominantemente uniforme a maioria das questões a eles submetidas; e que esses condicionamentos, de natureza ideológica, como afirmado, produzam decisões que podem ser tidas como ideologicamente condicionadas.

Assim, quando um juiz concede a alguém a indenização por dano moral, ele está afirmando, de um lado, que os danos devem ser indenizados para restabelecimento do equilíbrio social (o que é vinculado ao sentimento e à idéia do justo) e, por outro lado, que não apenas o aspecto material há de ser considerado, mas também os valores morais — o que é uma postura ideológica evidente.

d) Logo, é possível fazer uma "leitura" dos componentes básicos da referida ideologia dominante, no modo como juízes e tribunais dirimem os litígios a eles submetidos, e como atuam no conjunto dos instrumentos do poder social.

De maneira idêntica à "leitura" da mudança social subjacente aos julgados dos juízes e tribunais,[21] o estudo do conteúdo das decisões judiciais permite constatar que valores, que visão do mundo, que complexo ideológico enfim, é dominante na sociedade em que tais decisões são proferidas. Leia-se, por exemplo, em confrontação, os julgados dos tribunais do século XIX e os de hoje. Os valores sociais, de então e de agora, são muito diferentes. O que ocorre em face da mudança social (que é, quase sempre, acompanhada de modificações da ideologia dominante), repete-se, portanto, aqui. E essa função reveladora da jurisprudência é das suas mais importantes características.

4) O que foi dito pode parecer o óbvio. Mas não é. O simples fato de que, na conceituação da ideologia, muito freqüentemente se confunda a parte com o todo, recomenda uma reflexão a respeito. Nada tem de negativo o reconhecer-se que as decisões dos tribunais, a que se atribui imparcialidade, impessoalidade e busca pura e simples do justo, sejam manifestações da ideologia que prevalece no meio social, da visão do mundo que condicionou a toda a sociedade, o seu sistema de idéias, crenças, valores e sentimentos. Trata-se de mera constatação de algo elementar no conhecimento sociológico, o fato de que todos os membros de um grupo social, grande ou pequeno, simples ou complexo, são condicionados pelos modos de pensar, agir e sentir dominantes no mencionado meio.

Muito pelo contrário, a percepção desse fenômeno ajuda a conseguir uma abordagem realista do que acontece quando se observa o direito vivo, o direito em ação, que de fato acontece no mundo jurídico, norma ou instituição. Isso permite melhor compreender a necessidade da abordagem do *sein*, e não apenas do *sollen*, no estudo do Direito. É que não se pode perder de vista o real, o que é, quando se reflete sobre a ordem jurídica, sua validade, sua funcionalidade, sua legitimidade.

O Direito é instrumento de controle social em expansão, que vai ocupando espaços antes reservados a outras formas de controle, e o modo como ele é efetivamente aplicado é uma dimensão essencial do seu estudo. É preciso verificar se a norma jurídica eficaz do ponto de vista da dogmática, porque é apta a produzir os efeitos para os quais foi criada, é também eficaz como realidade, funciona como pretendido, condiciona, verdadeiramente, na prática, os comportamentos sociais. À definição do *dever ser* da dogmática, é preciso corresponder o *ser* que se investiga na Sociologia do Direito.

A ideologia, entendida no sentido amplo já referido no princípio destas reflexões, condiciona tanto o *dever ser* enunciado na dogmática, quanto *o que é*, o *ser*, a que se dirige o estudo sociojurídico. Ela define o justo como *dever ser*, e o configura como *ser*. Domina o discurso da Justiça e condiciona as suas práticas, integrados ambos, o discurso e os usos, na praxis reveladora do real.

Capítulo IV

O Direito como Condicionante da Realidade Social

1. *A interação social e o Direito. Influência deste sobre as demais manifestações sociais.*

2. *A norma jurídica como instrumento de controle social.*

3. *Funções educativa, conservadora e transformadora. O Direito como agente de mudança social. Ação do Direito sobre a opinião pública.*

4. *Em resumo.*

1 A interação social e o Direito. Influência deste sobre as demais manifestações sociais.

Se o Direito é condicionado pelas realidades do meio em que se manifesta, entretanto, age também como elemento condicionante. A integração entre todos os componentes de um complexo cultural é um dos fatos de maior significação na vida social. A exata compreensão da sociedade como campo em que essa interação múltipla opera entre milhares de fatores influentes é indispensável a quem cuide do estudo das Ciências Sociais. Essa compreensão leva à convicção da extrema mutabilidade dos fenômenos dos grupos humanos, do estado de fluidez permanente que eles apresentam. E faz que se perceba seguramente que cada um dos elementos influentes na vida social é, ao mesmo tempo, condicionante e condicionado.

O fenômeno jurídico é, assim, reflexo da realidade social subjacente, mas também fator condicionante dessa realidade. Ele atua sobre a sociedade, como as outras formas pelas quais se apresenta o complexo sociocultural. A vida política é regulada pelas normas do Direito. Ela se processa segundo princípios e normas fixados na ordem jurídica, e o Estado, mesmo, é a institucionalização maior dessa ordem jurídica estabelecida. Em todos os aspectos, está presente a regra do Direito. Os fatos econômicos, certamente os de maior influência no condicionamento geral da sociedade, são contudo, também eles, condicionados pelos demais, desde a arte, o senso estético, as religiões, as valorações coletivas, e assim também pelo Direito.[1]

O que aqui denominamos "condicionamento", e no caso, o "condicionamento de retorno", do Direito sobre o socioeconômico é, *mutatis mutandi*, a "sobredeterminação" da teorização althusseriana, que a reconhece nas diversas "instâncias" de qualquer formação social concreta.[2] Outra coisa não é, também o que outros autores marxistas, principalmente de países socialistas, chamam de "efeito constitutivo" das formas jurídicas, reconhecendo a importância que esse "efeito" tem na conformação das condições econômicas.[3]

Todo o processo educacional em uma sociedade se desenvolve segundo princípios jurídicos que o moldam. A sociedade moderna, aliás, deslocou em muito esse processo da esfera do grupo familiar, ou dos grupos vicinais, para instituições de raízes mais amplas, com a criação das escolas e o desenvolvimento dos sistemas de ensino, em que a intervenção normativa do Estado se faz sentir de maneira cada vez mais importante. A instrução pública é disso um exemplo do qual se podem tirar lições significativas, dado o seu caráter de serviço público em expansão em todos os países.

Como resultado disso, o desenvolvimento científico e tecnológico está, sempre, condicionado pela variada legislação que, dominando toda atividade educacional da sociedade, nos seus diversos níveis e setores, regulam a atribuição de recursos, as atividades de pesquisa pura e aplicada, o regime de sua administração e a sua propriedade, assim como a aplicação final dos resultados do conhecimento técnico-científico.

É importante assinalar como uma adequada legislação pode favorecer, ou desfavorecer, o desenvolvimento científico, mediante a concessão de vantagens aos estudiosos, a canalização de verbas, a limitação, ou não, da troca de informações, a garantia da continuidade, o estímulo a iniciativas nacionais, ou pioneiras, ou regionais, ou ainda, aparentemente destituídas de interesse prático imediato, mas cujos resultados podem vir a ser de importância inusitada para o progresso da ciência e da tecnologia.

A ética recebe, de volta, influências da norma jurídica. O mundo da moral, cuja capacidade condicionante da normatividade jurídica é axiomática, e a isso se referiu, de novo, recentemente, o já aludido Jorion,[4] não escapa assim às influências de torna-viagem que o Direito distribui em toda a sociedade. Tem sido observado que, com uma freqüência pouco ressaltada, mas significativa, comportamentos ditados aparentemente apenas pelas normas morais de certos grupos tiveram e têm origem em mandamentos de ordem jurídica. Tais mandamentos se refletem, dessa maneira, em modos de agir, formas de comportamento que adquirem conteúdo moral próprio, independente da origem jurídica, mas nem por esse motivo despidos de conteúdo ético marcante. Idêntico fenômeno, de formação aproximadamente a mesma, é o do costume de origem legal, nascido de determinação em lei ou norma estatal de outra espécie, que pode, ou não, continuar em vigor. No momento em que se forma um comportamento costumeiro decorrente daquela norma jurídica, ele passa a ter vida independente, de modo que se projeta, por vezes, muito tempo após a revogação da norma e sua substituição por outra. Isso explica e se exemplifica nos casos de leis posteriores que modificam institutos ou simples disposições de Direito, mas que não chegam a ter eficácia real, continuando a prevalecer os comportamentos inspirados nas antigas normas legais revogadas, porque tais comportamentos criaram força consuetudinária capaz de se sobrepor às novas determinações da ordem jurídica.

Tudo, enfim, o que se observa dentro de uma sociedade é influenciado por certa ordem jurídica, que se infiltra nas formas de sociabilidade, modificando-as por vezes, reforçando-lhes os traços principais, dando-lhe maior vigor ou reduzindo-lhe a força condicionante.

2 A norma jurídica como instrumento de controle social.

É a norma jurídica o instrumento institucionalizado mais importante de controle social. É por seu intermédio, sem a menor dúvida, que esse controle se manifesta formalmente com maior eficiência, pois a norma jurídica dispõe da força de coação, pode ser imposta à obediência da sociedade pelos instrumentos que essa mesma sociedade criou com esse fim.

Stone dedicou a esse aspecto do Direito um capítulo inteiro de *Social Dimensions of Law and Justice*,[5] focalizando minuciosamente o fenômeno jurídico em relação ao controle social. É interessantíssima a análise que esse professor australiano fez das fronteiras entre o controle jurídico ou legal e os outros controles sociais, fronteiras essas que qualifica de cambiantes. No breve apanhado histórico que realizou, contudo, indicou fato que nos parece de grande significação: o de que o controle jurídico invadiu áreas antes guardadas a outros tipos de controle social, por exemplo, a competição (referida pelo próprio Stone), na evolução moderna dos Estados industriais.

A interdependência do controle jurídico, ou legal, e os demais tipos de controle social, também é de interesse. Se a interação entre o fenômeno jurídico e os demais fenômenos socioculturais é fato evidente, ao qual já fizemos referência, segue-se necessariamente que essa interação se estende a todas as manifestações desses fenômenos, ou melhor, a todas as funções sociais de tais fenômenos, incluída a de controle social.

É preciso não esquecer aquela "onipresença" do fato jurídico na vida da sociedade, a que nos referimos antes, e o caráter que o Direito possui de constituir a forma expressa mais elevada de ordenamento social, emanados dos órgãos especificamente destinados a produzi-lo dentro de cada grupo. Logo, a ordem jurídica se destina, precisamente, a abranger a vida grupal, de maneira a estabelecer nela a regulação dominante da conduta coletiva e individual. Não é a mais copiosa, mas é aquela a que a sociedade atribui maior força, mais elevada situação hierárquica, na escala de normas socialmente aprovadas.

Sua função de controle social, portanto, não pode ser posta de lado em qualquer análise que se faça de sua natureza. O Direito não é apenas um modo de resolver conflitos. Ele os previne e vai mais além, pois condiciona, direta ou indiretamente, o comportamento. Sua simples autoridade, como forma de manifestação da vontade social, exerce influência da maior significação sobre a conduta grupal, como veremos adiante.*

3 Funções educativa, conservadora e transformadora. O Direito como agente de mudança social. Ação do Direito sobre a opinião pública.

Outras funções de importância exercidas pelo Direito devem ser referidas, entretanto, especialmente as funções educativa, conservadora e transformadora. A res-

* Sobre essa função de "resolver", ou de "tratar" os conflitos que se manifestam na vida social, ver o capítulo V.

peito da primeira dessas funções, existem trabalhos curiosos que demonstram que a simples existência de uma regra de Direito resulta, geralmente, na convicção, por parte de quem a conhece, de que a conduta recomendada na referida norma é a mais conveniente.

Esse fato revela a influência educativa da norma jurídica, moldando as opiniões sociais e portanto o comportamento grupal, por meio de um processo de aprendizado e de convencimento de que é socialmente útil, ou bom, agir de certo modo. Não se trata, a propósito, apenas de ameaça de sanções impostas pela sociedade, em conseqüência da transgressão dos mandamentos da ordem jurídica, o que já possui em si aquela influência sobre a conduta, a que aludimos. Cuida-se também da força condicionante da opinião pessoal e grupal, quanto ao que é justo ou injusto, bom ou mau para a sociedade, modo de proceder adequado ou inadequado.

Skolnick observou, com propriedade, que indagar dos entrevistados, em pesquisa, qual o seu ponto de vista sobre o caminho que a lei deve adotar, entre duas hipóteses possíveis, em termos abstratos, não é o mesmo que fazer idêntica pergunta depois de dizer qual a solução que a lei efetivamente adotou. Lembrou mais que se poderia fazer a pergunta pelas duas formas, a dois grupos diversos de entrevistados de características semelhantes, para se medir a diferença das respostas nos dois casos, porque o Direito é, em si mesmo, uma força que cria opiniões.[6]

No que se refere à função conservadora da ordem jurídica, deve ser dito que ela é, essencialmente, a expressão de uma determinada ordem social cuja regulação, cujo controle e cuja proteção se destina a realizar. Como bem acentuam os autores mais modernos, ela reflete a relação de poder entre as várias classes sociais e as convicções dominantes na sociedade.[7] Logo, exerce função conservadora dessa ordem, garantindo-lhe as instituições e o tipo de dinâmica social considerado bom para seus fins, com uma estrutura a isso adequada. Protege os valores socialmente aceitos e, como já acentuamos, gera uma tendência conservadora entre os especialistas em seus estudos.

A inclusão de normas de autodefesa do sistema, assim, é algo de normal e encontradiço em todos os exemplos de ordem jurídica de mais complexidade. As sociedades não-primárias, ao estabelecerem seu modo de vida, seu sistema de valores e instituições, ficam também, na ordem jurídica, princípios e regras de manutenção do sistema total, em que são previstas as hipóteses de sua defesa contra as tentativas de modificá-lo. Sob esse ponto de vista, a Sociologia do Direito pode ser entendida em íntima relação com a chamada Sociologia do Poder. A natureza, a qualidade de suas normas de autodefesa, depende das relações de poder na sociedade observada.

Tais relações de poder, certamente, repousam na estrutura social e no seu mecanismo funcional. Os condicionantes socioeconômicos das relações de poder possuem, portanto, conseqüências políticas, que se verificam em tais relações propriamente, e se explicam, sempre, em manifestações de ordem jurídica. Estas, como resultado, possuem sempre aquele caráter de expressão de uma determinada ordem social e, inegavelmente, são manifestações de uma ideologia, sob cuja pressão se formam e vivem.

Em sentido contrário, porém, as normas jurídicas possuem uma função transformadora do meio. Quando editadas atendendo a necessidades sentidas pelos órgãos legiferantes, ou em resposta ao consenso de grupos que se antecipam ao processo histórico, elas resultam em modificações da sociedade, alterando-lhe o sistema de controle social e, diretamente, a relação de influências recíprocas dos diversos elementos condicionantes da vida grupal. Por outro lado, contribuem indiretamente para a formação de novas manifestações de consenso, nisso confundidas as funções transformadora e educativa do Direito.

Este precisa, na verdade, ser bem estudado como agente da mudança social. É essa uma importante manifestação da função transformadora, exercida pelas normas jurídicas, cuja utilização planejada, visando alterar determinado contexto sociocultural, começa a ser objeto de estudos e de primeiras aplicações. Não se perca de vista que, no próprio momento em que o legislador edita a norma legal, ou quando o Juiz a aplica ao caso concreto, ou ainda, quando o administrador executa os seus mandamentos, um e outro estão modificando, em alguma parcela, maior ou menor, a realidade social. Esse fato é especialmente sensível e fácil de constatar no primeiro caso, pois a edição da norma legal é, sempre, invariavelmente, um fato de mudança da estrutura social.

É também visível, em um exame simples, essa função de mudança social, quando os tribunais firmam orientação jurisprudencial em questões de grande repercussão e que envolvam grande número de casos concretos, fixando interpretação nova às normas legais imprecisas, ou quando, também interpretando as leis, a administração adota orientação determinada para a sua execução. Tais situações, modificando em alguma coisa a ordem jurídica, se projetam sobre a realidade social nela regulada, mudando-a.

A propósito, é interessante abordar a relação existente entre Direito e opinião pública. Ambos os fenômenos, como ocorre em geral na sociedade, são condicionantes e condicionados recíprocos, em virtude da interação que opera entre a norma jurídica e a opinião pública. As reações desta à realidade da ordem jurídica constituem mesmo, na atualidade, um dos campos de pesquisa mais importantes dos sociólogos norte-americanos e europeus. Entre estes últimos, Podgorecki e seus assistentes, na Polônia, Vinke e sua equipe, na Holanda, e numeroso grupo italiano, a que faremos referência detalhada em outro capítulo, têm realizado, nos últimos anos, preciosas indagações que tendem a assumir o caráter de pesquisa coordenada de cunho mundial.

As regras de Direito moldam, em parte, como aliás já ficou demonstrado no desenvolvimento deste trabalho, a opinião dominante em determinada sociedade. O que ficou dito há pouco a respeito de suas funções educativa e transformadora o atesta. A maneira como são encaradas, porém, tais regras pelos componentes da opinião grupal, constitui algo que exige reflexão e pode indicar caminhos legislativos mais apropriados.

4 Em resumo.

Já tivemos a oportunidade de dizer[8] que "a ordem jurídica é filha do poder". Essa afirmação provoca, freqüentemente, contradita indignada, refutação acalorada. Nem por esse motivo é menos verdadeira. A reação desfavorável que suscita é muito compreensível e se situa principalmente entre os juristas e os que, voltados para uma atuação política, ideológica ou moralista, acabam por perder de vista o mundo dos fatos reais, para se entregar por inteiro aos princípios cujo predomínio seria desejável, ou às cogitações ideais de um universo do *dever ser*.

Desde, porém, que o cientista social se atenha à realidade, ao mundo do *ser*, do que efetivamente é e acontece, não há como fugir à constatação. Fenômeno social superestrutural, do ponto de vista das estruturas sociais, sistema normativo que, como estrutura ou como processo, é conseqüência da realidade socioeconômica e sociocultural em que existe, a ordem jurídica é editada, mantida, modificada, preservada precisamente pela sociedade que a sentiu necessária, como revelação e expressão do poder que essa mesma sociedade possui. Dona do poder, a sociedade regula a vida social por diversos modos, desde as normas costumeiras menos coercitivas, até as regras jurídicas, obrigatórias para todos. É o poder social que produz tais normas e as transforma, tendo em vista, sempre, os interesses sociais — ou interesses dominantes na sociedade. Porque, como se verá mais adiante, não é o Direito produto apenas do poder social, ou da sociedade, mas também do poder *na* sociedade.

Voltamos assim ao exame das duas formas básicas do poder social: o poder *da* sociedade, que se pode dizer poder social propriamente dito, e o poder *na* sociedade, aquele que nela é exercido por componentes seus, indivíduos ou grupos. Para os fins que ora temos nesta análise, as duas formas referidas são expressas em poder *do* Estado e poder *no* Estado. É que a ordem jurídica é, em verdade, e hoje, fenômeno característico da organização estatal. É dentro do Estado que ela é significativa; ela a edita (exceção feita a certas manifestações supra-estatais ou extra-estatais que, entretanto, não lhe dispensam a intermediação, para a própria eficácia) e a aplica. Como poder *do* e *no* Estado, portanto, é que aqui cogitaremos das manifestações do poder *da* e *na* sociedade.

As duas formas condicionam a ordem jurídica. Tanto as influências autênticas do poder estatal propriamente dito quanto aquelas dos que, *no* Estado, o exercem provocam repercussões no campo jurídico, modelando as suas normas. É relevante, contudo, fazer uma observação. Ela é a de que, na ordem estatal, as normas juridicamente relevantes são, quase todas, oriundas dos órgãos institucionalizados e competentes para a respectiva edição. As que não o são têm a sua eficácia dependente das normas estatais e a elas se subordinam. Logo, utilizando-se do Direito, detentores do poder *no* Estado só podem exercê-lo através de tais órgãos, ou seja, transmudado em poder *do* Estado, ou poder estatal propriamente dito.

Nisso reside uma distinção importantíssima entre as normas jurídicas (que são instrumento institucionalizado de controle social) e as demais normas de controle social, que podem ser manipuladas diretamente, sem intermediação do Estado (ou dos instrumentos institucionalizados da sociedade, quaisquer sejam eles) em favor do exercício do poder *na* sociedade. O controle social através do Direito é sempre exercido pelo Estado, mesmo quando, desvirtuado, sirva a interesses ou a objetivos dos que, no Estado, exercem poder. Essas considerações têm sua importância realçada pelo que segue. Delas resultam, aliás, conseqüências muito mais profundas no plano teórico, tanto na Sociologia do Direito, como na Sociologia do Poder, quanto ainda na ciência política, pois a matéria pode lançar luz e solver algumas questões fundamentais ligadas à legitimidade e à autoridade.

Há que se considerar, porém, um aspecto que precede a questão acima exposta: é que, na ordem estatal, e antes de se transmudar em comando jurídico (e, portanto, em manifestação do poder *do* Estado), o poder *no* Estado se manifesta como poder *sobre* o Estado, ou seja, ele se exerce tendo como sujeito um indivíduo, ou um grupo de indivíduos, e tendo como objeto o aparelho estatal, instrumento cujo controle é indispensável, como vimos, para a segunda operação, a edição e aplicação de normas jurídicas. Essa é outra observação essencial ao bom entendimento do tema.

A sociedade exerce um autocontrole sobre as manifestações das diversas atividades políticas, socioculturais e socioeconômicas, e outras, no exercício do controle social, como foi dito no texto original. Desde os comandos constitucionais, os de maior influência e ação, sobre comportamentos individuais e coletivos, é exercido esse poder de controle que se destina a conformar as ações e os comportamentos dos membros da sociedade. Isso se refere não apenas aos indivíduos humanos, mas também às pessoas jurídicas que eles formam e organizam e que passam a ter funções e atividades, que, elas também, devem se ajustar aos modelos preestabelecidos. Já dissemos alhures que as normas jurídicas, além de serem as de maior importância no processo de controle social, constituem instrumento em expansão no mundo moderno, sempre seguindo o caminho das transformações que o comportamento individual e coletivo sofre.

Essa função do Direito no ajustamento das ações individuais e coletivas aos parâmetros existentes também se exerce em relação às perspectivas de desenvolvimento futuro, perspectivas essas acolhidas ou em vias de acolhimento nas estruturas e na dinâmica do grupo. Esse fato é significativo para compreendermos as transformações que, entre a época da primeira edição deste livro e aquela em que trabalhamos para esta edição revista e aumentada, se operam em escala global.

Vivemos agora dentro da sociedade globalizada, em conseqüência da enorme expansão dos meios de comunicação em massa e da tecnologia da informação, com o advento de todos os tipos de máquinas que a tecnologia criou e desenvolve permanentemente, fenômeno já salientado na referência aos trabalhos agora superados de McLuhan. As distâncias são transformadas na prática, pelos computadores, em quase nada. O tempo também parece ter encurtado. O que foi dito não é de surpreender, pois a ciência demonstra hoje que tempo e espaço são a mesma coisa neste universo misterioso em que vivemos.

A tecnologia, portanto, como fenômeno social conseqüente da expansão do conhecimento científico, está presente no advento da chamada globalização. Uma conseqüência disso é a maior ação de controle social. Os instrumentos para esse controle estão presentes por toda parte e podem ser percebidos nitidamente em qualquer visita que façamos aos computadores. A tendência para uma uniformização dos fatos socioculturais foi acrescida em muito nesse quadro de desenvolvimento. Os ideais e valores que norteiam o ser humano vão sendo cada vez mais evidenciados e estimulados em velocidade eletrônica. Não se alterou, entretanto, o fato salientado neste capítulo, de que o Direito é o tipo de normatividade que mais se expande como agente do controle social.

É interessante salientar, além disso, o caráter dicotômico, das funções conservadora e transformadora. Ao mesmo tempo que as normas jurídicas funcionam no sentido de proteger, preservar e fortalecer a ordem social que elas regulam, essas normas também atuam nas correções de rumo que pareçam necessárias ou na adaptação do universo normativo a novas realidades sociais e culturais e de natureza econômica. Essa dicotomia que se reflete em conflito aparente é fenômeno que está sendo mais percebido no quadro da sociedade globalizada. Os estudos a respeito ainda são poucos, mas poderão provocar importantes progressos no conhecimento da dinâmica social.

Capítulo V

O Direito, a Solução de Conflitos e a Mudança Social[1]

1. *O conflito como processo social. Discussão do conceito.*

2. *Uma tipologia dos meios de acomodação de conflitos. Negociação direta, mediação ou conciliação, arbitramento, recurso ao aparelho judicial.*

3. *As normas jurídicas e sua influência nos diversos tipos referidos. Normas de outra natureza.*

4. *Fatos determinantes das opções quanto aos tipos aludidos. O que efetivamente ocorre e suas motivações.*

5. *A mudança social e o Direito. Diferentes maneiras de conceituar a mudança social. Enfoque estrutural. A mudança como processo. Evolução, desenvolvimento e progresso.*

6. *A idéia das transformações "significativas". A mudança como um universal da sociedade. Mudança perceptível. Transformações duráveis.*

7. *Macro e micromudanças. Abrangência do conceito.*

8. *Conclusão.*

9. *Adendo.*

1 O conflito como processo social. Discussão do conceito.

Pretendemos examinar aqui, inicialmente, embora de maneira sucinta, as relações entre o processo social de conflito e o Direito. É elementar na teoria sociológica a afirmação de que a vida social envolve dois grandes tipos de processos de interação, uns tendentes a aglutinar ou acentuar a associação, e outros tendentes a afastar ou reduzir a interação grupal.* Os mais importantes dos processos dissociativos, ou de afastamento, segundo os autores consagrados, são os processos de competição e de conflito. Aquele, mais geral, presente em caráter constante na vida social, impessoal, sem que se identifiquem propriamente os "adversários". Este se apresenta como um grau daquele, em que se identificam os "adversários", portanto pessoal, intermitente.

Em realidade, o processo de conflito é observável em todas as manifestações da vida social. Está presente nos diversos tipos de sociedade, das mais simples às mais complexas, de modo que é possível afirmar que inexiste sociedade em que ele não apareça. O entrechoque de interesses, entendidos na sua significação mais simples, manifestando-se numa escala de mera vivência ou, mais especialmente, em fenômenos de poder, de apropriação de recursos ou de relacionamentos preferenciais, revela situações em que o conflito se faz atuante.

O conflito pode ser definido como uma luta a respeito de valores ou pretensões a posições, a poder ou a recursos que não estão ao alcance de todos, em que os objetivos dos oponentes, ou "adversários", são neutralizar, ferir ou eliminar os rivais.[2] Em verdade, o conflito é sempre consciente e envolve a comunicação direta entre os oponentes. Ele se verifica entre indivíduos ou grupos ou organizações, ou mesmo entre sociedades, umas com as outras, ou de indivíduos com grupos e/ou organizações, de grupos com a sociedade global etc. Sempre que seja possível identificar um entrechoque de interesses de qualquer espécie entre atores ou agentes, na vida social, estar-se-á identificando a existência do processo de conflito, em situações as mais variadas. O conflito, portanto, é consciente, é pessoal, é intermitente. Ao passo que a competição é inconsciente, é impessoal e contínua.

Emílio Willems define o conflito como

> competição consciente entre indivíduos ou entre grupos, que visa à sujeição ou à destruição do rival. Seu resultado visível é a organização política (intergrupal e intragrupal) e o *status* que os indivíduos e grupos ocupam no interior de tal organização.

* Apesar de ser essa uma abordagem corriqueira da teoria dos processos sociais, a seu respeito fazemos agora algumas considerações que permitirão melhor introduzir o tema deste capítulo.

> O conflito pode revestir formas diversas, como a rivalidade, a discussão, até o litígio, o duelo, a sabotagem, a revolução, a guerra, compreendidas neles, portanto, todas as formas de lutas abertas ou não.[3]

O conceito não difere em muito daquele outro antes mencionado. Vale dizer, entretanto, que Coser terá sido mais generalizante, ao mencionar a luta pelo *status*, pelo poder e pelos recursos escassos. Outra maneira de abordar a conceituação do conflito é aquela em que, insistindo na forma de luta de indivíduos ou grupos, salienta-se que ele envolve sempre contato, além de ocorrer ao nível consciente pessoal e implica violência ou pelo menos ameaça de violência. Enquanto a competição determina a posição que um indivíduo ocupa na comunidade, isto é, sua distribuição espacial, o conflito determina o seu lugar na sociedade, ou seja, o seu status no sistema social.[4]

2 Uma tipologia dos meios de acomodação de conflitos. Negociação direta, mediação ou conciliação, arbitramento, recurso ao aparelho judicial.

Dessas breves indicações conceituais a respeito do conflito,* é possível compreender facilmente a sua importância no estudo do Direito e a relação estreita entre os fenômenos jurídicos e tal processo social. O Direito refere-se sempre, direta ou indiretamente, a situações conflitantes, ou seja, a situações em que o processo de conflito esteja presente, atual ou potencialmente. É que a ordem jurídica se constitui de normas sociais de natureza especial, editadas por instituições especificamente destinadas a isto, dentro de uma organização estatal, cuja destinação é precisamente manter e dar todas as conseqüências necessárias à ordem social que a edita. Em essência, o Direito é um sistema de normas que tem por objeto assegurar que os comportamentos sociais se ajustem às expectativas socialmente estabelecidas naquilo que é considerado mais importante. Dessa maneira, quando norma constitucional dispõe, por exemplo, sobre os poderes do Estado e sobre sua distribuição de competência, o que se está fazendo é prevenir a eclosão de situações conflitantes e estabelecer, desde logo, as formas de composições das tensões que o processo de conflito pode produzir, acomodando os interesses opostos ou as pretensões contrárias umas às outras.

Ocorre que a solução de conflitos que se manifesta na vida da sociedade humana não é deixada somente às normas jurídicas. Os costumes, as normas de

---

* Sobre a problemática do conflito, há ainda aspectos não-ortodoxos do processo, em que não se identificam propriamente atores em conflito, mas tendências, ou processos conflitantes, de maneira impessoal, dentro da vida social, como, por exemplo, a interação entre a auto-imagem que uma sociedade se faz e a sua efetiva organização social. Ver a propósito, Roberto Mangabeira Unger, *Law in Modern Society*, Nova York, The Free Press, 1976, um estimulante esforço de reavaliação dos fenômenos da normatividade em suas diversas manifestações e implicações.

natureza moral ou religiosa, e outras formas normativas da vida social, conduzem também à acomodação dos interesses conflitantes, de modo que no universo da interação social muitos mecanismos, ou processos, atuam simultaneamente, compondo, acomodando ou ajustando situações.[5]

Da mesma forma, é importante assinalar que os instrumentos pelos quais se encaminham as soluções de conflito não se esgotam no litígio judicial. Isso é elementar. Basta que se atente para o fato de que tais situações de conflito também têm soluções nas sociedades pré-estatais, ou seja, naquelas em que o Estado ainda não se tenha institucionalizado. Os estudos antropológicos em todas as sociedades mais simples o demonstram claramente. Outra situação não poderia existir, sob pena da desintegração da vida social em tais grupos, que não persistiriam. Logo, a par com as instituições que permitem a solução judicial das situações conflitantes, outros modos de solução de conflitos existem e que absorvem, segundo alguns autores, a maioria dos conflitos existentes, resolvendo-os nos termos da acomodação necessária.

A teoria tem salientado quatro tipos de solução de conflitos pela acomodação dos interesses dos oponentes: a) a negociação direta, b) a mediação ou conciliação, c) o arbitramento e d) o litígio nos tribunais. No primeiro desses tipos, as partes se entendem diretamente, negociam ou uma delas submete-se à pretensão da parte oponente, de maneira que se acomoda a situação de conflito que se havia produzido, fazendo cessar a oposição manifestada. Nas outras três formas de composição de conflito, fracassada ou não utilizada a negociação direta, existe a intervenção de terceiro que atua para a solução de conflito. Esse terceiro pode ser mero conciliador ou mediador, cuja função seja buscar no entendimento direto com as partes conflitantes a forma de acomodação que possa ser aceita por ambas, de modo a fazer cessar ou amainar o conflito. Já o arbitramento pressupõe a existência de um ou mais árbitros, cuja função é, mediante solicitação daqueles que se opõem no processo de conflito, dirimir as divergências e afirmar qual a fórmula que deve revestir a acomodação necessária. Há que salientar, entretanto, que ainda não se movimentou a máquina estatal, ou seja, o aparelho do Judiciário. É verdade que, em face das práticas na sociedade industrial e diante de disposições legais. O arbitramento resolve-se freqüentemente numa homologação judicial, mas esse aspecto não é de sua essência. Já o litígio em juízo envolve, necessariamente, o apelo das partes oponentes ao aparelho judicial estatal, reclamando, mediante a prestação jurisdicional, que se resolva o conflito, dispondo sobre os interesses em oposição, o que, do ponto de vista sociológico, significa a acomodação de tais interesses.

Os quatro modos de se chegar à acomodação que "resolve" o conflito são, assim, pertencentes a determinadas categorias distintas. Do ponto de vista dos agentes ou instrumentos da solução, eles podem ser divididos em dois grupos; o da negociação direta, de um lado, e o que abrange a intervenção de terceiros (inclusive a mediação, o arbitramento e o litígio em juízo). A distinção é importante porque, no primeiro caso, o grau de conflito é presumido menos agudo, tanto que as partes oponentes não se eximem de negociar diretamente e através desse recurso chegam a compor ou acomodar os seus interesses, enquanto nos demais já se verifica aquela impossibilidade de negociação direta, a indicar um grau mais intenso de conflito, de tal modo que se faz necessária a intervenção de terceiros, capazes de mediar, ou arbitrar, ou dirimir em grau definitivo, conflito de interesses já produzido.

Outra maneira de distinguir os diversos modos de acomodação de conflitos salienta o fato de que a solução pela negociação direta e pela mediação não envolvem uma decisão que se imponha coativamente às partes interessadas, pois, em ambos os casos, o consenso entre eles é exigido, seja diretamente alcançado, seja quanto à forma oferecida e construída pelo mediador ou conciliador; por outro lado, o arbitramento, embora ainda aguarde alguns elementos de não-coerção, contém uma força coativa própria em determinadas situações contratuais e previstas em lei e, finalmente, os remédios judiciais envolvem sempre uma solução que é imposta coativamente às partes interessadas. Quanto, portanto, à força coativa ou ao caráter impositivo da forma de acomodação encontrada, de um lado estão a negociação direta e a mediação, sem qualquer traço dessa força coativa e de outro o arbitramento e o litígio judicial, em que, embora em graus diversos, tal força coativa se manifesta.

Quanto aos modos de solução dos conflitos, segundo a natureza dos agentes que o medeiam ou o acomodam, também é possível dizer que eles dividem-se em instrumentos judiciais e em instrumentos extrajudiciais ou não-judiciais (no caso, a negociação direta, a mediação e o arbitramento, na fase anterior ao pedido de homologação que esteja previsto na legislação, o que ocorre, por exemplo, no Brasil).

Assim temos que, do ponto de vista do agente ou do instrumento de solução de conflitos e da força coativa ou da conseqüência direta da fórmula encontrada para tal fim, três são as maneiras de classificá-las.[6]

3 As normas jurídicas e sua influência nos diversos tipos referidos. Normas de outra natureza.

Há entretanto, um outro aspecto essencial a considerar em relação a esse ponto. Trata-se do tipo de normas que influem ou podem influir na adoção das soluções buscadas. Aqui voltamos, sob outro aspecto, às considerações inicialmente feitas. É que influem ou podem influir, na solução de conflitos, as normas de direito positivo ou não. Aquelas são todo o elenco de normas legais e as demais são, principalmente, as normas costumeiras, religiosas, morais etc.

Cabe aprofundar um pouco esta discussão no que se refere à atuação das normas legais ou não-legais como pano de fundo ou quadro normativo que influencia a solução de conflitos. É evidente que toda acomodação de conflitos se faz por referência a normas de conduta social. Fora do universo normativo não há como encontrar-se acomodações adequadas. A própria decisão de se encontrar uma solução para o conflito envolve em si um comando, ou norma de comportamento social em que as partes convencionam, tácita ou expressamente, buscar acomodação e, qualquer que seja a forma encontrada, tem ela alguma natureza normativa e, em si mesma, inclui normas sociais preexistentes.

Ora, uma consideração se impõe aqui. É que tudo está a indicar que as normas de Direito formam grande parte do pano de fundo sobre o qual se projetam os modos pelos quais se procura obter solução para os conflitos. Em outras palavras, há indicações de que o Direito é influente em todos os tipos ou maneiras de solução de conflitos que mencionamos, atuando tanto quanto as outras normas de convivência humana, que são, entretanto, em muito maior número do que as normas jurídicas. Essa presença da regra de Direito em escala maior do que seria razoável esperar por sua simples participação proporcional no conjunto das normas atuantes na vida social, e agora no caso especial da solução de conflitos, é importante. Se não são majoritárias tais normas, há de ser porque têm elas maior força coativa que as demais, além de corresponderem mais nitidamente a uma opinião social quanto à sua necessidade e quanto à sua exigibilidade. Essas considerações, de natureza teórica, devem merecer especial atenção dos pesquisadores, especialmente daqueles que se dedicam à Sociologia do Direito. Não nos deteremos nelas, entretanto, aqui e agora, bastando referir tais possibilidades de estudo.

Até que ponto, entretanto, será efetiva essa grande participação do mundo normativo jurídico, entendido como o conjunto de normas de Direito positivo, na solução de conflitos sociais? Por outro lado, em que escala se poderá dizer que as normas costumeiras intervêm no mesmo quadro, principalmente quando "sacralizadas" pela lei? Não serão as demais normas de comportamento social, sobretudo as costumeiras em geral, e muito especialmente as que se vinculam aos *mores*, tão importantes na solução de conflitos sociais quanto as normas jurídicas? Essas indagações merecem uma explicação apropriada. Não nos parece que se possa continuar no terreno estritamente especulativo, no que concerne à verificação da realidade. A matéria está a exigir investigação científica da realidade concreta, em que se procure verificar como efetivamente são enfrentados esses conflitos na sociedade contemporânea, especialmente na sociedade brasileira.

Por enquanto, vale acrescentar que as normas de Direito positivo dominam as soluções de conflito no litígio judicial. Elas influem dominantemente no arbitramento; atuam, com menor incidência, na mediação; e freqüentemente estão presentes na maneira pela qual as partes compõem os seus interesses na negociação direta. É comum que essa composição se faça, tendo em vista o que o Direito dispõe sobre a matéria. Por outro lado, as normas não legais, ou melhor, aquelas que não pertencem à esfera do Direito positivo são utilizadas também, com freqüência, no arbitramento, especialmente normas de caráter técnico; na mediação ou conciliação, principalmente nas de natureza costumeira, moral ou religiosa; e na negociação direta, com ênfase nos mesmos tipos, enquanto no litígio judicial as normas não-legais têm uma importância muito menor. Claro está que o próprio sistema de Direito acolhe as normas costumeiras e alguns princípios de uso comum na vida social como bússola para indicar o rumo de certas soluções, porém o simples fato de a própria lei assim determinar faz com que tais normas passem a ser, em face da ordem jurídica, "sacralizadas", pois nela são acolhidas e inseridas.

4 Fatos determinantes das opções quanto aos tipos aludidos. O que efetivamente ocorre e suas motivações.

O quadro acima descrito de mecanismos de solução de conflitos revela alternativas ou opções que as pessoas, ou grupos, ou instituições, escolhem quando se produzem as situações litigiosas. Essa escolha pode decorrer de fatores ideológicos e ou de fatores socioculturais dominantes; de influências históricas e tradicionais; da realidade socioeconômica, financeira, política, religiosa, moral; de motivações estritamente práticas, e outras. É importante procurar identificar o tipo de fatores dominantes nas escolhas, inclusive para a preferência individual das alternativas não-judiciais que parecem, a uma primeira reflexão, majoritárias no dia-a-dia da vida social. É comum a suposição de que os caminhos não-judiciais podem ser mais rápidos e menos onerosos do que o apelo ao aparelho estatal de realização da justiça. Essas motivações pragmáticas são, entretanto, vinculadas a valores e a condicionamentos ideológicos e socioculturais, cuja identificação é muito importante.

Por outro lado, cabe indagar *quem* escolhe *o quê*. Ou, melhor dizendo, que tipos de pessoas, ou grupos, ou instituições, preferem este ou aquele caminho para a solução dos conflitos existentes. Em verdade, sabe-se que o arbitramento é usado principalmente pelas grandes organizações privadas, empresas com elevados interesses, o que poderia contrariar o argumento de que essa maneira de solucionar conflitos seria menos dispendiosa. Até que ponto existem essas preferências, e quais as vinculações que têm com a questão anteriormente colocada, constitui uma indagação relevante do ponto de vista sociológico e de política jurídica.

A esses aspectos deve ser acrescentado outro, de interessantes implicações. Trata-se da eficácia das soluções buscadas e obtidas, ou seja, do grau de sua adequação aos objetivos pretendidos, da satisfação que os interessados obtêm, no propósito de dirimir os seus conflitos, mediante a escolha dos diversos tipos já referidos. O exame desse elemento adquire uma conotação especialmente valiosa, sobretudo porque a maior eficácia pode funcionar como um fator de realimentação dos processos mencionados.

5 A mudança social e o Direito. Diferentes maneiras de conceituar a mudança social. Enfoque estrutural. A mudança como processo. Evolução, desenvolvimento e progresso.

Cabem agora algumas reflexões teóricas, adicionais às já feitas em vários trechos deste trabalho, sobre um conceito sociológico de uso corrente, na aparência elementar cuja compreensão, porém, é imprecisa, contraditória e sofre de influências que lhe tiram a nitidez. Trata-se do conceito de mudança social que, como alguns outros conceitos sociológicos, tem importância cada vez mais reconhecida no estudo do fenômeno jurídico, sobretudo porque os problemas do desenvolvimento colocam a questão das transformações da vida social no primeiro plano das cogitações de cientistas e homens de ação, pesquisadores e administradores.

Já se tem salientado essa importância. O conceito de mudança social é particularmente significativo no estudo do Direito porque este reflete sempre a ordem social que o produz e o sustenta, como realidade sociocultural, socioeconômica e política. Todas as modificações nessa realidade social, subjacente ao Direito e que o envolve e o contém, têm conseqüências na ordem jurídica. Esta é subsistema do sistema social mais amplo e o representa em suas características fundamentais. Ela corresponde à influência que os processos e as formações estruturais da sociedade global exercem, conformando todos os aspectos da convivência humana.

Em que é relevante a mudança social para as transformações do Direito? A partir de que ponto se manifestam essas influências? Que aspectos, ou tipos, de mudança social resultam em modificações efetivas da ordem jurídica? Tais problemas, de Sociologia do Direito, são fundamentais.

A respeito do conceito de mudança social, os autores dividem-se, *grosso modo*, em dois grupos. Uns só reconhecem a sua ocorrência quando se modificam as estruturas sociais de modo "significativo"; outros admitem que ocorre mudança sem que as estruturas sejam necessariamente afetadas.

De um determinado ponto de vista, o problema é abordado focalizando situações modificadas que hajam sido identificadas, em contraposição a outro enfoque, que se refere ao processo que produz tais situações. Assim, Tom Burns[7] afirma que, de um lado, mudança social denota uma diferença observada em relação a estados anteriores de estruturas, instituições, hábitos ou equipamento de uma sociedade, na medida em que constitui: a) o resultado de medidas legislativas ou outras com o fim de controlar a conduta; ou b) o produto de modificação, seja numa subestrutura especificada, ou num setor dominante da vida social, ou no ambiente físico ou social; ou ainda, c) o efeito conseqüente de ações perseguidas em conformidade com maneiras sistematicamente relacionadas de preencher necessidades e atender expectativas que prevalecem em determinada sociedade. De outro lado, para ele o termo também significa o processo através do qual tais diferenças ocorrem.

Em realidade, a idéia de mudança social já foi por algum tempo identificada com a de progresso, ou de evolução, com o que teria uma conotação quase neutra, segundo von Wiese,[8] em contraposição à outra, que envolve uso estatístico a fazer da mudança social uma concepção unicamente quantitativa.

A confusão dos conceitos de mudança, evolução, desenvolvimento e progresso é examinada por Bottomore,[9] por exemplo, salientando que a locução "mudança social" é mais neutra, e seu uso foi estimulado sobretudo por Ogburn de maneira que pode, até certo ponto, ser aproximada à abordagem de Marx.

Ora, a teoria marxista tende a salientar o desenvolvimento de uma tecnologia da produção e as relações entre as classes sociais, reconhecendo mudança quando as transformações da primeira resultam na modificação do modo de produção e, por conseqüência, alteram as relações das classes sociais. Trata-se de uma visão estrutural do conceito, embora dele não esteja ausente, de algum modo, o reconhecimento da existência de um processo social.[10]

Ginsberg também (embora de outra vertente), exige mudança estrutural para se configurar a mudança social. Esta é, a seu ver, modificação na estrutura social, ou seja, no tamanho de uma sociedade, na composição ou no equilíbrio de suas partes, ou no tipo de organização, embora admita que modificações artísticas ou lingüísticas possam incluir-se no conceito.

Exemplo oposto, de conceito amplo e, de certo modo, impreciso, é o de Donald Pierson, que entende ser a mudança social qualquer alteração de forma de vida social, afirmando que ela se processa, "na sua forma mais eficiente", através de movimentos sociais, como de multidões, ressurgimentos religiosos e lingüísticos, moda, reforma, revolução, reproduzindo afinal novas instituições.[11] Uma visão funcionalista está aí presente, a toda evidência.

Este quadro de contrastes e divergências é bem salientado por Eva Maria Lakatos, em excelente resumo da matéria.[12] Nele é oportuna a invocação do conceito segundo Guy Rocher, que identifica mudança social em toda transformação observável no tempo e que afeta, de maneira que não seja provisória ou efêmera, a estrutura ou *funcionamento da organização social de dada coletividade e modifica o curso de sua história*. "É", diz ele, "a mudança de estrutura resultante da ação histórica de certos fatores ou de certos grupos no seio de dada coletividade."[13] Tal conceito é ambíguo. De um lado, incluem-se nele as estruturas modificadas e a dinâmica dessa modificação, ou seja, o processo; de outro, refere-se apenas à mudança de estrutura.

Essa ambigüidade se apresenta com grande freqüência nos conceitos de diversos autores. Assim, entre mudança social como processo, em contraposição à identificação de estruturas diferenciadas; e a que se conceitua pelas transformações "significativas" das estruturas em contraste com as modificações em quaisquer situações na "vida social", oscilam as maneiras de conceituá-la, entre os autores consagrados.

6 | A idéia das transformações "significativas". A mudança como um universal da sociedade. Mudança perceptível. Transformações duráveis.

A matéria comporta algumas observações relevantes. A primeira delas é que é inaceitável limitar o conceito a certos tipos de modificações que pode sofrer a vida social; a segunda é que a exigência de modificação "significativa", para reconhecer a ocorrência de mudança social, inclui um elemento fortemente subjetivo no conceito; a terceira é que, entretanto, nem tudo que se altera na vida humana em sociedade há de ser entendido como mudança social. Examinemos brevemente cada uma dessas observações.

A nosso ver, é necessário um mínimo de objetividade e realismo no estudo de qualquer fenômeno social (aliás, de qualquer fenômeno, social ou não). Quando se pensa a respeito de mudança social, cogita-se de mudança (transformação, modificação, alteração); e de mudança *da* vida social. Não há bom fundamento científico no entender que só há mudança quando se modificam as estruturas, o que significa entender que outros aspectos de modificação da vida social seriam irrelevantes. Muito pelo contrário. Qualquer modificação *da* vida social é mudança social. Assim, mesmo que as chamadas estruturas sociais não tenham sido revolucionadas (condição exigida por certos cientistas sociais), pode haver mudança e, na verdade, essas ocorrem em *todas* as sociedades, *todo o tempo*, em algum grau (embora de maneira desigual em ritmo e andamento, em profundidade e amplitude). Disso decorre a afirmação, que nada tem de simplória, mas não deve surpreender pessoa alguma, de que a mudança social é um *universal* da sociedade, ocorre sempre; não existe sociedade estática, sem mudança. O conceito de imobilismo social é relativo e mero rótulo para indicar baixo índice de mudança. Essa a razão pela qual a afirmação de que "estamos vivendo uma época de transição" não tem qualquer significado real; todas as épocas são de transição.

O subjetivismo domina a idéia de que para existir mudança social é necessário que ocorram transformações "significantes" da vida social. Significativas para quem? A partir de que ponto ou momento uma transformação passa a ser "significativa"? É óbvio, ao mais elementar exame crítico, o elevado grau de subjetivismo nessa orientação. Isso contraria o rumo da objetividade científica necessária (nos limites em que ela é possível), buscada em todo estudo científico. O que se pode exigir é que a modificação seja *da* vida social, e não apenas *na* vida social. Em outras palavras, que a vida da sociedade se altere. Não basta que dentro dela haja aspectos diferenciados, mas é preciso que a própria vida social seja modificada. Em vez de modificação "significativa", melhor será exigir que ela seja "perceptível" ao cientista, mediante sua observação comum. É possível dizer então que há mudança social nas modificações perceptíveis da vida da sociedade.

Finalmente, vale insistir em que nem tudo que muda na vida social é mudança social. Modificações não-duráveis de comportamentos individuais ou mesmo coletivos, modismos, pequenas alterações setoriais e estruturais, sem repercussões que se possam perceber na vida da sociedade, são o mero fluir dessa vida, o normal desenrolar das coisas que, em verdade, nada mudam, e ao fim do que, tudo se mantém como antes, processos sociais e estruturas deles resultantes.

7 Macro e micromudanças. Abrangência do conceito.

Em verdade, o conceito de que cuidamos abrange as alterações dinâmicas e estruturais da sociedade, em grau perceptível, alcançando as macromudanças e as micromudanças. É acientífico limitar-se o conceito às macromudanças. Convém, isto sim, distinguir os dois tipos de escala, embora a linha limítrofe entre eles seja muito difícil de identificar.

Esse entendimento do que seja mudança pode ser atacado como simplista. Talvez lhe falte (certamente lhe falta) a sofisticação e a complexidade de vocabulário tão do agrado de numerosos cientistas sociais que o acusarão, decerto, de não ter rigor científico porque, afinal, seu conteúdo seria tão abrangente que acabaria por não identificar com precisão fenômeno algum.

Ilusão. A sofisticação conceitual não é uma condição de validade científica dos conceitos. Preferível é a simplicidade conceitual que corresponda ao realismo científico. Pouco importa que um conceito seja abrangente, amplo, se ele se refere a um fenômeno ou tipos de fenômenos, que se observa em grande número de situações e larga variedade, mas guardando elementos característicos comuns. O conceito de *vida* é também muito amplo, abrangente, e não é por esse motivo que lhe há de faltar validade científica. A própria largueza de sua constatação é, pelo contrário, cientificamente significativa.

Essas reflexões, como já se disse, são importantes do ponto de vista da Sociologia do Direito, pois as transformações da sociedade resultam, cedo ou tarde, nas modificações da ordem jurídica, modificações essas de evidente natureza estrutural (mais precisamente superestrutural). Como foi dito acima, a utilização de conceitos sociológicos no estudo do Direito se impõe cada vez mais, a fim de permitir exata avaliação da ordem jurídica, do ponto de vista teórico e prático. A mudança é sempre mudança normativo-social, já o frisou Cláudio Souto.[14]

Da mesma forma que os conceitos de "controle social", de "papel" e de "anomia", o de mudança social é relevante, dadas as funções que o Direito tem, do ponto de vista sociológico, de instrumento de controle social, por vezes agindo como fator de conservação, ou de educação, mas também, em outras oportunidades, como fator de transformação.

Nesta última função, o Direito atua freqüentemente como agente de mudança social, embora sempre dentro dos limites de autopreservação da ordem social que o edita. Como fato estrutural, ele pode ser usado para modificar a sociedade, embora sem destruir as estruturas básicas que o validam e o garantem.[15]

8 | Conclusão.

Em resumo, neste capítulo foi examinada a dinâmica da relação entre o Direito e dois processos sociais de grande importância para o estudo dos problemas que nos ocupam: o conflito e a mudança social.

A função do Direito na solução dos conflitos sociais foi especialmente salientada, dentro do quadro amplo da atuação dos diversos tipos de normas sociais. Cabe, entretanto, chamar a atenção dos estudiosos do assunto para o fato de que, embora apenas parte pequena das situações conflitantes seja submetida ao aparelho judicial estatal, as normas jurídicas desempenham sua função solucionadora de conflitos com grande influência nos demais caminhos escolhidos para superar tais situações.

Essa constatação, que a experiência corrente evidencia, mas que está a merecer investigação científica rigorosa, é significativa, porque indica a grande força condicionante dos comportamentos sociais que tem o Direito, influindo no dia-a-dia das condutas individuais e grupais e servindo de pano de fundo e parâmetro para a negociação direta, a mediação ou conciliação e o arbitramento, neste último caso em grau maior. É a sua função educativa, formadora de opinião, que se manifesta então.

A análise dos modos de solução de conflitos que foi feita nestas páginas, além de indicar essa presença das normas jurídicas fora dos quadros estritos do litígio judicial, permitiu explorar algumas outras questões teóricas, que se ligam à intensidade do conflito, à intervenção de terceiros, e quais sejam esses terceiros, assim como à força coativa da acomodação alcançada que, combinadas em análise adequada, podem propor linhas de pesquisa de grande interesse.

As motivações das escolhas dos diversos caminhos para a solução dos conflitos são importantes porque, em tais opções, elementos socioculturais diversos atuam no mundo dos valores, da ideologia, das crenças e dos costumes. O poder social se manifesta, assim, de maneira difusa e informal, na maioria dos casos.

Por outro lado, o processo de mudança social, cuja natureza constante e universal não é demais acentuar, tem especial significado, em face do Direito, particularmente pela função transformadora, ou seja, de agente de mudança social, que pode ter a ordem jurídica.

Cabe, porém, liberar o conceito de mudança social da enorme carga de confusão, em parte sob a pressão de posições dogmáticas e doutrinárias, que o têm obscurecido. Mudança há sempre que elementos socioculturais importantes se transformam de modo perceptível e relativamente durável. O subjetivismo que domina a idéia de mudança que só se reconhece quando "significativa" ou quando estrutural, responde por boa parte das dificuldades conceituais apontadas — e refoge à realidade.

A relevância do estudo da mudança social, como de outros conceitos sociológicos, para a compreensão dos fenômenos jurídicos e, em última análise, das realidades do poder, foi aqui lembrada, pois o Direito é o caminho normativo mais utilizado e mais eficaz para que o poder social, especialmente o poder do Estado, se realize.

9 | Adendo.

Um aspecto particular dessa relação foi por nós abordado, com a Professora Odila Dinorá de Alagão Candido, em pesquisa de que resultou publicação.[16]

No referido estudo, foram apontados diversos exemplos de mudança das jurisprudências dos tribunais e juízos, em face de transformações na vida social e que resultou, por sua vez, em tratamento novo na legislação. O nexo entre a alteração dos valores sociais, na maneira pela qual o Judiciário respondeu a isso e, depois da edição de novas regras jurídicas de interpretação do direito positivo em certos casos concretos, é ilustração evidente do fenômeno a que nos referimos. Trata-se de matéria que ainda está a merecer a atenção dos estudiosos.

Uma observação, porém, deve ser feita quanto à intervenção do aparelho estatal. Não é somente o aparelho judicial que pode ser movimentado para a "solução" de conflitos. Todas as instituições políticas do Estado, em sua função administrativa, podem ser incluídas no quadro que formulamos, inclusive conselhos, grupos de trabalho e outros tipos de entidades que pertençam ao Estado.

Outra ponderação deve ser feita. É que a rigor o conflito de interesses não é "solucionado", o que corresponderia à sua eliminação. Por esse motivo os autores mais modernos tendem a rotular o processo de acomodação que se verifica, de "tratamento do conflito". É uma linha de reflexão que talvez corresponda melhor a um modelo funcionalista.

Capítulo VI

DIREITO E ANOMIA

1. *A importância dos conceitos sociológicos para o estudo do Direito. A noção de "papel"; outros conceitos significativos.*

2. *A noção de anomia; ambigüidade e imprecisão. Significados habituais. Durkheim e o estudo da anomia quanto à divisão do trabalho social e ao suicídio.*

3. *A teoria geral da anomia formulada por Merton. Tipologia dos comportamentos anômicos ou de desvio. Objeções.*

4. *O Direito como resposta aos comportamentos de desvio. Os muitos níveis dessa relação.*

5. *Conclusão.*

6. *Em tempo.*

1 A importância dos conceitos sociológicos para o estudo do Direito. A noção de "papel"; outros conceitos significativos.

A Sociologia, como qualquer ramo do conhecimento científico, desenvolveu e está sempre desenvolvendo um certo número de conceitos, como conseqüência dos estudos teóricos. Esses conceitos são assim elaborados do ponto de vista da respectiva ciência e, como é óbvio, a Sociologia segue o mesmo caminho que as demais disciplinas científicas. É comum verificar que certas palavras são representativas de um conceito determinado numa ciência e de um conceito diverso em outra.

É necessário, dentro do âmbito deste trabalho, sublinhar a utilidade da incorporação de certos conceitos e determinadas noções e idéias do campo sociológico às especulações intelectuais, e aos estudos teóricos ou empíricos do Direito, como ciência dogmático-normativa. Isso está rigorosamente ajustado ao conjunto do que se diz e se exemplifica nestas páginas. Não é possível fazer Sociologia do Direito sem utilizar métodos e técnicas da Sociologia. Nada mais claro. O que resulta da afirmação da utilidade dos conceitos sociológicos para a Ciência do Direito, porém, é algo mais. O estudo do Direito poderá ser fecundado, revolucionado e dinamizado, se alguns conceitos e certas noções, desenvolvidos uns e outras na Sociologia, forem adequadamente utilizados em suas cogitações.

Um exemplo do que estamos afirmando é o do emprego da noção de "papel" no mundo conceptual e prático da Ciência do Direito. Ele foi objeto de análise feita por Madeleine Grawitz,[1] que se baseia nos três aspectos essenciais de tal noção: o aspecto *sociológico* (que implica a referência ao "modelo", considerado como valor cultural ou norma e, em contrapartida, o acordo, ou consenso, da coletividade que suscitou o modelo); o aspecto *psicossociológico* (que se prende, sobretudo, à maneira como o "papel" prescrito inspira a ação concreta, isto é, o papel efetivamente desempenhado que, por seu lado, pode influenciar o modelo); e o aspecto individual, *psicológico* (pois a personalidade se forma ao contato com os papéis que ela interioriza e, à medida que os desempenha, os exterioriza e muitas vezes os reforça).

Apreciando a utilidade da noção do "papel" no interior dos mecanismos jurídicos, e se referindo à ausência de recurso explícito a essa noção, à necessidade desse recurso explícito e ao emprego da mesma noção além dos mecanismos jurídicos, Madeleine Grawitz lembrou que os numerosos problemas que feriu em sua análise dizem respeito não somente aos diferentes ramos do Direito, mas também à Ciência Política, à Sociologia, e pertencem à Sociologia jurídica; e que não podem ser bem formuladas as suas soluções sem o recurso à noção de "papel".

"Será desejável estimular o Direito a sair de sua zona de certeza tradicional, para utilizar noções de contornos mal definidos?", perguntou a autora, para responder:

> Parece que a Sociologia jurídica não pode progredir senão assumindo riscos, isto é, saindo do regime "garantidor" do Direito para abordar uma realidade ainda mal explorada: de um lado, o que inspira o Direito, que lhe é anterior, que ele ordena e institucionaliza e, de outro lado, o que reage ao Direito, as conseqüências de sua regulamentação sobre a vida.[2]

O conceito de interação social, como desenvolvido pela Sociologia e pela Antropologia Cultural, é também importantíssimo para o Direito, pois toda relação jurídica é, em essência, o produto de uma interação social, como relação social que é. Mais que isto, pois ela é o resultado estrutural, ou como estrutura, de um processo sociojurídico que é a interação social com aspectos relevantes para o Direito. A ordem jurídica, portanto, reflete essa interação.

Os fenômenos da mudança, com todas as suas implicações no campo normativo, podem também ser profundamente vivificadores dentro do estudo do Direito, se apropriadamente examinados em todas as suas implicações e sobretudo diante do fato de que o seu entendimento pode mudar em muito o modo de ver tradicional da ordem jurídica, como coisa estável e tendente à própria conservação. A noção de que a mudança social é a regra geral, de que ela se opera sempre, desigualmente embora, ao penetrar nos estudos jurídicos e ali se instalar verdadeiramente, representará revolução naqueles conceitos tradicionais voltados para o imobilismo.

Outras noções de grande importância para o estudo do Direito são, por exemplo, as dos diversos processos sociais simples, como os de competição, ajustamento, conflito, acomodação, socialização, aculturação etc. A eles se podem somar os referentes à mobilidade social e à estratificação, todo o campo compreendido pelo controle social, assim como outros conceitos especialmente desenvolvidos pela Sociologia.

2 A noção de anomia; ambigüidade e imprecisão. Significados habituais. Durkheim e o estudo da anomia quanto à divisão do trabalho social e ao suicídio.

A idéia de anomia corresponde a um desses conceitos. A palavra tem origem grega. Vem de *anomos* (*a* representa ausência, inexistência, privação de; e *nomos*, é lei, norma). Em sua estrita significação etimológica, portanto, anomia significa falta de lei, ou falta de norma de conduta. Foi com esse entendimento que Durkheim usou a palavra pela primeira vez, ligada a uma tentativa de explicação de certos fenômenos sociais, em seu famoso estudo sobre a divisão do trabalho social.[3] Depois dele, diversos autores têm abordado o conceito, com variações quanto a seu exato entendimento de um ponto de vista rigorosamente científico e sociológico.

A ambigüidade e a imprecisão com que o conceito de anomia se vestiu através de tais utilizações, inclusive como se verá, pelo próprio Durkheim, contribuíram para o seu menor uso em estudos teóricos sistemáticos e para um tratamento qualificado pela timidez e, até mesmo, por um certo temor da parte de diversos autores de enfrentar os problemas de sua exata conceituação.

Segundo Robert Bierstedt,[4] o termo tem três significados diferentes, embora relacionados: o primeiro, de "desorganização pessoal do tipo que resulta em um indivíduo desorientado ou fora da lei, com reduzida vinculação à rigidez da estrutura social ou à natureza de suas normas"; o segundo refere-se às "situações sociais em que as normas estão, elas próprias, em conflito, e o indivíduo encontra dificuldades em seus esforços para se conformar às exigências contraditórias"; e o terceiro é o de "uma situação social que, em seus casos limítrofes, não contém normas e que é, em conseqüência, o contrário de 'sociedade', como 'anarquia' é o contrário de 'governo'". O mesmo autor entende que as raízes gramaticais da palavra favorecem de certo modo a adoção do terceiro significado, de preferência aos outros dois, mas salienta que o uso acabará por ditar o significado dominante.

Em qualquer dos três significados habituais, ou melhor, das três variações do significado de anomia, está presente a idéia da falta, ou do abandono, das normas sociais de comportamento. No primeiro deles, cuida-se da pequena vinculação do indivíduo à natureza das normas sociais, como resultado de uma desorganização pessoal; no segundo, é o conflito entre as próprias normas, como comandos sociais destinados a orientar o comportamento, que ocupa o centro das cogitações, conflito esse que provoca as dificuldades do indivíduo de se ajustar às exigências contraditórias; no terceiro, trata-se precisamente de uma situação social em que não existam ou não operem as normas.

Emile Durkheim, ao examinar a divisão do trabalho na sociedade, depois de assinalar essa divisão como um fenômeno normal, salientou que, como todos os fatos sociais, ela apresenta formas patológicas que merecem análise.[5] Tal análise ele a fez sob o título de "divisão do trabalho anômico". A propósito, então, dessa divisão do trabalho anômico, o eminente sociólogo francês afirmou que desde que a divisão do trabalho social supera um certo grau de desenvolvimento, o indivíduo, debruçado sobre suas tarefas, se isola em sua atividade especial. Ele não sente mais a presença dos colaboradores que trabalham a seu lado na mesma obra, e não tem mesmo, até, a partir de um certo ponto, a idéia dessa obra comum. A divisão do trabalho, segundo Durkheim, não poderia então ser levada muito longe sem se tornar uma fonte de desintegração. Durkheim invocou palavras de Comte no sentido de que as separações das funções sociais tendem espontaneamente, ao lado de um desenvolvimento favorável do espírito de minúcia, no sentido de abafar o espírito de conjunto, ou pelo menos de entravar seriamente o seu desenvolvimento. Também citou Espinas, quando esse autor afirmou, com simplicidade, que a divisão significa dispersão.[6]

O pensamento durkheimiano, como exposto no estudo sobre a divisão do trabalho anônimo, é de que a divisão do trabalho, por força de sua própria natureza, exerceria uma influência dissolvente que seria sobretudo sensível onde as funções são mais especializadas. Todo o raciocínio construído com base em tais considerações tende a mostrar que, ao lado das inegáveis vantagens que a divisão do trabalho representa, como recurso imposto pela própria complexidade crescente da vida social, tal divisão, ao provocar como conseqüência as especializações dos indivíduos, ou mesmo de grupos de indivíduos em determinados grupos de trabalho, tende a fazê-los perder a visão de conjunto da atividade social. Com essa perda de visão da obra comum e do seu sentido, também vai o esmaecimento das normas que refletem a solidariedade grupal. Normas sociais deixam de vigorar em virtude do isolamento dos diversos setores do trabalho na sociedade. O que ocorre, então, é que da coordenação imperfeita dos elementos em causa decorre um resultado de enfraquecimento da interação em termos de intensidade e continuidade, de modo a impedir o progressivo desenvolvimento de um sistema de regras comuns e de um consenso. Em suma, o conjunto de normas comuns que constitui o principal mecanismo para a regulação das relações entre os componentes de um sistema social se desmorona. Durkheim qualificou tal situação de anomia, no sentido de ausência de normas.

No seu estudo sobre o suicídio e ao indicar os respectivos tipos, Durkheim deu a um deles o nome de "suicídio anômico". Dois quadros diferentes e aparentemente contraditórios de suicídio anômico foram examinados no referido estudo.[7] Um deles é aquele preso ao aumento dos suicídios nos períodos de depressão econômica; o outro, é o do acréscimo dos atos atentatórios à própria vida nos períodos de prosperidade em crescimento acelerado.

No primeiro quadro, a falta de sucesso no atingir os níveis de vida considerados e a legítima recompensa do trabalho de cada um, explicaria claramente a conduta evidentemente patológica. Tal fracasso, para muitos, significa vergonha, desespero, futilidade da vida que não parece valer a pena ser vivida. Já o segundo quadro apresenta aspectos mais difíceis de compreender à primeira vista. Para Durkheim, a explicação desse comportamento surpreendente estaria no fato de que os homens têm desejos em princípio ilimitados. Não existe um limite "natural" às pretensões humanas, de modo que, à proporção que eles atingem objetivos na sua vida alargam os limites de seus desejos. A possibilidade de atingir tais objetivos de vida e o fato de que atingem alguns, efetivamente todos os objetivos que tinham, retira a esses alvos os atrativos de valores pelos quais lutaram. Todas as pretensões passam a valer pouco e uma espécie de desencanto penetra no modo de ver as coisas, conduzindo a um comportamento de autodestruição. Seria, portanto, ainda aqui, o desaparecimento das normas de conduta, preso à perda dos alvos culturalmente prescritos e individualmente entendidos e buscados, a raiz da conduta anômica referida.

Em verdade, como salienta Parsons,[8] Durkheim eleva a anomia ao mesmo nível de influência que ele aponta para o egoísmo e o altruísmo, em relação às práticas suicidas. No exame dos dois quadros já mencionados, é possível realçar um elemento importante e mesmo dominante, que é a influência das circunstâncias econômicas sobre o aumento das taxas de suicídio. A pobreza, a depressão econômica, de um lado, e a riqueza, o sucesso econômico, de outro, apresentavam pelos dados examinados pelo sociólogo francês igual força motivadora do aumento de atos atentatórios à própria vida. Como salienta ainda Parsons, Durkheim teve uma visão bastante aguda da importância que os alvos socioculturalmente prescritos possuem na vida social. Essa compressão ele a mostrou especialmente ao examinar o aumento dos suicídios como reação a uma prosperidade não-usual. Disse que o sentido de segurança e do progresso em busca dos objetivos da vida depende não apenas de um domínio apropriado sobre os meios que a sociedade proporciona para atingir aqueles alvos, mas também de uma clara definição de tais objetivos, eles próprios. Em conseqüência, quando grande número de pessoas atinge as metas socioculturais (os objetivos de vida cultivados na sociedade), tais pessoas tendem a considerar tudo possível e abandonam as normas de comportamento socialmente prescritas, de certo ponto em diante consideradas inúteis. De todo esse quadro resulta um desequilíbrio pessoal que desemboca em diversas formas de ruptura dos esquemas de vida, figurando os suicídios nos casos extremos.

3 A teoria geral da anomia formulada por Merton. Tipologia dos comportamentos anômicos ou de desvio. Objeções.

Os desenvolvimentos que se seguiram não acrescentaram muito à conceituação de anomia adotada por Durkheim com dois diferentes ângulos de observação. Coube a Robert K. Merton, em um artigo famoso, o mérito de ter estabelecido as fundações de uma teoria geral da anomia. Esse trabalho, que Albert Cohen denominou de "um curto artigo de dez páginas fecundas",[9] foi publicado inicialmente em 1938 e, depois revisto e aumentado, transformou-se em parte da obra clássica do sociólogo norte-americano sobre a teoria e a estrutura sociais.[10]

Merton salientou, partindo de uma análise da sociedade norte-americana,[11] que todo contexto sociocultural desenvolve metas culturais que se identificam ou representam os valores socioculturais que norteiam a vida dos indivíduos e, paralelamente a tais metas, as sociedades em que elas são desenvolvidas estabelecem os meios institucionalizados para se atingir aquelas metas. De um lado, portanto, metas socioculturais; de outro, meios socialmente prescritos para atingi-las, aos quais aderem normas de comportamento. Na sociedade norte-americana, Merton foi buscar a meta cultural mais importante, o sucesso na vida, englobando riqueza e prestígio, na formação de um *status* em que o elemento econômico se apresenta fundamental. Observou ele, entretanto, que ao mesmo tempo em que tal meta sociocultural foi erigida em objetivo da vida de todos, sem exceção, pelo menos no plano teórico, dependendo do esforço de cada um atingi-la ou não, a sociedade ficou estruturada de maneira a que os meios e as normas, socialmente admitidos aqueles e prescritas estas, não permitem a todos, nem mesmo à maioria das pessoas, alcançar a meta formulada explícita e implicitamente pelo contexto cultural. Disto resulta um desajustamento entre os fins sugeridos a todos (e insistentemente estimulados os cidadãos a alcançá-los), de um lado, e os recursos oferecidos pela sociedade para que se alcancem aqueles objetivos, de outro. Como resultado, surgem os comportamentos individuais e mesmo de grupos, a encontrar outros meios para atingir as metas, mesmo que contrários às normas estabelecidas pela sociedade como válidos para isso. Examinando a dissociação entre as aspirações culturalmente prescritas e o caminho socialmente estruturado para atingi-las, Merton classificou os comportamentos socialmente relevantes como de cinco tipos diferentes, dependendo da maneira como se combinavam a permanência das metas culturais, como primeira variável, e o respeito aos meios institucionalizados para atingi-las, como segunda variável. Assim, propôs uma classificação esquemática usando os símbolos de positivo (+) e negativo (–) para indicar aceitação ou rejeição, respectivamente; e a combinação dos dois símbolos (±) como significando rejeição total com substituição de valores e meios para atingi-los. É este o esquema:

Modos de adaptação	Metas Culturais	Meios Institucionalizados
1. Conformidade	+	+
2. Inovação	+	–
3. Ritualismo	–	+
4. Evasão	–	–
5. Rebelião	(±)	(±)

O primeiro modo de adaptação, a conformidade, não tem importância para o exame da anomia. É a conduta conformista seguida pela grande maioria das pessoas na maior parte do tempo. Não há, portanto, desvio de comportamento. Busca-se as metas culturalmente prescritas através dos meios institucionalizados para atingi-las e com respeito habitual às normas fixadas pela sociedade para isso. É o tipo modal de comportamento. Os outros quatro tipos ou modos de adaptação, entretanto, são os comportamentos não-modais, contrários de algum modo aos padrões de metas culturais e de meios institucionalizados para atingi-las. São os comportamentos de desvio, de grande relevância para o estudo da Patologia Social e que, na tipologia mertoniana, desempenham papel importantíssimo para a elaboração de sua teoria de anomia.

Em verdade, Merton salientou um fenômeno muito significativo para a compreensão da conduta anômica. Observou que, de certo modo, ao estabelecer como alvo geral para todos os componentes da sociedade norte-americana a meta de sucesso pessoal que envolve riqueza e prestígio; e ao deixar de proporcionar, com a mesma generalidade, os instrumentos prescritos ou admitidos para atingir aquelas metas, a referida sociedade criou condições específicas para estimular o abandono ou a burla das normas socialmente fixadas para se atingir as metas culturalmente estabelecidas. Dessa maneira, a conduta divergente se torna, no pensamento mertoniano, na realidade uma reação normal a uma situação social definida e determinada. Os meios institucionalizados, ou normas, para atingir as metas culturais estabelecidas podem ser de diversos tipos. Abrangem normas imperativas (faça-se isso ou aquilo), normas preferenciais (que estabelecem critérios de precedência ou alternativas de comportamento), normas permissivas (que conferem a faculdade de agir ou não-agir) e normas proibitivas (não se faça isso ou aquilo). Todas essas normas podem ser observadas tranqüilamente mas também podem ser contornadas, ignoradas, rejeitadas ou apenas transformadas em ritual, o que também é comportamento divergente.

Assim, o insucesso na busca da meta cultural, diante da insuficiência dos meios institucionalizados da sociedade para atingir aquela, como foi dito, produz o que se pode chamar de uma tendência para a anomia. Trata-se de um comportamento em que as normas são abandonadas, ou contornadas. É o chamado comportamento de desvio, pelo qual superando-se os obstáculos institucionais ou instrumentais, procura-se atingir os alvos culturalmente estimulados por todo o sistema. Nesse desvio de comportamento estão retratadas, como é evidente, a criminalidade e todas as formas de delinqüência. Também nele se revelam as faltas disciplinares, a inobservância das regras de conduta social e outros tipos. Tudo isso configura o segundo tipo de adaptação da tipologia mertoniana, rotulado de "inovação".

Duas observações se impõem a esta altura: a primeira é que se deve compreender que as divergências que visam criar novos meios institucionalizados, mais eficientes para a realização dos objetivos sociais ligados ao alcance das metas culturais, não são, em si mesmas, exemplos de comportamento "inovacionista". Essas diferentes maneiras de pensar e de agir, geralmente entrosadas em fenômenos de mudança social, não são uma conduta de desvio. A segunda observação é de que a conduta divergente não é necessariamente contrária à ética que existe no grupo social e que constitui, dessa maneira, elemento objetivo que permite que se faça a distinção entre as condutas divergentes criadoras e as condutas divergentes anti-sociais. Comportamento divergente, assim, não é sempre expressão de disfunção social.

A propósito das outras formas de adaptação examinadas por Merton, já tivemos oportunidade de escrever brevemente quando da preparação da segunda edição de nosso *Patologia social*. Assim é que salientamos que o segundo tipo de comportamento, rotulado de "ritualismo" pelo autor norte-americano, se caracteriza pelo fato de que enquanto na conduta inovacionista se busca o sucesso ("a vitória a qualquer preço") sob a regra de que os fins justificam os meios, na conduta ritualista os fins perdem sua importância e o ritual institucionalizado de comportamento sobe ao primeiro plano. O fracasso efetivo, já produzido, ou em potencial, o medo ao insucesso provável ou muito possível, dadas aquelas circunstâncias de desajuste entre os processos socialmente aprovados para alcançar as metas culturais, e estas mesmas produzem desencanto e desestímulo. O comportamento conseqüente, muitas vezes, é o do abandono das metas culturais e dos valores que a elas aderem e as sustentam, com a paralela retenção dos rituais. Embora na aparência seja esse um comportamento conformista, porque ajustado aos tipos de conduta socialmente recomendados ou aprovados, ocorre no caso inconformismo quanto à manutenção dos alvos socialmente prescritos. O indivíduo abandona e virtualmente rejeita esses alvos, porque os entende inatingíveis.

A conduta ritualista passa a ser, então, um valor em si mesmo. Melhor dizendo, o cumprimento dos ritos estabelecidos pelos processos institucionalizantes é que adquire a dimensão e a importância de valor sociocultural. Cumprir de qualquer maneira os regulamentos ou as ordens recebidas, sem indagar da sua adequação àqueles valores e àquelas metas, é assim a conduta observada. Para isso contribui o intenso condicionamento social, em especial nos grupos familiar e profissional, principalmente em serviços nos quais se exige a mais rigorosa disciplina.

Os verdadeiros estranhos, em relação aos modos socialmente estabelecidos de comportamento e à adesão às metas culturais, são os que se enquadram no terceiro tipo de adaptação inconformista da classificação de Merton, ou seja, a "evasão", ou retraimento. Como acentuou o sociólogo norte-americano, tais indivíduos *estão na sociedade mas não são dela*. Ou, dizendo de outra maneira, vivem no meio social mas a ele não aderem, ou dele retiram a adesão antes dada. A apatia e a renúncia à participação política, à liberdade, à autonomia moral; a recusa de submissão a qualquer disciplina externa, configuram tais casos, de particular importância recente com a proliferação das maneiras de viver ao acaso, os fenômenos ligados aos chamados *hippies* e outros tipos de comportamentos assemelhados. Ocorre então a rejeição das metas culturais e dos valores que as sustentam, considerados todos irrelevantes ou incapazes de realizar o bem-estar humano, passo a passo com a recusa de conformidade aos comportamentos socialmente estabelecidos. Prevalece, quanto às metas culturais, a atitude de que elas não valem a pena de coisa alguma; e quanto aos comportamentos sociais aprovados, a de que, despidos daquela motivação, não merecem observância.

O quarto tipo de adaptação inconformista sob estudo é o de "rebelião". Como no comportamento conformista e no de evasão, aqui existe atitude igual no que se refere às metas institucionalizadas e aos meios para atingi-las. O conformista apresenta em relação a umas e outras atitude positiva: aprova; quem segue o comportamento de "evasão", rejeita ambos os parâmetros socioculturais; o rebelde, rejeitando-os, pretende contudo substituí-los de maneira total, revolucionária.

É conveniente não confundir esse propósito transformado em ação com aqueles casos de divergências que tendem a criar melhores instrumentos sociais para a realização dos valores e metas culturais. O comportamento de "rebelião" não se limita a aperfeiçoar instrumentos; ele tem como objetivo a substituição total de metas e meios, fins e processos para atingi-los, com a recusa absoluta dos já existentes. Observe-se que o rebelde está na sociedade e é parte dela, embora pretendendo mudá-la completamente.

O arcabouço teórico assim construído por Merton passou a ter grande importância para o moderno estudo dos comportamentos de desvio, precisamente porque em tal arcabouço é possível identificar os pontos de partida para uma análise e uma interpretação dos variados modos de adaptação individual às normas socioculturais (e entre elas todas as normas jurídicas) e aos próprios valores e metas que a sociedade estabelece. Sem ser definitivamente, o que teoria alguma é, aquela formulada por Merton a respeito do comportamento anômico estabelece bases para um desenvolvimento científico que pode modificar, como conseqüência das verificações empíricas e resultantes formulações teóricas, as conclusões a que ele chegou, que devem ser entendidas, de certo modo, como preliminares.

Já se acentuou que a tipologia mertoniana, por exemplo, não enquadra nítida e totalmente as influências que o grupo exerce sobre certas formas de comportamento de desvio. Essas influências, como se sabe, são muito fortes. Considerável número de pessoas e até pequenos grupos ou "cliques" adotam comportamento de desvio de maneira a contribuir eficientemente para a popularização e a disseminação de tal modo de conduta. Essa influência é particularmente observada entre os jovens, cujo impulso acentuado para a associação, ou "enturmação", com os seus coetâneos, é objeto de numerosos trabalhos importantes, ligados também ao exame de uma tendência socioculturalmente formada, na moderna civilização industrial, para a oposição aos costumes dos mais velhos. Não, são, porém, apenas os jovens que sofrem as influências de comportamentos individuais ou coletivos afastados das normas socialmente prescritas. Os fenômenos de dependência material e de cópia de modelos bem conhecidos, contrários aos modelos socialmente aprovados, atuam através da imitação, para o incremento de condutas do mesmo tipo. O sucesso eventual de outros que fizeram o mesmo e até a popularidade dessas pessoas fornecem os estímulos a que se enfrente os controles sociais informais e mesmo os controles formais, dos quais a ordem jurídica é o mais característico exemplo. Com todas as limitações já referidas por diversos autores, entretanto, a teoria geral da anomia esboçada por Merton constitui ainda o mais amplo e seguro quadro de referência para o estudo dos comportamentos socialmente qualificados como patológicos e pode bem proporcionar aos juristas um excelente embasamento para as suas reflexões sobre certos problemas de política jurídica e visando o entendimento adequado de institutos desenvolvidos pela ordem jurídica para atender, a toda evidência, a certos fins sociais muito específicos.

4 O Direito como resposta aos comportamentos de desvio. Os muitos níveis dessa relação.

Ora, o Direito intervém precisamente porque há comportamento de desvio no meio social. Ou mais precisamente, ele intervém porque a sociedade atingiu um nível de complexidade em que existem, ou podem existir, comportamentos de desvio, cuja exacerbação ou até mesmo, em alguns casos, cuja simples eclosão somente serão possíveis de evitar se intervierem as normas jurídicas. Os costumes, como simples "*folkways*" ou na feição de "*mores*" bem estabelecidos — na classificação de Sumner[12] porque não são suficientes, em tais casos, para conformar os comportamentos sociais — cedem lugar ao Direito que passa a desempenhar, com a sociedade mais complexa e no rumo das institucionalizações bem definidas, o instrumento mais forte de controle social, embora incidente sobre uma parcela apenas reduzida dos comportamentos. É assim, diante dos desvios de conduta ou da conduta anômica, que o Direito tem aparecimento e se desenvolve. Ele é a resposta social à conduta anômica. Seria desnecessário sem ela. Mas, embora existente, é contornado, como norma de conduta, pelos comportamentos de desvio. A recíproca relação, ou inter-relação, é clara.

Evidente que, nestas páginas, ao nos referirmos ao Direito, estamos cogitando, de modo geral, da ordem jurídica. Ou melhor, cuidamos do chamado Direito objetivo, regra social obrigatória que a sociedade edita pelos seus órgãos institucionalizados do poder. Não estamos, portanto, cogitando do Direito subjetivo, faculdade ou poder de agir, a *facultas agendi*.

Qualquer que seja a posição teórica em que se coloque o observador, o Direito é sempre entendido como norma social obrigatória de pessoas e grupos. É portanto norma de conduta imposta pela sociedade, destinada a conformar os comportamentos dentro dela. Kelsen reconhece que o Direito não passa de uma ordem de coação exterior que se converte numa específica técnica social.[13]

Lembra o eminente formulador da chamada "teoria pura do Direito" que tal teoria demonstra que o Direito não pode, na realidade, ser infringido ou violado pelos comportamentos antijurídicos, acentuando que ele desempenha a sua função graças à antijuricidade.[14] Com isso, deixou ele bem à mostra que o Direito funciona precisamente porque existe o comportamento contrário a ele. Em essência, o que isso significa é que a ordem jurídica existe porque existem, ou podem existir comportamentos contrários às normas de conduta socialmente prescritas, admitidas ou simplesmente toleradas. Tais condutas contrárias às normas se dirigem, primeiramente, contra aquelas não associadas pela ordem jurídica. Historicamente, os costumes em seus vários graus de força condicionante de comportamento, desde o nível de mera sugestão até o plano de obrigatoriedade, foram os primeiros a ser violados ou infringidos pelo comportamento de desvio. Desta realidade foi que a sociedade, já complexa e diversificada, extraiu a solução de editar formalmente normas de comportamento que são, afinal de contas, as regras de Direito. Mas também essas regras são objeto dos comportamentos contrários. Daí que o Direito represente sempre uma resposta aos comportamentos de desvio manifestados em relação aos simples costumes, inclusive os "*mores*", ou em relação à própria ordem jurídica.

É de observar que o mecanismo das relações entre as normas de comportamento social e as condutas a elas contrárias, como o comportamento de desvio, são abrangentes de muitos níveis de incidência. Não salta aos olhos, à primeira vista, a natureza que o Direito tem de resposta ao comportamento de desvio, numa simples regra de Direito Fiscal, que manda selar ou não selar documentos, ou outra que determina o registro, ou não, de títulos de crédito perante as repartições fazendárias, para assegurarem a sua validade. É necessário notar, entretanto, que toda ordem jurídica é um sistema integrado em que as normas fixadas se completam, muitas delas existindo em razão apenas da existência de outras. Ou seja, mais explicitamente, muitas regras de Direito se destinam a assegurar o cumprimento de outras. Elas são respostas, no plano legal, aos comportamentos existentes ou prováveis, ou até mesmo apenas possíveis, contrários a outras normas preexistentes. Todo o sistema de Direito objetivo, conjunto que é de normas de comportamento, se destina portanto a assegurar a conformidade da conduta de indivíduos e grupos às normas socialmente prescritas, aprovadas ou apenas toleradas, ou a fornecer os instrumentos de que a sociedade dispõe para isso. No último caso, encontra-se todo o quadro de normas jurídicas relativas aos direitos e deveres de funcionários, às suas funções, à organização de serviços etc. A natureza que o Direito tem, de resposta aos comportamentos de desvio diante dos meios institucionalizados pela sociedade para a consecução das metas culturais, portanto, é inegável.

Não é de surpreender, assim, a afirmação feita por Cláudio Souto de que o fenômeno jurídico é o mais social dos fenômenos de regulamentação social.[15] Não apenas porque, segundo ele, as regras jurídicas têm uma aceitação social mais intensa que as demais regras de conduta social, mas também porque as regras de Direito são o resultado de um longo processo de normatividade, ou melhor, de criação e imposição de normas, formulado pela sociedade. No quadro geral de normas de comportamento, as regras de Direito são normas resultantes de vários graus anteriores de normatividade, sucessivamente confrontados com a infringência a seus mandamentos; e dentro da própria ordem jurídica, como foi visto antes, existe essa superposição em níveis. De modo geral, portanto, o Direito oferece respostas à conduta de desvio observada na sociedade, e o faz em diversos planos de complexidade e com o recurso a diferentes razões práticas, inclusive buscando os meios para sua realização. Nisso está, seguramente, o motivo pelo qual a ele não interessa o mundo de atitudes, opiniões e idéias, que não se revelam em comportamento social. No mundo das idéias, das opiniões e das atitudes não-exteriorizadas e não-transformadas em ação é inviável encontrar comportamentos de desvio. E somente os comportamentos interessam ao Direito. Como bem salientou Olivecrona, toda regra jurídica se refere aos comportamentos dos homens e seu fim é sempre influenciar tal comportamento, de um modo ou de outro. Acrescenta ele ser inviável imaginar uma finalidade diversa como meta das atividades dos legisladores e, portanto, o conteúdo e as formas das normas jurídicas devem ser examinados desse ponto de vista.[16]

Igual ordem de idéias se encontra exposta pelo eminente Pontes de Miranda, quando afirma que a regra jurídica foi a criação mais eficiente do homem *para* submeter o mundo social, e, pois, os homens, às mesmas ordenação e coordenação, a que ele, como parte do mundo físico, se submete.[17] Mas não se deve perder de vista, como nos salienta Edwin Schur, que é válida a suposição de que os mecanismos de controle normal, como aqueles que pertencem ao âmbito das instituições jurídicas, entram em jogo precisamente nas situações em que os mecanismos informais se mostraram inadequados.[18] O pensamento do autor norte-americano, aliás, ajusta-se perfeitamente à idéia do brasileiro quando este lembra que a norma jurídica existe para submeter o mundo social. É que entra ela em jogo para conformar os comportamentos que não se ajustam aos controles informais. E dentro da própria ordem jurídica, convém insistir ainda, existem regras que surgem para conformar os comportamentos individuais e grupais a outras regras de Direito preexistentes que se tenham revelado de baixa força coativa, ou cuja vigência tenha se mostrado muito fácil de contornar.

Para se entender, portanto, a natureza essencial da ordem jurídica, não é necessário ir buscar nos conceitos marxistas as bases de uma explicação. É elementar dizer que os modos de conduta que o Direito visa preservar são os modos de determinada sociedade. Por isso, o Direito é relativo no tempo e no espaço. Também é meridianamente claro que esses modos de conduta são os que se ajustam aos valores culturalmente estabelecidos, expressos nas metas culturais, e às maneiras socialmente admitidas de se perseguir tais metas. Logo, se determinada sociedade está estruturada de certa maneira, que reflete as relações sociais nela cristalizadas, não há como fugir à conclusão de que a ordem jurídica nela desenvolvida se destina a conformar os comportamentos individuais e grupais àquelas metas culturais e àqueles meios institucionalizados permitidos para alcançá-las.

É por isso que, como se afirmou no capítulo precedente, o Direito possui função conservadora da ordem social em que existe. Cada ordem jurídica tende a conservar a ordem social que lhe dá nascimento; é dela instrumento para esse fim. O Direito educa dentro desse quadro, defende-o e por meio de sua função transformadora ou de agente de mudança social só vai até certos limites de modificações, admissíveis pelo sistema em que ele existe e que o assegura.

5 Conclusão.

Neste capítulo, assim, tivemos oportunidade de examinar de modo concreto a importância que alguns conceitos sociológicos podem ter para o estudo dos fenômenos jurídicos. Depois de referirmos a noção de "papel" que Madeleine Grawitz estudou com esse objetivo, e outros conceitos sociológicos, fixamo-nos na noção de anomia como merecedora de um novo e acurado exame, agora do ponto de vista sociojurídico.

Analisamos brevemente o que é anomia, principalmente segundo Durkheim e Merton. A teoria geral da anomia, formulada pelo segundo, é mais completa e atual e já nos permite um considerável progresso no estudo dos fenômenos anômicos, embora não esgote as possibilidades de explicação dos comportamentos de desvio. A tipologia mertoniana, porém, as noções básicas sobre metas culturais e meios estabelecidos para alcançá-las permitem uma compreensão adequada dos aludidos comportamentos.

Em suma, avançamos uma proposição teórica que nos parece relevante: a de que o Direito é resposta social, editada em sociedades complexas, e por meio de órgãos para isso existentes, para enfrentar os comportamentos de desvio aos costumes; e que, secundariamente, continua a ser criado para conformar as condutas que são de desvio em relação às primeiras normas jurídicas, ou para criar, ou desenvolver, os instrumentos de que a sociedade necessita para isso, num mecanismo dialético expresso pelas relações *costumes-desvio, desvio-norma jurídica, norma jurídica-desvio, desvio-norma jurídica*, e assim por diante.

Como conseqüência, a ordem jurídica reflete uma ordem social. Destina-se a mantê-la, conservá-la, defendê-la. Os comportamentos que ela se destina a assegurar são aqueles que a ordem social admite. E quando a ordem jurídica funciona como agente de mudança social, só o faz nos limites que assegurem a sobrevivência do sistema que edita o Direito, no que ele tem de essencial ou no que a ele se afigure essencial — o que não exclui, acrescentamos agora, a possibilidade de que, dada a constante e hoje acelerada mudança sociocultural, o "essencial" de hoje seja muito diferente do de ontem ou do de amanhã.

Esse é mais um dado a acrescentar à relatividade espaço-temporal do Direito.

6 Em tempo.

Como se pode depreender do texto anterior deste capítulo, o quadro superveniente, como resultado de um processo de transformação que se desenvolvia, tornou-se mais nítido.

O advento da chamada "globalização" constitui o desdobramento daquelas condições precedentes, com a radicalização de algumas tendências que, ao mesmo tempo, produziram crescente particularização de atitudes e processos, e simultaneamente fortaleceram o caminho da uniformização em suas grandes linhas.

Estas notas adicionais foram produzidas após o grande choque dos ataques terroristas a Nova York e Washington, em setembro de 2001, quando o mundo descobriu que não tinha mais o "Xerife", e que a "Pax Americana" não era e não seria tão uniforme e pacífica quanto se imaginara.

Os eventos que se seguiram restauraram, em parte, modelos de comportamento coletivo que pareciam estar em processo de desaparecimento, ou de minimização. A história deu mais uma de suas reviravoltas. O tempo dirá os rumos que a humanidade, nos albores da conquista do espaço externo a seu planeta, pretende seguir.

Capítulo VII

Campos de Estudo da Sociologia do Direito

1. *A identificação concreta do objeto da Sociologia do Direito. Os campos de estudo. O estudo teórico e a investigação científica no domínio da especulação intelectual.*

2. *O estudo objetivo com base em verificações obtidas em pesquisa. Orientações preconizadas por Recaséns Siches, Treves, Fechner, Jorion, Carbonnier.*

3. *Orientação sugerida pelo autor.*

4. *Lembrete.*

1 A identificação concreta do objeto da Sociologia do Direito. Os campos de estudo. O estudo teórico e a investigação científica no domínio da especulação intelectual.

De tudo quanto ficou dito até aqui, sobressai a necessidade de se examinar os campos de investigação concreta da Sociologia do Direito, nos quais se deve promover, pelos meios diversos que a metodologia recomenda, estudos objetivos da relação entre a ordem jurídica e a realidade social a ela subjacente.

É a especificação concreta do objeto da Sociologia jurídica. Esta encontra, assim, em fatos, situações, relações socioculturais, selecionados segundo critérios teóricos e empíricos, aquilo que deve ser examinado, pesquisado, medido, analisado, para fornecer os elementos destinados a posterior síntese, visando à formulação de novas premissas teóricas, ou à identificação das regularidades observadas e das leis que as expressam, ou ainda à aplicação prática a situações objetivas.

Toda a indagação científica em Sociologia, como ciência pura ou aplicada, se desenvolve da mesma forma como ocorre nas demais ciências. A Sociologia, em essência, não difere nisso da Física, da Biologia, da Química. Seu estudo obedece aos mesmos rumos e princípios gerais e, como nas outras ciências referidas, não prescinde da pesquisa, da verificação empírica, e até mesmo da experimentação, guardadas, apenas, as limitações que o objeto examinado impõe, pois o fenômeno social não é tão facilmente observável "de fora", como os fenômenos físico-químicos, por exemplo. Em verdade, sua observação em tais condições é particularmente difícil, pois o pesquisador é sempre, queira ou não, parte da realidade em observação, nela envolvido, dela recebendo condicionamentos e sobre ela atuando.

O estudo teórico e a investigação científica no domínio da especulação intelectual, entretanto, não podem ser postos de lado. Há ainda muito a caminhar no sentido da identificação dos fundamentos teóricos da Sociologia jurídica, como ficou dito aliás, e a especulação científica, mediante amplo exame das observações e conclusões de sociólogos e filósofos do Direito, ou juristas profissionais, tem larga margem de desenvolvimento a atingir e, deve-se reconhecer, em muito realizado.

Um exemplo disso, e de grande significação para nosso trabalho, foi o Seminário promovido pelo Centre National de Récherche Scientifique, na Faculdade de Direito e Ciências Econômicas de Paris, sob a presidência do Professor Henri Batiffol. Sobre esse importante encontro, realizado de 1967 para 1968, o Professor Georges Kalinowski prestou importantes informações, revelando que seu tema geral focalizou os benefícios que podem ser obtidos para a Filosofia do Direito, em conseqüência dos atuais trabalhos e experiências na Sociologia, em geral, e na Sociologia do Direito, em particular.

Em vista do tema, o conclave, reunindo importantes nomes da Filosofia do Direito e a Sociologia jurídica, formulou ainda algumas outras indagações que tipificam, com nitidez inegável, as questões teóricas que podem dominar os estudos da Sociologia do Direito. Relata Kalinowski que essas indagações foram feitas em três grupos, sendo o primeiro uma investigação em que se procurou saber se pode o trabalho dos sociólogos e sociólogos do Direito afetar a concepção que se tenha a respeito de:

a) A origem do Direito

b) Os meios a serem empregados para conhecer o Direito

c) O sentido da mobilidade do Direito, isto é, o rumo em que as modificações do Direito se desenvolvem

d) A dependência do Direito em relação à natureza das coisas, de um lado, e em relação aos movimentos da história, de outro.

Essas questões, salientou Kalinowski, visaram determinar se, ou não, a Sociologia, e em particular a Sociologia jurídica, ajudou o rompimento com o legalismo e o normativo, ou seja, com a opinião que identifica o Direito com o Direito positivo, e se separou das normas humanas que o compõem, o que tornou necessário investigar, em especial, em primeiro lugar, se a vontade do legislador humano é a única origem, ou fonte, ou pelo menos a principal, de que emana o Direito; depois, se, para conhecer o que é o Direito, ou seja, o que é justo, se faz necessário estudar principalmente, se não exclusivamente, as normas decretadas pelo legislador humano, ou se, por outro lado, é necessário apreciar a natureza das coisas, a natureza do homem em particular, a natureza de seu comportamento social, a natureza de suas relações com a sociedade etc.; em terceiro lugar, se, no curso de desenvolvimento, o Direito Positivo tendeu a se libertar das normas derivadas da vontade do legislador e nela baseadas; e, finalmente, se o Direito depende (em caso afirmativo, como e até que ponto) da natureza das coisas, de um lado, e do processo histórico, de outro.

O segundo grupo de questões se referiu ao fim buscado pela norma legal. Será ele a felicidade do indivíduo? Ou o poder do grupo social? Ou ainda a harmonia dos grupos sociais?

Finalmente, a terceira ordem de indagações formuladas se relacionou com a essência do Direito. Foram elas: "A Sociologia, e sobretudo a Sociologia jurídica, ajuda na identificação da essência do Direito?", ou, como foi redigida a pergunta: "Indica a Sociologia, especialmente a Sociologia do Direito, um modo eficiente de se definir a essência do Direito?"[1].

Como se pode ver, boa parte das preocupações então veiculadas e submetidas a aceso debate está vinculada a problemas de Filosofia do Direito. Mas também, é bom salientar desde logo, em relação à Sociologia do Direito. O que se busca é verificar se esta pode contribuir, e de que modo, no caso afirmativo, para o melhor conhecimento do fenômeno jurídico, desde a sua origem, passando por seu conhecimento, a sua evolução e a sua dependência da realidade das coisas e da evolução do processo histórico, para desembocar em questões ligadas aos fins da norma jurídica e às indagações sobre a essência do Direito.

Ora, será difícil negar o grande significado, para o desenvolvimento de estudos de Sociologia jurídica, do exame de algumas de tais cogitações. O fato reforça a afirmação, anteriormente feita, sobre a importante contribuição dos filósofos do Direito para o desenvolvimento de nossa disciplina, a par com certa responsabilidade pela demora em se enveredar nela pelo caminho da pesquisa dos fatos sociais relevantes para o exame da normatividade jurídica.

Vale, entretanto, a referência aos trabalhos daquela reunião, para o fim de fazer clara a importância das indagações no âmbito da especulação intelectual e teórica, no estudo da Sociologia do Direito. De modo geral, já afirmava Durkheim que a Sociologia do Direito deve investigar como as regras jurídicas se constituíram real e efetivamente, ou, mais precisamente, as causas que as suscitaram e as necessidades que elas visam satisfazer. Deve também investigar, segundo o sociólogo francês, o modo como as normas jurídicas funcionam na sociedade.[2]

A essas duas ordens de indagações básicas se ajustam identificações ligadas à Sociologia Genética do Direito, na expressão de Gurvitch, abrangendo problemas relativos à origem e à evolução das normas de Direito (de interesse especial para a História do Direito), seus fins sociais e, por outro lado, a sua eficácia e os seus efeitos na sociedade. Os critérios funcionais, ou funcionalistas, tão importantes para o entendimento de determinados grupos de fenômenos sociais, como por exemplo no estudo da desorganização social (ou Patologia Social), surgem aqui, também, auxiliando a análise da eficácia real e dos demais efeitos que as normas de Direito possuem.

2 O estudo objetivo com base em verificações obtidas em pesquisa. Orientações preconizadas por Recaséns Siches, Treves, Fechner, Jorion, Carbonnier.

É no estudo objetivo, porém, com base nas verificações empíricas, conseguidas através de extensos e minuciosos trabalhos de pesquisa, que se está obtendo o material mais rico e de maior utilidade para o desenvolvimento da Sociologia jurídica. É lógico esperar que, para o futuro, de seu uso maior e mais aperfeiçoado se venha a tirar as maiores lições e o material com que se poderá avançar nas formulações teóricas, com muito mais clareza e eficiência, porque montadas as especulações científicas, já então, em excelente fundamento experimental, ou de observação dos fatos.

Sugere Recaséns Siches que à Sociologia do Direito se deve atribuir duas séries de temas. A primeira, relativa ao estudo de como o Direito, enquanto fato, representa o produto de processos sociais; a segunda, referente ao exame dos efeitos que o Direito constituído causa na sociedade, sejam eles positivos, negativos, de interferência com outros fatores, como os econômicos, religiosos e outros, produzindo combinações diversas e por vezes imprevistas; de reação etc.

Lembra o professor espanhol, radicado no México, que esses estudos podem ser ou do tipo monográfico descritivo de determinada situação, ou como estudo sociológico geral. Atribui àquele tipo o caráter sociográfico e, quanto ao segundo tipo, observa que a Sociologia jurídica deve focalizar em termos gerais a realidade social do Direito, a disposição e o funcionamento dos fatores que intervêm em sua gestação e na sua evolução, o funcionamento dos tipos de mecanismos produtores dos fatos relevantes para a normatividade jurídica, as constelações típicas de fatores que influem na gênese e na configuração do Direito, as formas e os complexos sociais nos quais e para os quais ele surge, a relação, na realidade social, entre ele e os outros conteúdos da vida (religiosos, científicos, técnicos, econômicos, sexuais etc.).[3]

Renato Treves, ao analisar os assuntos que têm constituído o objeto dos estudos concretos de Sociologia do Direito, salienta que eles se agrupam, principalmente (mas não exclusivamente), em três tipos de indagações:

a) Aquelas referentes à eficácia das normas e seus efeitos sociais

b) As relativas aos agentes do Direito na sociedade e sua função

c) As indagações sobre a opinião do público a respeito do Direito e das instituições jurídicas.

O professor italiano salienta o duplo ponto de vista em que tais estudos têm sido feitos — devem continuar a se desenvolver, ou seja, o teórico e o das pesquisas empíricas, para mostrar que o terceiro tipo de indagações, certamente o mais sociológico, é também o menos especificamente jurídico.[4]

Depois de discutir em detalhe, e com muita originalidade, o que alguns autores modernos apontam como tarefas da Sociologia do Direito, Jorion formulou importantes sugestões a respeito. Fechner, citado pelo referido autor belga, atribui cinco tarefas básicas à nossa disciplina:[5]

1) Pesquisa sistemática dos fatos jurídicos, abrangendo um estudo dos fatos, preparatórios à formulação do Direito Positivo; e um exame das repercussões do Direito Positivo na ordem social, tenha sido ele respeitado ou violado, ou ainda se os destinatários das normas tiverem procurado soluções "à margem e fora da lei".

2) Estudo dos dados fornecidos pela primeira tarefa, a propósito de problemas determinados, com vista a deduzir normas aplicáveis a problemas análogos (exemplo, luta contra a guerra, com base nos resultados obtidos na luta contra o espírito de vingança), ou seja, pesquisa de espírito comparativo e tipológico.

3) Estudo dos "fenômenos jurídicos" em si mesmos. O exemplo da influência determinante (a nosso ver, meramente condicionante, o que é coisa diversa) dos fatos políticos e econômicos sobre o Direito, entre outros, é citado por Fechner.

4) Estudo dos fatos como infra-estruturas, indicando as soluções mais adequadas pela maior proximidade dos fatos. Nisso, aquele autor (Fechner) parte da hipótese de que os fatos (o *sein*) poderiam indicar "o que deve ser" (o *sollen*).

5) A Sociologia jurídica, enfim, deve procurar reconhecer seus próprios limites.

Outro autor que Jorion analisa detidamente, para discordar de algumas importantes conclusões a que chegou, é Haesaert, para quem a Sociologia do Direito é "um ramo do Direito que estuda as relações dos comportamentos humanos considerados como jurídicos e os demais que os hajam provocado ou que deles derivem".[6] Já vimos que, para Jorion, a Sociologia do Direito é, ao mesmo tempo, Ciência do Direito e via de acesso da Sociologia,[7] o que o coloca em desacordo com a opinião de Haesaert que a situa como "ramo do Direito".

Já tivemos ocasião de afirmar coisa bem diversa. A Sociologia do Direito, para nós, é Sociologia, e Sociologia especial. Cuida do fenômeno jurídico e o examina minuciosamente, mas o faz tendo-o como fato social. Tal estudo não dispensa um razoável conhecimento técnico do jurídico, da sua especificidade, o que lhe empresta a autonomia que afirmamos tranqüilamente, pois é ramo do conhecimento científico que possui objeto próprio muito nítido e, para seu exame, reclama recursos metodológicos também especiais; mas não se reduz a um ramo do Direito, antes constituindo uma das sociologias especiais.

Seja como for, a tese de Jorion é de que a Sociologia do Direito e a Ciência do Direito constituem uma só e mesma disciplina, tendo por objeto o fenômeno jurídico. Para ele, a Sociologia jurídica, com essa natureza ampla, inclui outras manifestações de controle social. Argumenta que, se o Direito não pode finalmente ser dissociado da moral, ele não o pode ser, *a fortioti*, da pressão social que emana das autoridades não-estatais e que possui sanções penais comparáveis às sanções do Direito estatal (exclusão dos membros de grupos sociais, anulação como castigo de participação faltosa em competições esportivas, multas nos jogos de sociedade etc)[8].

Jorion, afinal, propõe um quadro das tarefas mais comumente indicadas pela opinião doutrinária dos autores examinados, e que caberiam à Sociologia do Direito, compreendendo:

a) Observação e análise dos fatos

b) Seu tratamento "tipológico" (reagrupamento, classificação, estudos comparativos)

c) Estudos da gênese das regras jurídicas e de sua evolução

d) Relação do Direito com outros fenômenos sociais (influência do Direito sobre a sociedade e vice-versa)

e) Definição, pela Sociologia do Direito, de seus próprios limites.[9]

Apesar da importância teórica das considerações de Jorion, não perdeu de vista a urgência das verificações empíricas para o desenvolvimento da Sociologia do Direito nos dias que correm. E assim é que, no final de seu precioso livro, sugere algumas pesquisas a serem realizadas, fornecendo mesmo um esboço da respectiva programação. A primeira delas seria relativa ao ensino; outra, uma pesquisa referente à gênese e à vida de uma lei determinada; uma terceira, sobre o conhecimento e o respeito ao Direito; depois, outra sobre a edição e a aplicação das leis e regulamentos; mais outras, com um estudo de Sociologia jurídica sobre as delegações de poderes como meios de gestão dos interesses do Estado, pesquisas sobre as relações da regulamentação privada dos esportes e o regime de Direito comum, estudo de orientação psicológica sobre os comportamentos egoístas e altruístas nas relações jurídicas, mais um estudo de orientação psicológica sobre a propriedade privada e a propriedade coletiva.[10]

Como se pode constatar, Jorion, apesar de algumas de suas posições teóricas surpreendentes, tem os pés bem plantados em terreno firme. E deseja que a Sociologia jurídica também se baseie em sólidas fundações. É esse, aliás, o caminho que propomos. Entendemos que somente se poderá progredir, agora, nas formulações teóricas e especulações intelectuais, em nossa disciplina, se obtivermos material copioso a respeito das relações entre o fenômeno jurídico e as demais manifestações socioculturais. Tal material deve ser conseguido segundo um planejamento feito, atendendo às formulações teóricas e premissas indispensáveis à apropriada coleta de dados. E, nesse planejamento, é indispensável que se tenha em mente uma visão conjunta dos alvos a atingir, numa síntese provisória das finalidades dos diversos programas particulares que forem realizados.

É possível, por exemplo, seguir a orientação que deflui dos trabalhos de Carbonnier, para quem a Sociologia jurídica deve ser dividida de duas maneiras: a primeira em ramos diversos, segundo os ramos do fenômeno jurídico investigado, a par com o estudo de uma Sociologia jurídica geral. Dessa maneira, teremos uma Sociologia do Direito Civil, outra do Direito Comercial, mais outras do Direito Internacional Público, do Direito Fiscal, do Direito Criminal, do Direito do Trabalho etc.

A segunda maneira de dividi-la será o reflexo das diferenciações que se produziram até aqui na Sociologia geral. Teremos, então, por exemplo, uma Etnologia jurídica, uma Psicossociologia jurídica etc.[11]

Independente dessa divisão em verdadeiras "sociologias jurídicas especiais", Carbonnier formula outras indagações de grande significação e que poderão vir a constituir importantes campos de pesquisa da Sociologia do Direito, especialmente os fenômenos de aculturação jurídica, os fenômenos que ele denomina de infrajurídicos e os fenômenos de "não-direito".[12]

A matéria referente à aculturação jurídica é fascinante. Essa manifestação dos fenômenos gerais de aculturação tem aspectos particulares que merecem atenção. Trata-se de fato cujo exame, vinculado à História do Direito, é revelador de características importantes que podem ser confirmadas nos atuais processos de aculturação. A influência das culturas diversas em contato, e sobretudo a exercida pelos complexos socioculturais de maior avanço no domínio do meio físico, sobre as sociedades menos desenvolvidas, segue caminhos em que se ajustam diversas manifestações da vida social, entre elas, muito especialmente, as da origem jurídica.

A causação desse fenômeno e os dois grandes tipos de origem da aculturação jurídica podem ser examinados não apenas em suas bases teóricas, mas também em pesquisas empíricas de grande interesse. A aculturação jurídica, para Carbonnier, pode ser de duas origens: a primeira, procedente da autoridade pública, pode ser examinada quanto à extensão do processo, quanto aos intermediários, ou seja, os veículos ou órgão da aculturação, e, finalmente, quanto às motivações que a dominam. A segunda origem, a aculturação jurídica impulsionada por forças privadas, deve ser examinada sob dois aspectos: a aculturação jurídica difusa e a aculturação jurídica voluntária.

Os efeitos da aculturação jurídica sobre as instituições e sobre os indivíduos são também da maior significação e Carbonnier os aprecia com objetividade. A matéria tem implicações de grande atualidade, quando a humanidade vai, sob o influxo da mudança social imposta pela moderna tecnologia, homogeneizando suas formas de sociabilidade e as diversas manifestações do universo social. As influências das sociedades que estão na vanguarda do progresso científico e tecnológico sobre as demais são muitas vezes expressas em normatividade jurídica segundo os modelos delas derivados, o que tem causado não pequenas dificuldades socioculturais e de natureza política e econômica.

3 Orientação sugerida pelo autor.

Acreditamos, entretanto, que as linhas gerais em que se tem desenvolvido a pesquisa da Sociologia do Direito, no último decênio, e acentuadas pelo Professor Treves, sejam as que melhor definem, em termos gerais, os campos de pesquisa abertos à nossa disciplina, no trabalho intenso que está diante de nós para a obtenção de dados concretos, objetivos, sobre os quais fundar o nosso conhecimento científico da normatividade jurídica na sociedade industrial, complexa em intenso processo de mudança e com inegáveis tendências à adoção de formas ecumênicas para um futuro relativamente próximo.

Os campos de estudo da Sociologia do Direito, dessa maneira, seja esse estudo de especulação intelectual, ou no domínio da pesquisa empírica, podem ser divididos, em termos amplos, insistimos, da seguinte maneira:

— Estudo da eficácia das normas jurídicas e dos efeitos sociais que tais normas possuem.

— Estudo dos instrumentos humanos de realização da ordem jurídica, neles incluídas as instituições e organizações que nela atuam.

— Estudo da opinião do público em relação à normatividade jurídica e às instituições jurídicas, compreendendo a opinião pública sobre as estruturas e a dinâmica da ordem jurídica.

Muito tem sido feito, em anos mais recentes, em diversos países, nos três grandes campos indicados. Nos capítulos que se seguem, adotando essa classificação para efeitos práticos e facilidade de entendimento por parte do leitor, analisaremos diversos aspectos particulares a considerar, questões a examinar, trabalhos realizados ou em desenvolvimento, suas implicações e, sempre, a importância que esse esforço de observação e estudo tem para o progresso das Ciências Humanas.

4 | Lembrete.

Observe-se que o texto imediatamente anterior (aliás, como diversos outros das edições primitivas) refere-se repetidamente ao momento histórico em que ele foi escrito. O que ali se aponta como desenvolvimento recente ou previsão de um curso determinado de mudança, ou ainda, um processo em andamento de novas realidades na vida das sociedades humanas mostra o caráter temporal do estudo da Sociologia do Direito e, portanto, deste trabalho.

Tal natureza temporal, na verdade, foi temporária. Ela domina o conhecimento científico como coisa provisória, resultando de um passado de estudos, e precursora de um futuro, na maioria dos casos, nebulosamente entrevisto.

As várias maneiras de sistematizar os campos de estudo da nossa disciplina são complementares e, não raro, coincidentes. Os rótulos indicados tendem a se concentrar em alguns tópicos, repetidos de forma só aparentemente discordantes. Pensamos que a síntese proposta por Renato Treves e, afinal adotada por nós, seja mais útil, do ponto de vista do ingresso do estudo da matéria do que outras sugestões porventura mais complexas. Esse é, como se verá, o rumo que escolhemos.

Capítulo VIII

Eficácia das Normas Jurídicas e seus Efeitos Sociais

---

1. *Os efeitos e a eficácia das normas jurídicas. Os fenômenos de mudança social e sua repercussão.*

2. *Direito de Família: questões relativas à sua evolução; a* patria potestas; *regime matrimonial, dissolução da sociedade conjugal; relações patrimoniais intrafamiliares; administração de bens da prole. Direito das Sucessões.*

3. *Direito do Trabalho: sua rápida evolução. Influência das forças sindicais. A previdência social.*

4. *Direito Fiscal e Direito Financeiro: repercussão das normas tributárias, sua eficácia real; o caso do imposto de renda; o conceito de "normas de força latente".*

5. *Leis contra a discriminação racial: realidade social; vinculações com situação econômica e grau de instrução.*

6. *O controle de preços; racionamento de bens de consumo necessário; repressão ao jogo e à prostituição.*

7. *Comentário.*

---

1 Os efeitos e a eficácia das normas jurídicas. Os fenômenos de mudança social e sua repercussão.

É sabido que as regras do Direito são eficazes em grau variado e que seus efeitos sociais apresentam, eles também, ampla escala de aspectos diferentes. Uns e outros, convém frisar, não se confundem. Existe uma diferença a considerar entre o que seja eficácia da norma legal e efeito social da mesma norma, embora se deva reconhecer que a diferenciação apresenta algumas dificuldades, em razão de ser sempre a eficácia, ou ineficácia, da lei um dos seus efeitos, ou, mais precisamente, seu efeito real. A eficácia, portanto, é um dos aspectos pelos quais se pode encarar os efeitos da lei.

Esta apresenta resultados pela sua simples existência. São os seus efeitos. Se tais efeitos não se conformam ao que se tinha como objetivo, na edição da norma; se esta não realiza o fim social que a justifica, ou se não chega, por qualquer motivo sociocultural, a entrar em vigor, produz, entretanto, invariavelmente, efeitos que podem ser, até mesmo, a sua revogação imediata ou posterior, a sua modificação, a sua desobediência, o seu descumprimento, a falta de sua aplicação pelos órgãos administrativos, ou, mesmo, pelo Poder Judiciário. São efeitos que decorrem da mera edição da norma, sejam eles positivos ou negativos, diante dos mandamentos que ela contém, ou do ponto de vista do observador analista.

São assim, por outro lado, efeitos normais das normas jurídicas, as suas funções, conservadora, transformadora, de instrumento da mudança social, já apontadas no exame da força condicionante que elas têm sobre toda a realidade social. Elas os exercem habitualmente, e mesmo quando se destinem a transformar a estrutura social, para servir de agente de mudanças preconizadas, apresentam um caráter conservador daquilo que não alteram, ou das premissas que admitem e reforçam, para sobre elas construir os novos modelos sociais, transformados ou instrumentos de transformação. Assim, toda lei reformista parte do pressuposto da continuidade do poder que a edita ou que a inspira e cuja conservação, em essência (apesar de não necessariamente sob o ponto de vista formal), é capaz de garantir a realização das modificações nela contidas.

O efeito educativo do Direito se exerce, aliás, tanto em combinação com a função conservadora (quando ele se destina a ajustar os componentes do grupo social às normas que este considera válidas ou recomendáveis) quanto em conjunto com a função transformadora (quando se faz necessário educar, ou moldar, o comportamento, tendo em vista as modificações que se quer introduzir no complexo sociocultural).

Já ao se examinar a eficácia da norma legal, surge um elemento novo a considerar, e que é certa qualidade do efeito que ela produz, ou seja, um efeito condizente com os fins para os quais foi editada, ou com os objetivos que, segundo o consenso social, possui. Sim, porque os fins com que a lei foi editada, correspondendo de certo modo à vontade do legislador, ou ao consenso da sociedade a respeito, na ocasião em que se legislou, podem estar em desacordo com um novo consenso, aparecido mais tarde, diante de novas realidades socioculturais, e que se manifesta numa interpretação reajustada, atualizada, dos fins sociais da norma legal. Essa é questão de grande importância, aliás, no tocante à interpretação das leis; mas adquire ainda maior significado no exame sociológico da normatividade jurídica, pois realça a íntima relação e os condicionamentos recíprocos entre o Direito e a realidade social que o declara, mantém, transforma e aplica.

A eficácia, portanto, é algo diverso dos efeitos em geral produzidos pela norma. Ou melhor, é uma qualidade de tais efeitos, algo que os tipifica e lhes confere certa adequação finalística. Há leis, repitamos, das quais o efeito, ou um dos efeitos, é a ineficácia total ou parcial.

A constatação da real eficácia que as normas jurídicas têm, no que tange às diversas faces da vida social sobre que incidem, ou devem incidir, e dos efeitos que exercem no meio, pode ser feita no exame de diferentes fenômenos. Tomemos, por exemplo, a mudança social, já abordada anteriormente. É fascinante o conjunto de fatos ligados a ela que merecem pesquisa, análise, experimentação. Como relacionar os fenômenos genéricos e específicos de mudança social com a ordem jurídica? Quais as maneiras pelas quais a transformação da sociedade influi no Direito? Que fatores ditam a maior ou menor celebridade dessa repercussão? Quais as influências que a norma jurídica exerce sobre os fenômenos de modificação social? Como incide a mudança social sobre a eficácia de normas legais antigas, tornando-as obsoletas? De que forma a eficácia da norma pode, transformando a sociedade a que se aplica, fazê-lo a ponto de causar a própria ineficácia posterior? Essas indagações, e muitas outras que se podem formular a propósito (e algumas já o têm sido, com a realização de estudos e pesquisas importantes), são interessantíssimas.

2 Direito de Família: questões relativas à sua evolução; a "patria potestas"; regime matrimonial, dissolução da sociedade conjugal; relações patrimoniais intrafamiliares; administração de bens da prole. Direito das Sucessões.

O comportamento social e suas alterações com relação às normas jurídicas são, portanto, objeto natural das investigações que a Sociologia do Direito deve encetar ou prosseguir. O que ocorre com o Direito de Família é, nesse particular, de suma importância. Setor dos mais conservadores no sistema jurídico, porque diz respeito à instituição social mais próxima da ordem natural biológica, ao mesmo tempo que mais vinculado às tradições, aos costumes e a toda uma estrutura e uma dinâmica que tendem mais a manter a ordem existente, numa função de transmissão dos valores culturais da sociedade, do que à sua transformação, o Direito de Família e seus aspectos diferentes têm sido o centro do interesse renovado dos pesquisadores em Ciências Sociais.

Convém observar que esse interesse tem-se manifestado desde os estudos de caráter histórico, passando pelo Direito Comparado no tempo e no espaço, e seguido pelas investigações doutrinárias, para merecer, na atualidade, principalmente nos Estados Unidos, na França, na Polônia e em outros países europeus, levantamentos de pesquisas, com o uso de modernas técnicas de entrevistas, questionários e processamento de dados, de maneira que tem sido possível, inclusive, influir de maneira direta na elaboração de novas leis e na sua aplicação prática.[1]

Está sendo atingido, assim, como ficou evidenciado do trabalho realizado na França, o objeto do citado estudo de Terré, o velho objetivo de uma "legislação sociológica", a que se referiu Carbonnier, ao indagar se as constatações da Sociologia jurídica têm a vocação de se tornar normativas.[2] Não se trata, propriamente, é claro, de uma normatividade das constatações sociológicas, mas de uma potencialidade de influência, a se exercer sobre os órgãos estatais capazes de editar à realidade social, ou às necessidades reais de sua transformação, dentro dos limites das possibilidades apuradas.

Os problemas a respeito da evolução da *patria potestas*, suas causas e conseqüências, são dos que exigem reflexão e estudo, com a pesquisa dos fatos a eles referentes, dentro do quadro do Direito de Família. É fato notório que a sociedade industrial moderna, de grande complexidade e dinamismo, abrandou, quando não caminhou até a quase completa extinção, as normas referentes ao poder paterno sobre a pessoa e os bens dos filhos. Não se concebe, mesmo atualmente, nos grandes centros urbanos, por exemplo, a sobrevivência de práticas dominadoras, ou de exercício de direitos arbitrários e quase absolutos, por parte dos pais, sobre a prole. Tais usos, baseados em normas costumeiras, tradições e mesmo mandamentos legais, entretanto, foram dominantes na antigüidade e ainda são observados em numerosas sociedades do tipo primitivo, existentes na época contemporânea. A relação entre certos tipos de organização social e a rigidez das normas da *patria potestas*, assim, pode ser examinada.

As questões ligadas ao Direito matrimonial em geral, especialmente quanto à dissolução da sociedade conjugal e suas formas, ocupam outro importante lugar nas cogitações dos estudiosos do Direito de Família e com vista à realização de pesquisas empíricas. É sabido que há grande diversidade de maneiras de enfrentar os problemas do desajuste no casamento e a sua subseqüente dissolução. A existência do divórcio completo, dissolvendo o próprio vínculo matrimonial, em muitos países, corresponde a uma negativa de sua admissão em outros, nos quais predominam figuras legais diferenciadas como acontecia com o desquite brasileiro, ou com a "separação" italiana. Há fatores socioculturais que condicionam essa diversidade de tratamentos do mesmo fato que é o desajuste efetivo dos cônjuges, de maneira a provocar, entre eles, o rompimento dos laços verdadeiros que os uniram no casamento.

A par com essa diferença de remédios legais para o rompimento familiar, correspondendo a contextos socioculturais diversos, outros fatos importantes se oferecem como objeto de investigação empírica da Sociologia do Direito, em relação ao mesmo fenômeno. Um deles foi objeto de curioso trabalho de Bohannan e Huckleberry,[3] no qual os autores salientaram que o divórcio não é apenas um instituto jurídico que regula a dissolução de um casamento, mas também uma instituição completa, que possui, como tal, as características essenciais, desde as pessoas (os ex-cônjuges, seus filhos, advogados, os amigos do antigo casal etc.) até uma "cultura definida" (o chamado "mundo" dos divorciados, como distinto daquele das pessoas não-divorciadas). Concluíram o seu provocador artigo afirmando que, "assim, o divórcio não é apenas um decreto dissolvendo um casamento, mas o complexo das relações entre os antigos cônjuges. Sob esse ponto de vista, é possível entender como o divórcio assumiu o papel de uma instituição substituta" (instituição "substituta", ou *back-up institution*, na linguagem dos sociólogos norte-americanos, é uma instituição subsidiária que assume as tarefas de outras instituições, quando estas se mostram incapazes de cumpri-las).

A verdade é que, mesmo nos países onde não se admite, na lei, o divórcio a vínculo, as observações de Bohannan e Huckleberry são aplicáveis. Diga-se logo, de passagem, que em tais casos ocorre um dos exemplos do largo afastamento entre a norma legal que não reconhece como completa a dissolução da sociedade conjugal e, portanto, proíbe os ex-cônjuges de contrair novo casamento, e a realidade social, na qual os que se separaram legalmente, segundo a fórmula italiana, ou se desquitaram, segundo o antigo modelo brasileiro, unem-se a outras pessoas, são socialmente aceitos como casados com esses novos companheiros e têm, para os filhos dessas novas uniões, muitas vezes, reconhecimento e proteção legal.

A distância que separa a norma proibitiva do Direito e o comportamento real da sociedade, nesse particular, vai aumentando na maioria dos países sobre os quais temos informação. No Brasil, a censura moral que acompanhava as uniões posteriores dos desquitados, tornou-se, nos grandes centros urbanos, quase inexistente. O fenômeno está a reclamar uma pesquisa de que se poderão tirar importantes conclusões de ordem geral, a respeito das normas jurídicas de eficácia abrandada ou parcial.

Outros aspectos do Direito de Família que podem ser indicados à atenção eventual dos pesquisadores são, por exemplo, as relações patrimoniais intrafamiliares, sobretudo no tocante ao regime de bens no casamento, ou à aplicação comum dos ganhos de todos os componentes do grupo familiar em suas atividades profissionais, ou ainda à administração do patrimônio pessoal dos filhos. Tais aspectos têm sido investigados modernamente, e foram no passado focalizados em diversos trabalhos de História do Direito e de Direito Comparado.[4]

O Direito de Sucessões é outro ramo do Direito particularmente rico em material cuja investigação empírica tem grande utilidade para a Sociologia do

Direito. Do ponto de vista sociológico, aliás, as questões que interessam ao Direito das Sucessões estão muito próximas das questões relativas ao Direito de Família e podem ser investigadas juntamente com estas últimas, dado o caráter predominantemente intrafamiliar da sucessão hereditária e as implicações que têm os exemplos de sucessão externa ao grupo familiar.

A relação entre os critérios de sucessão hereditária e a estrutura socioeconômica da sociedade, contudo, é elemento de importância peculiar no exame sociológico do Direito das Sucessões, cuja significação especial para a Sociologia jurídica, aliás, mereceu de Carbonnier um estudo à parte, a que já fizemos referência.[5] Esse autor distingue, para o estudo da Sociologia do Direito das Sucessões, dois elementos institucionais básicos: a família e o patrimônio. Diante da existência de ambos os elementos numa sociedade é que se desenvolvem as várias fórmulas jurídicas pelas quais se transmite o segundo em conseqüência do que ele chama de um dos "elementos dramáticos" da Sociologia das Sucessões, ou seja, do fato natural que é a morte do indivíduo. Carbonnier ensaiou, mesmo, o que denominou de uma "Sociologia da Morte", em páginas interessantíssimas a que não falta sequer o toque humorístico.[6]

3 Direito do Trabalho: sua rápida evolução. Influência das forças sindicais. A previdência social.

O que ocorre com o Direito do Trabalho não precisa de menção insistente, mas exige referência neste passo. Ramo de novo desenvolvimento na ciência dogmático-normativa do Direito, é exemplo muito claro do condicionamento direto que a realidade social subjacente à ordem jurídica exerce nesta. Seu aparecimento como um conjunto sistemático de normas, de natureza autônoma e com características muito próprias de grande dinamismo e pouco formalismo, suscitou e ainda suscita reações intensas no campo conservador e tradicional, cujos processos de análise do fenômeno do Direito ainda se pautam pelos modos de pensar dominados pelas velhas escolas civilistas.

A verdade, porém, é que seu desenvolvimento tem sido rápido[7] e sua infiltração nos demais ramos do Direito, como fator condicionante de modificações neles inseridas, revela sua extrema vitalidade e a singular proximidade que possui das fontes materiais da sociedade que o produzem e o orientam. As formulações do Direito do Trabalho, ou da chamada legislação trabalhista, têm sido alteradas com freqüência, apesar de ainda novas, sob a pressão dos fatos sociais. Elas constituem, vale dizer aqui, um conjunto de regras muitas vezes editadas a contragosto e que atendem, portanto, apenas em parte, aos impulsos sociais das novas reivindicações de massa. São concessões feitas, passo a passo, sempre na maior medida possível, pelas forças e pelos grupos detentores do controle da economia. Logo, tendem a transformações em breve prazo, porque a pressão que as motiva continua exigindo novas concessões das forças sociais conservadoras, renovando-se então o processo, cedendo estas apenas parcialmente em soluções de compromisso.

Ora, tudo isso é campo magnífico para a investigação sociológica. Em todo esse processo, o pesquisador social encontra material de grande diversidade e de cujo exame podem resultar implicações científicas relevantes. A interferência das forças sindicais no processo da formação do Direito do Trabalho, por exemplo, apresenta aspectos particulares e variados. Elas agiram, e agem, velada ou ostensivamente, pressionando os órgãos produtores do Direito na sociedade organizada, no rumo de maiores vantagens para as massas de trabalhadores a elas pertencentes. Em alguns países, essa atuação direta é ostensivamente realizada, até mesmo com certo exibicionismo, para evidenciar a eficiência das organizações classistas e sindicais na defesa dos interesses de seus associados. Os Estados Unidos são disso, hoje, exemplo marcante.

Em outros, é mais discreta a intervenção dos sindicatos na formulação das normas jurídicas do trabalho, seja pelas características próprias do movimento sindical, seja pelas restrições que a organização política lhes impõe. O Brasil está neste último caso. Ainda assim, todavia, a influência que exercem é inegável e impressionante. Essa influência tem três facetas principais: a ação sobre os órgãos legislativos e executivos, visando à edição de normas jurídicas convenientes aos interesses de seus associados; a ação, mais formalizada, porém mais direta e reconhecida como legítima, no campo judicial, procurando obter decisões da justiça, capazes de condicionar um entendimento uniforme no sentido desejado; e a ação sobre a opinião pública, tendente a criar ambiente social mais amplo, simpático às posições assumidas pelos grupos de trabalhadores vinculados a tais organizações sindicais.

O que diz respeito à atuação das organizações sindicais junto aos órgãos do Poder Judiciário é de grande significação, dada a tendência em grande parte dos países, inclusive o Brasil, de atribuir poder normativo a certas decisões judiciais em matéria trabalhista, decisões essas hábeis, a gerar regras de Direito de caráter geral e com força obrigatória para situações análogas, impostas à observância dos órgãos de jurisdição inferior.

A ação sindical também se dirige para o campo do seguro social ou da previdência social. O aparecimento, em grande parte das sociedades industriais modernas, de complexos sistemas previdenciários, partindo das fórmulas iniciais, relativamente simples, de seguro social, para sistemas de grande amplitude de previdência, mediante aposentadorias, assistência médica, pensões familiares etc., está ligado à evolução do Direito do Trabalho, mas provocou a criação de um novo ramo da ciência dogmático-normativa do Direito, cujas normas podem e devem constituir, por certo, objeto de estudo e pesquisa da Sociologia jurídica. Sua observação, aliás, é facilitada pela circunstância de que sua evolução se realizou, até aqui, quase toda, após a Primeira Guerra Mundial e tem seguido rumos diversos, segundo o tipo de organização socioeconômica, nas modernas sociedades industriais, ou atendendo ao grau de desenvolvimento das diversas sociedades coexistentes no século XX.

É interessante verificar até que ponto a existência de um sistema de seguro social obrigatório, ou previdenciário, segundo a denominação usada entre nós, modificou os hábitos de poupança nas sociedades em que ele está implantado. Sua eficácia real está a merecer, também, um estudo destituído de conotações polêmicas, porém objetivo e destinado à verificação empírica da relação entre as normas que regem a estrutura e a dinâmica do sistema e seu funcionamento real.

4 Direito Fiscal e Direito Financeiro: repercussão das normas tributárias, sua eficácia real; o caso do imposto de renda; o conceito de "normas de força latente".

No campo do Direito Fiscal, as investigações da Sociologia do Direito podem obter rendimento antes insuspeitado. O mesmo ocorre, aliás, com o chamado Direito Financeiro, cujas ligações com o Direito Fiscal são particularmente estritas. Os efeitos sociais das leis que disciplinam o regime das finanças públicas e privadas; idênticos efeitos das leis tributárias em geral, principalmente as repercussões na opinião pública que elas provocam; e a eficácia real das leis referentes a impostos e taxas, que difere muito da eficácia teórica, são apenas alguns dos problemas a merecer exame acurado.

Essa questão da eficácia real das leis tributárias é da maior importância. É sabido — ninguém o ignora — que a aplicação prática dessas leis oferece numerosas dificuldades. A resistência dos contribuintes é um fato de longa história e com profundas raízes nas convicções sociais, gerando em alguns casos, mesmo, um consenso grupal que tem implicações curiosas e até contraditórias. De um lado, a sociedade tem como necessária a obediência às leis e, por meio de seus órgãos legiferantes, fixa os tributos; de outro lado, o consenso social entende injustas, ou desinteressantes, ou contrárias aos interesses individuais ou de certos grupos, as normas jurídicas tributárias, desobedecendo a elas ou procurando meios para se furtar a seu império.

O caso do imposto de renda é altamente exemplificativo do fenômeno, em todos os países em que foi instituído. Não há exemplo de aceitação mansa, ou de aplicação fácil, desse tributo. Sua impopularidade é geral; sua eficácia verdadeira é muito menor, em todos os casos, do que a esperada ou, pelo menos, a desejada pelos governantes. A sonegação fiscal, no caso, é tolerada pelos costumes em boa parte dos países em que o tributo foi instituído. Os recursos para isso constituem "habilidades", objeto de admiração de grande parte da população. Pessoas respeitáveis por outros títulos, que são consideradas e se dizem honestas e inatacáveis, confessam calmamente, em reuniões sociais as manobras de que se utilizam para não pagar o imposto de renda. Tudo isso reflete um ponto de vista que representa quase consenso de grande parte da sociedade quanto ao fato de que é moralmente lícito iludir o fisco, recusando a declaração correta dos rendimentos.

Esse descompasso entre a eficácia pretendida e sua aplicação real constitui fato importante que reclama a atenção de sociólogos, como dos demais cientistas sociais, os economistas e os juristas entre eles e, portanto, os sociólogos do Direito. Sob esse aspecto, vale referir, de passagem, o conceito de "norma latente", ou de "força latente" da norma de Direito, desenvolvido pelos sociólogos do Direito escandinavos e norte-americanos, como explicação, embora parcial, da existência de leis não-eficazes ou apenas em parte eficazes e que, apesar disso, continuam formalmente em vigor.[8]

5 Leis contra a discriminação racial: realidade social; vinculações com situação econômica e grau de instrução.

No mesmo sentido, aliás, as leis contra a discriminação racial merecem alusão específica. Até entre nós entendeu-se de legislar a respeito, com a edição da chamada "lei Afonso Arinos". O simples fato de que o legislador foi movido a agir contra certas práticas discriminatórias de motivação racial é significativo da existência de preconceitos desse tipo, com incidência suficiente para causar preocupação. A eficácia de tais normas jurídicas, entretanto, é muito reduzida de início. Elas constituem, na maioria dos casos, declarações formais de princípios que a sociedade entende necessário reafirmar, como sinal de coerência com os fins ou as doutrinas considerados básicos em determinada conjuntura histórico-social. Nem sempre correspondem, porém, a um consenso unânime, ou amplamente majoritário, da coletividade, quanto à maneira de se encarar as diferenças raciais.

Estas, cuja significação é sociocultural e não propriamente biológica, têm sido objeto de estados de espírito coletivos que atuam negativamente na estrutura e na dinâmica da sociedade. A esses estados de espírito se denomina preconceito racial, dele resultando uma atitude, resolvida em ação, que é a chamada discriminação racial. Desta, a segregação é apenas um dos aspectos, certamente dos mais indesejáveis e danosos.[9] Ora, contra um estado de espírito dominante, condicionado por um complexo de tradições, de modos de vida, de realidades econômicas, de deficiências educacionais etc., a simples edição de uma norma jurídica, mesmo armada de instrumentos de coação e de punição de seus infratores, é insuficiente para corresponder a uma efetiva aplicação.

Por esse motivo é que se pode observar a permanência de certas manifestações informais e disfarçadas de discriminação, em sociedades civis, em hotéis, em escolas particulares, em clubes e até no serviço público civil e militar, sem que as penalidades fixadas na ordem jurídica possam alcançar os responsáveis pelas práticas discriminatórias. Pode ser dito, também, que algumas dessas práticas são inconscientes, dominadas pelos preconceitos que mascaram o que é reserva motivada pela raça ou pela cor diferente, como simples restrição baseada em motivos ligados a níveis de educação, capacidade econômica e outras circunstâncias diferenciadoras.

A propósito, é necessário distinguir outro aspecto da questão, que é o fato de que, por outro lado, a discriminação muitas vezes tem raízes, efetivamente, muito mais nas diferenças de situação econômica e educacional do que propriamente em motivos raciais, no sentido biológico, como nos casos de pessoas "de cor". É difícil separar, sem cuidadosa análise e obtenção de dados suficientes, as reservas causadas pelas mencionadas e diferentes causas. O desapreço para com uma pessoa "de cor", em certos círculos ou em determinadas ocasiões, é impreciso, não expresso, muitas vezes, mesmo, desconhecido da própria pessoa que discrimina: como, então, sem um trabalho empírico de obtenção de informação e de análise dos dados conseguidos, dissociar e medir a influência dos elementos cor de pele, maneira de falar, situação econômica, classe social, nível de instrução como componentes da atitude constatada?

Sobre o problema das dificuldades das relações raciais, copiosa bibliografia surgiu nos últimos tempos, inclusive sob o patrocínio de organismos internacionais voltados para o estudo de tão grave foco de tensões. Little, por exemplo, sustenta a tese de que as relações raciais são, na verdade, função de certo tipo de sistema econômico e social.[10] O mesmo autor, a propósito, lembra que a ausência eventual de legislação discriminatória em relação aos elementos raciais não exclui, evidentemente, a possibilidade de formas não-oficiais de discriminação.[11] A observação aborda matéria de Sociologia do Direito, pois lembra que nem toda a normatividade jurídica vem do Estado (note-se bem o que, ainda há pouco tempo, escreveu Jorion) e, por outro lado, que este legisla, muitas vezes, em termos ideais, dissociados da realidade dos comportamentos sociais, *cujo conteúdo, na verdade, não pretende mudar com as normas editadas.*

Em uma reflexão a respeito do caso brasileiro no tocante às relações inter-raciais, Little lembra que, entre nós, a opinião pública se opõe a qualquer forma de discriminação aberta por motivos raciais.[12] Na verdade, ele assim identifica a pressão dos princípios socialmente aceitos num sentido, depois expressa em normatividade jurídica (lei Afonso Arinos), porém divergente de práticas individuais e até grupais, não ostensivas na maioria, mas que são efetivamente discriminatórias.

Outro autor, de grande atualidade também, que cuidou da matéria recentemente, salientou que o preconceito de raça é um preconceito no mais verdadeiro e mau sentido (isto é, uma opinião preconcebida), cultural de origem e velho de pouco mais de três séculos, que cresceu e tomou a forma pela qual o conhecemos hoje por motivos econômicos e políticos.[13] Daí que, acrescentamos nós, certas sociedades hajam entendido necessário legislar *para reforçar as práticas discriminatórias e segregacionistas* nelas estabelecidas, como é o caso gritante da África do Sul, onde se adotou a legislação racista mais ostensivamente contrária a todos os princípios de igualdade entre as criaturas humanas.[14] Esse é outro aspecto da realidade social em face da normatividade jurídica, relacionado com os efeitos sociais do Direito, cuja indagação pode apontar caminhos importantes à especulação científica nas Ciências Sociais.

Em sentido oposto tem caminhado toda a legislação nos Estados Unidos. Lá, pelo contrário, a força dos princípios liberais arraigados na formação da opinião pública fez com que esta se inclinasse esmagadoramente contra a continuação das práticas discriminatórias que se haviam instalado em quase toda a sociedade norte-americana. Da manifestação de princípios gerais e teóricos, entretanto, à sua aplicação efetiva na conduta cotidiana, uma grande distância existe, como resultado de um longo processo de condicionamento que é contraditório à declaração ideal de princípios liberais que informa a cultura daquele país. Tornou-se indispensável, então, editar normas de Direito destinadas a corrigir a anomalia, levando o comportamento efetivo, se possível, a se ajustar às manifestações de princípios aceitas, em termos genéricos, pela opinião pública.

A função transformadora da realidade social e educadora dos comportamentos grupais e individuais exercida pela normatividade jurídica, no caso, é nítida e já tem mencionado a atenção de estudiosos e pesquisadores, como por exemplo, recentemente, em *Law and Society Review*, quando se afirmou que a ambigüidade das normas legais a respeito do problema da segregação racial tem causado, afinal, confusões e dificuldades que favorecem os seu adversários.[15] Entre nós, o que se pode afirmar é que as normas legais existentes são suaves; e que sua eficácia é quase nula. O principal efeito da "lei Afonso Arinos" é ter incluído no Direito Positivo, como declaração formal, os princípios não-discriminatórios que o consenso da esmagadora maioria do público adota. As práticas discriminatórias, como conseqüência, se fizeram mais veladas. Mas continuam. A realidade social, no caso, resiste à imposição da superestrutura jurídica.

6 | O controle de preços; racionamento de bens de consumo necessário; repressão ao jogo e à prostituição.

Isso também ocorre, por exemplo, com leis de controle de preços. O fenômeno é universal. A elas se atribui, mesmo, nas pesquisas e elaborações doutrinárias norueguesas, uma função quase exclusivamente latente, ou social, de satisfação às correntes de opinião que exigem alguma forma de intervenção do Estado no assunto.[16] Coisa igual acontece, com variações, como é curial, a respeito das normas relativas ao racionamento de bens de consumo. A sua eficácia é extremamente incerta e, em diversos casos, pequeníssima.

A distância entre a eficácia real das leis de controle de preços e a eficácia legalmente presumida exemplifica bem alguns problemas que a Sociologia jurídica examina com afinco. A verdade é que o senso moral comum não repele as infrações de tais controles com a uniformidade e a veemência que seria de esperar. Toleram-se com bastante boa vontade as práticas tendentes a desrespeitar tais controles e, quando chega o momento de aplicar ao infrator as punições que a lei estabeleceu, o cidadão médio recua, abrandando o veredicto.

A legislação repressiva de crimes contra a economia popular editada sob o segundo Governo Vargas, no Brasil, quando se instituiu o chamado "Júri Popular" para o processamento e julgamento de tais crimes, forneceu material riquíssimo em ensinamentos a propósito. Hoje é possível situar essa legislação, com clareza inegável, na classe das já referidas leis de "força latente", para fins sociais diversos dos nela expressos, destinadas a aplacar a opinião diante de situação difícil, e mais nada. A verdade é que poucos, pouquíssimos, foram os casos de condenações nos julgamentos populares com base na mencionada legislação. Os jurados, na quase totalidade dos casos, afirmavam a inocência dos acusados. Para tal comportamento influiu, em muito, o sentimentalismo de alguns e o ponto de vista de que as infrações às leis de controle e tabelamento de preços não eram, realmente, importantes.

É curioso e revelador verificar como pessoas que fazem questão de preservar a respeitabilidade que deflui de sua situação de sustentáculos tranqüilos da ordem jurídica, de cidadãos exemplares e ajustados ao sistema social em vigor, buscam descumprir, contornar, infringir e até mesmo fraudar as leis desse tipo. O racionamento, por seu lado, é naturalmente impopular, porque representa restrição à normal disposição de bens de consumo. Oferece, portanto, uma realidade social de descontentamento com a norma de Direito que o fixa ou regulamenta. O controle de preços impede a livre atuação das forças econômicas no mecanismo de sua formação, criando obstáculos artificiais à obtenção de uma contraprestação compensadora pelo fornecimento de mercadorias ou serviços. Em alguns casos, tal controle impede formas danosas de especulação. Em ambas as hipóteses, sua ação real se choca com interesses importantes, contrariados de tal maneira, reduzindo a eficácia da norma jurídica ou tornando-a praticamente ineficaz.

As normas jurídicas de prevenção ou repressão aos vícios, especialmente ao jogo e à prostituição, são outros exemplos de setores em que bem programados projetos de pesquisa, e até mesmo de experimentação com modelos simulados, ou situações artificialmente criadas, poderão trazer notável contribuição às Ciências Sociais. No caso da proibição de jogos de azar, a ineficácia das leis preventivas e repressivas é notória. O chamado "jogo do bicho", verdadeira instituição nacional brasileira, atravessando períodos de maior ou menor sucesso, resiste sempre às normas de Direito que o fazem ilegal e qualificam a sua prática de contravenção penal. Os "bicheiros", principalmente os mais modestos, são mesmo protegidos pela opinião pública, pelos populares, que os podem ajudar nos momentos de perigo. São tolerados em todos os tipos de locais de trabalho, com eles se entendem pessoas de outra maneira atentas às prescrições legais, que não se furtam a "fazer a fé" habitual ou eventualmente.

Há enorme diferença entre o conceito da esmagadora maioria da população e o mandamento legal. Este, atendendo a razões de política jurídica, tem sido invariável e coerente na evolução histórica do Direito Positivo; os costumes também continuam coerentes e invariáveis, no sentido contrário ao da norma legal. Exemplo claro de ineficácia real da lei é esse, cujas implicações e cujos ensinamentos, a serem extraídos de uma pesquisa bem projetada e realizada e, sobretudo, muito bem analisada, estimulam a nossa curiosidade.

Quadro praticamente igual é o do combate à prostituição. Trata-se de divórcio universal entre a regra jurídica e a realidade social. Não há sociedade complexa em que não tenha ocorrido ou não ocorra a prostituição; em quase todas elas, a sua prática é proibida e punida. Que mecanismos sociais geram a tolerância a esse comportamento, geralmente condenado, em manifestações formais e ações esporádicas de repressão e punição?

Esses exemplos mostram a grande variedade de situações em que a investigação da eficácia real e dos efeitos sociais da lei pode ser útil ao desenvolvimento da Sociologia do Direito, da ciência dogmático-normativa do Direito, da política jurídica e da ação legislativa. Não podemos concordar com a afirmação, como tantas outras surpreendente, de Jorion, no sentido de que o Direito ineficaz é inexistente.[17] A lei ineficaz é o Direito declarado pela sociedade, atendendo a fins ou a necessidades que ela reconhece, ou supõe reconhecer. As chamadas leis de "força latente", tantas vezes mencionadas no curso deste capítulo, são normas jurídicas, mesmo quando não tenham aplicação prática e verdadeira. Elas possuem um efeito social, como o de atender à pressão de uma parcela importante ou dominadora da opinião pública em determinados momentos do processo histórico, embora sua eficácia real não seja aquela que decorre dos termos em que foi editada. É Direito ineficaz, no sentido de adequação aos seus fins expressos; mas é Direito cujos efeitos se manifestam de outra maneira.

7 | Comentário.

É útil salientar que o conceito de eficácia com que se trabalha neste capítulo não se confunde com o que a palavra significa no ponto de vista doutrinário e/ou teórico no estudo jurídico. Esse ponto de vista é de *eficácia formal* em contraposição ao conceito de *eficácia real*, ou efetiva.

Do ponto de vista formal a eficácia consiste em ter a norma editada nos requisitos para sua validade e aplicação (emitida pela autoridade competente e na forma prevista na ordem jurídica). Ou seja, é a capacidade que a norma tem de produzir efeitos para os quais foi editada.

Essa contraposição mostra nitidamente a dicotomia entre o *dever ser* e o *ser*, que atravessa todo o exame do Direito entre o *ser* (*sein*) e o que deve ser, ou seja, no *dever ser* (*sollen*) navega a preocupação do jurista. É precisamente na diferença entre um e outro que se move a ordem jurídica, pacificando o conflito e tentando explicar a realidade.

Esta observação parece importante, porque para aqueles que não se prendem ao exame sociológico das normas jurídicas, a referência à eficácia real em contraposição a uma ineficácia efetiva parece estranha.

Outro aspecto interessante a sublinhar, presente neste capítulo, é o da presença reiterada, do poder, como emissor de norma jurídica, abrangendo o poder *da sociedade* sobre seus membros e o poder *na sociedade*, ou seja, o daqueles que na mesma sociedade ocupam posições de definição e condicionamento dos modos de agir. A matéria é objeto de exame em outro trabalho nosso.[18]

É em face de ambos aspectos que se analisa, nas páginas anteriores, a eficácia real das normas jurídicas. Sob esse aspecto, a ineficácia é fronteiriça, há manifestações de patologia social, que abordamos em outro escrito, anterior ao *Sociologia do direito*.[19]

O aspecto histórico, ou temporal, do que se disse no curso deste capítulo, exige menção. As referências a conjunturas mencionadas devem ser objeto de atenção. A vida social, abrangendo não apenas o nosso país, mas alcançando não só as sociedades mais desenvolvidas, como também as que se convencionou denominar de "emergentes", constituiu entre o tempo da primeira edição deste livro e o de agora, um marcante exemplo do processo de mudança, já agora alcançada a rotulada "sociedade globalizada".

A referência aos problemas do direito de família, de natureza conjuntural, também deve ser mencionada pelo aspecto de momento no contexto histórico, pois a mudança social foi grande entre a redação original do capítulo e esta edição. Hoje, as uniões estáveis entre casais, sem o vínculo formal do matrimônio, adquiriram status no conjunto das leis que interessam a instituição familiar, merecendo os parceiros a denominação formal de "companheiros". Mudou muito o conjunto dessas realidades da vida familiar, como se sabe.

Por outro lado, os desenvolvimentos científicos tornaram mais certa a atribuição da paternidade, com a utilização do DNA, ou código genético de cada indivíduo, aumentando um dado fundamental para a definição de direitos e deveres.

A menção ao desquite, que imperava, então, no direito brasileiro, em contraposição às fórmulas de divórcio a vínculo também deve ser observada. As coisas, como se depreende do texto de poucas linhas atrás, mudaram muito.

Capítulo IX

O Direito Processual como Expressão de Valores Socioculturais[1]

1. *O processo judicial como fato das sociedades complexas. Sua natureza: modo de acomodação de conflitos sociais.*

2. *A importância do estudo dos valores dominantes para o Direito Processual. A escassa discussão teórica a esse respeito.*

3. *O sentimento de justiça e a realização do justo. Justiça distributiva e retributiva. A igualdade das partes. O equilíbrio social.*

4. *A segurança individual e a segurança social. A segurança nas relações jurídicas e a observância das normas processuais. A defesa social. Valores éticos e ético-afetivos.*

5. *Sobrevivências e praxes processuais. Aspectos folclóricos do Direito Processual. Unidade processual e diversidade dos contextos socioculturais. Centralismo e regionalismo na prática processual.*

6. *Conclusão.*

7. *Discussão complementar.*

1 O processo judicial como fato das sociedades complexas. Sua natureza: modo de acomodação de conflitos sociais.

O processo judicial é fato das sociedades complexas. Ele é algo que só existe como instrumento de composição de conflitos na ordem social institucionalizada, na organização estatal. Não há processo judicial nas sociedades ditas "primitivas". Juridicamente, o processo é instrumento de resolução de litígios. Esses litígios são a expressão final e aguda de conflitos de interesses. Dessa maneira, colocados esses interesses em conflito, em termos de litígio, tal litígio é submetido à apreciação dos órgãos estatais para isso existentes, sendo finalmente "resolvidos".

Do ponto de vista sociológico, entretanto, o processo judicial é apenas um dos modos de acomodação de situação de conflito social. Sociologicamente, o conflito não se resolve com a decisão que o órgão jurisdicional profira; o processo social de conflito é enfrentado, apenas, por um processo social de acomodação ou composição, pelo qual o conflito se torna latente.[2]

O estudo do processo judicial, em verdade o estudo do Direito Processual, costuma ser iniciado pelo exame das questões sobre o Direito subjetivo, sua distinção do Direito objetivo, a pretensão e o interesse. Abrange, desde logo, os problemas referentes à atividade jurisdicional do Estado, à jurisdição, ao direito de ação e ao que seja processo, distinguindo-se no conceito de processo os diversos procedimentos que o compõem.

É que o Direito Processual como ramo que é do Direito Público, para nos atermos à clássica divisão que tem hoje, entretanto, mais interesse didático do que validade científica, atingiu desenvolvimento conceitual e teórico de grande amplitude.

A teoria geral do processo é mesmo um dos campos mais fascinantes do conhecimento jurídico. Seu estudo permite importantíssimas observações de natureza teórica e doutrinária, vinculadas às próprias finalidades do Estado e às razões de ser da ordem jurídica. Essa teoria geral vem sendo elaborada longamente e se inclina no sentido da evidência da unidade essencial do Direito Processual. Em essência, o processo é um, e nele o que varia é o quadro de procedimentos.[3]

Em verdade, as diversidades que são possíveis observar, nos chamados ramos do Direito Processual, são de natureza procedimental. É corrente se dividir o Direito Processual em ramos. Uma das formas habituais é classificá-lo, de um lado, em Direito Processual comum (subdividido em Direito Processual Penal e Direito Processual Civil) e, de outro, Direito Processual especial (incluindo o processo penal militar, o processo trabalhista e o processo eleitoral). Essa divisão ou classificação dos ramos do Direito Processual já dá a idéia, em si mesma, das razões de política jurídica, certamente fundadas nas realidades sociopolíticas, que presidem todo o quadro de ramificações do processo.

Os estudiosos, entretanto, têm passado ao largo de algo que é fundamental para a compreensão do Direito Processual e, objetivamente, do processo judicial, começando quase sempre pelos aspectos conceituais, teóricos e doutrinários que mencionamos, saltando, porém, certos aspectos de base que estão na própria motivação ou razão de ser do processo judicial e de seu conhecimento científico, no estudo do Direito Processual. Trata-se das raízes socioculturais que dominam a existência do processo e dirigem o seu encaminhamento para soluções encontradas na sua formulação, nas diversas ordens jurídicas.

Assim é que o processo penal difere do processo civil segundo sua própria razão de ser. Já aqui, comcçam a apresentar-se as bases socioculturais que são causadoras da necessidade de uma especialização ou de uma diversa maneira de tratar a matéria processual nos dois grandes ramos do processo.

O processo penal, na realidade, domina também o processo penal militar, que também processo penal é. Em ambos os casos, trata-se do conjunto de procedimentos, que o Estado estabelece para julgar certos comportamentos e as pessoas que a eles recorrem, contrários às normas legais de natureza penal. São, assim, valores socioculturais específicos que dominam o quadro do processo penal de qualquer natureza, comum ou especial (militar); dominam também, alguns desses valores, o Direito Processual Eleitoral, em que são previstas situações outras que não as de natureza penal, mas que também incluem essas preocupações. Em tais ramos do Direito Processual as preocupações com a segurança social, a segurança individual, a liberdade e a ordem são dominantes. O processo penal comum ou o especial, abrangendo o processo penal militar e as disposições processuais penais da legislação processual eleitoral, dessa maneira, têm motivações ligadas àqueles valores socioculturais.

Por outro lado, o processo civil, sem minimizar, de maneira alguma, aqueles valores, põe especial atenção no assegurar a igualdade das partes. As disposições do processo trabalhista e aquelas do processo eleitoral, de natureza não-penal, são regidas pelo mesmo tipo de preocupações. É que, em tais casos, não se trata do julgamento de condutas contrárias à ordem pública e aos interesses da sociedade como um todo, mas sim, do exame dos conflitos surgidos entre componentes da sociedade ou, por vezes, entre a expressão institucionalizada desta, que é o Estado, e aqueles indivíduos ou entidades de natureza privada.

2 A importância do estudo dos valores dominantes para o Direito Processual. A escassa discussão teórica a esse respeito.

Isso deve sugerir a importância que pode ter, para a compreensão exata do Direito Processual, o estudo dos valores socioculturais dominantes nas suas motivações. Como se sabe, toda sociedade cria ou desenvolve um certo quadro cultural que abrange e compreende as suas maneiras de ser e de sentir, crenças, valores, costumes, normas sociais, utensílios, recreação, móveis etc. Isso tudo, que constitui o complexo cultural de um grupo social qualquer, como foi dito, inclui valores, dentro de uma ideologia ajustada ao conjunto. Salientou-se já que são os valores as verdadeiras metas culturais sugeridas pela sociedade a todos os seus componentes e que são procuradas através de maneiras socialmente institucionalizadas ou aprovadas, cuja observância é mais ou menos exigida. Toda a vida social é, assim, dominada pelos valores culturais.[4] Estes valores norteiam o comportamento social de maneira permanente, embora imperceptível. Sua influência em todo o campo normativo da vida social é básica. As normas sociais, jurídicas ou não (e as que não são jurídicas são amplamente majoritárias), existem para controlar os comportamentos, dirigindo-os no sentido de um ajustamento às expectativas sociais a seu respeito. Tais expectativas, entretanto, estão sempre ligadas às maneiras aprovadas de ser e aos valores culturais estabelecidos.

É curioso, assim, constatar a extrema escassez de estudos jurídicos e sociológicos a respeito da influência de valores culturais ou socioculturais, em relação aos diversos ramos do Direito e, particularmente, do Direito processual. Nem mesmo as recentes investigações minuciosas de Carbonnier,[5] ou a copiosa e muito abrangente abordagem de Stone,[6] por exemplo, contiveram o exame desses problemas. O exame do Direito Processual em relação às suas motivações nos valores socioculturais é virtualmente inexistente. Existem, isto sim, pesquisas de campo e bibliográficas, assim como estudos críticos da organização judiciária. Têm sido estudados os tribunais, os juízes, os advogados, a organização da máquina judicial estatal, em suas dimensões sociojurídicas em diversos países. Alguns desses estudos, como, por exemplo, os que se referem aos condicionamentos não-jurídicos da maneira de decidir dos magistrados, já trouxeram importantíssimas contribuições ao conhecimento do processo decisório, que hão de ter influência marcante no desenvolvimento futuro da ciência jurídica e da organização dos instrumentos judiciários de que dispõe o Estado.[7]

Não se encontra, entretanto, igual desenvolvimento quanto às raízes socioculturais do Direito Processual. Para isso deve ter contribuído, certamente, a natureza não-material deste campo de conhecimento. É pouco visível, a um exame superficial, a importância ou a possibilidade, apenas, de um exame das bases sociais e culturais de um quadro de princípios e normas que regem a dinâmica do funcionamento da máquina judicial em cada litígio a ela submetido. Esse fato, entretanto, explicando a carência de estudos de Sociologia do Direito sobre o Direito Processual, mostra apenas que as dificuldades que tal estudo comporta não devem sobrepujar a enorme importância teórica, doutrinária e prática que as cogitações a respeito devem ter.

3 O sentimento de justiça e a realização do justo. Justiça distributiva e retributiva. A igualdade das partes. O equilíbrio social.

O processo, dissemos inicialmente, é fato de sociedades complexas. Ele o é porque nessas sociedades já se encontram estabelecidos os instrumentos sociais pelos quais a sociedade deve e pode exigir se canalizem os conflitos de maior profundidade e amplitude, com vistas à sua solução equânime. Temos aí a presença de certos valores socioculturais dominantes. A sociedade exige ou impõe que os conflitos se resolvam pelos meios institucionalizados que ela criou e o faz, de início, tendo em vista dois importantes valores socioculturais que são a ordem e a valorização do justo.

Examinemos brevemente o valor que constitui a realização da justiça. Estamos aqui na área do chamado "sentimento de justiça", presente em todas as sociedades complexas[8] e que, difícil de definir precisamente, é, entretanto, alguma coisa claramente observável e fácil de constatar. O sentimento de justiça costuma ser examinado sob dois aspectos básicos, o da justiça retributiva e o da justiça distributiva. Sob o primeiro aspecto cuida-se de retribuir ou de dar a cada um segundo mereça em virtude de suas ações. Presente aí estão as idéias de reciprocidade e de diferença social. De um lado, são recíprocas as prestações entre a sociedade e cada um de seus componentes; do outro, diante das diferenças entre as contribuições de cada uma para o todo, entre as ações dos componentes da sociedade, impõe-se a diferença naquilo a que cada um tem direito. É a idéia central de Aristóteles, quando afirma que a injustiça aparece quando os iguais são tratados desigualmente e, também, quando os desiguais são tratados igualmente.[9]

Ora, o valor que constitui o sentimento de justiça ou o valor do justo dando a cada um segundo suas ações, segundo o seu comportamento, é contrastado, por outro lado, pelas normas gerais distributivas, segundo as quais todos os componentes da sociedade devem ter acesso, indistintamente, a umas tantas coisas básicas que constituem elementos indispensáveis a seu bem-estar, de tal maneira que todos os homens tenham oportunidades iguais a uma vida condigna, nela compreendidos os valores materiais e os valores espirituais.

Justiça retributiva e justiça distributiva completam-se num só quadro em que a todos se distribuam as coisas básicas ao bem-estar e à perfeita realização das potencialidades da pessoa humana e, além disso, se retribua pelos comportamentos sociais, pelas ações de cada um, boas ou más, com certas medidas que a sociedade estabelece, atendendo às suas maneiras de ser. São as reações sociais aos comportamentos de pessoas e grupos que regem, em verdade, a maneira pela qual se realiza a justiça retributiva, e não um simples código arbitrário de comportamentos e penalidades, como parecem supor alguns estudiosos.[10]

Em todo esse quadro está presente a idéia de justiça social, cujos objetivos, evidentemente, se vinculam à realização dos interesses gerais da sociedade, e que está principalmente ligada à justiça distributiva. De qualquer maneira, a idéia de justiça, do justo, o sentimento da eqüidade que deve prevalecer nas relações humanas, tudo isso domina a ordem jurídica em geral e, particularmente, domina a ideologia do processo.

O justo, na área penal, é essencialmente retributivo; quando se fala em justiça social, o justo é essencialmente distributivo; no processo civil o justo é um misto distributivo e retributivo; no processo trabalhista os aspectos distributivos são muito influentes, tal o conjunto de motivações sociais que preside as regras processuais trabalhistas; no processo eleitoral, os aspectos penais são predominantemente retributivos, porém os demais são essencialmente político-distributivos. Embora seja comum supor que o sentimento da justiça é mais importante na área do processo penal, regendo o mecanismo pelo qual a sociedade, de um lado, e o componente social, de outro, se enfrentam nos tribunais quando da acusação de práticas delituosas, em realidade o valor da eqüidade, o sentimento do justo, tem tanta importância na área do processo civil, em que se busca, através de meios processuais adequados, que os litigantes tenham a sua divergência solucionada segundo o que justo seja.

O valor da igualdade está ligado a outro valor que se pode definir como o equilíbrio social. Toda sociedade tende a obter certo estado de equilíbrio. É um equilíbrio instável, decerto, dentro de um quadro de perpétua mudança. Tal mudança, nas sociedades industriais modernas, é geral, profunda, ampla e desigual.[11] A mudança social, entretanto, não impede que se estabeleça um certo equilíbrio e que esse equilíbrio se constitua em valor sociocultural. A ele está ligado o valor da igualdade de oportunidades, igualdade perante a lei. Igualdade, respeitadas as desigualdades efetivas, para voltarmos à idéia aristotélica. Assim, o valor da igualdade compõe um dos elementos essenciais da realização do justo. Do ponto de vista da justiça distributiva, a igualdade é essencial; do ponto de vista da justiça retributiva, a igualdade na desigualdade apresenta-se como de maior importância.

O processo judicial tem como elemento indispensável das suas motivações e das suas razões de ser assegurar a igualdade das partes em face dos órgãos jurisdicionais do Estado. Tão importante é este princípio, tão valioso e tão significativo é o valor da igualdade, que o próprio Estado, quando litiga, está sujeito a ele. O Estado-parte é igual ao cidadão que com ele questiona matéria patrimonial, por exemplo. O Estado-parte submete-se, como o seu contendor, aos mesmos princípios e às mesmas normas processuais perante o Estado-juiz. É o exemplo extremo da aplicação dos princípios que se vinculam ao valor social da igualdade e à sua filiação ao valor do equilíbrio social.

O processo sempre, civil, penal, especial (militar, trabalhista ou eleitoral) visa a assegurar a igualdade de oportunidades processuais, a igualdade de situações entre as partes, num equilíbrio interno na relação processual que, uma vez quebrado, pode dar lugar à anulação de todo o processo. É que as quebras do princípio de igualdade entre as partes, seja na área penal, entre acusador e acusado, seja na área civil, ou trabalhista, constitui em si, grave ofensa a um princípio que se vincula ao valor social relevantíssimo.

4 A segurança individual e a segurança social. A segurança nas relações jurídicas e a observância das normas processuais. A defesa social. Valores éticos e ético-afetivos.

O indivíduo busca segurança. A sociedade também. A criatura humana teme os perigos que possam rodeá-la, e nisso não difere de qualquer outra espécie animal.

Todos os animais procuram viver em segurança. Essa condição animal que se reflete em certas características psicológicas do homem é reforçada por toda a sua experiência de vida no meio social, de modo que os homens e suas criações sociais estão sempre atentos à necessidade de se garantirem contra riscos naturais e ameaças de outros homens ou grupos humanos. A sociedade assim também procede. Todo grupo social procura se defender contra tais riscos, numa permanente busca de segurança. Essa procura do que é seguro, garantido, que se confunde com o próprio anseio de tranqüilidade e os próprios valores de preservação individual e da espécie, condiciona os modos de existência na sociedade. Toda cultura reflete essa preocupação.

Isso vem a constituir um valor sociocultural. Meta cultural é, seguramente, a segurança do indivíduo, como é a segurança da sociedade. Meta cultural sendo, motiva a criação, ou o desenvolvimento, ou ainda, o aperfeiçoamento de meios de que a sociedade vem a dispor para assegurar a consecução de tal objetivo. São os meios institucionalizados de que fala Merton,[12] principalmente representados pelas normas sociais. Entre estas, as normas jurídicas; destas fazem parte as normas do Direito Processual.

Vale a pena nos determos um pouco mais neste ponto. De que maneira o Direito Processual se prende a, ou se dirige para a realização da segurança individual ou social? Esta investigação pode conduzir a algumas constatações interessantes. Desde logo há que considerar todo o sistema de normas processuais, previamente conhecidas de todos aqueles que tenham de aplicá-las. Nesse particular, cuida-se, na verdade, da segurança de indivíduos e da coletividade quanto a quais sejam as normas segundo as quais devam proceder em juízo, ou seja, perante o Estado-juiz. O próprio Estado-parte ou Estado-litigante, como já acentuamos, deve ajustar-se a essas normas e, portanto, se beneficia do pré-conhecimento delas. Isso, apesar de poder o Estado-legislador, outra face da mesma realidade social, modificar tais normas, segundo também outras normas preestabelecidas para isso. É possível, assim, observar como um conjunto de normas anteriores assegura a todas as pessoas quais os meios processuais legítimos a que se deverão ajustar, numa conjuntura de conflito que se transforme em litígio judicial. O Direito Processual visa, entre outras coisas, a realizar o valor da segurança nas relações processuais, vale dizer, num dos aspectos das relações jurídicas. Ora, esse valor de segurança nas relações jurídicas vai muito além dos limites puramente processuais, como é sabido, dominando até mesmo a própria organização política do Estado, em termos de Direito. Não é demais insistir, porém, no fato de que dentro do processo e imediatamente em torno dele, como quando se pensa na organização judiciária, tal valor é quase onipresente nas disposições legais. Veja-se, por exemplo, o conjunto de disposições expressas e implícitas ao exercício da profissão judicante e nas leis processuais, no sentido de que os juízes devem decidir segundo a lei, recomendando que se afaste do puro arbítrio do que pareça justo, em virtude do princípio de que, se substituirmos, ao respeito à letra da lei, o puro e simples sentimento de justiça do julgador, haverá tantas decisões prováveis sobre um mesmo caso, quantos juízes houver; e estará, dessa maneira, destruída a previsibilidade, mesmo relativa, da maneira pela qual os tribunais decidirão certas hipóteses. É interessante lembrar que essa previsibilidade relativa, em verdade, é também um valor sociocultural dependente daquele outro, mais abrangente, da segurança.

A segurança social, ou seja, a segurança da sociedade como um todo, também está presente nas normas processuais, não só quando estas asseguram o primado do interesse público em diversas situações, mas também em seu conjunto garantem a realização de princípios gerais ligados à defesa da sociedade. As normas processuais penais, no particular, são mais características dessa defesa da sociedade do que as normas processuais civis. A maneira pela qual se procede em juízo, em matéria penal, é sempre dominada pelo sentido da defesa da sociedade, embora em equilíbrio permanente com a preocupação de se assegurar a igualdade das partes, Estado-acusador ou outro acusador, e acusado, assim como proteger a liberdade do indivíduo porventura acusado injustamente.

O sentido de defesa social que permeia toda legislação penal e se reflete em toda legislação processual penal é ainda mais nítido na legislação penal militar, em que a preocupação com a segurança da sociedade atinge o ponto mais agudo. O valor da segurança domina muito nitidamente esse tipo de Direito Processual e está presente, também, nas disposições processuais eleitorais. A segurança do que se supõe seja a parte mais fraca, numa relação em que é especialmente destacado o poder econômico, norteia também as normas processuais trabalhistas, em que o sentido paternalista da ação do Estado se faz presente a todo tempo.

Os valores éticos que informam a vida social encontram-se presentes em todo o sistema de normas processuais. Exemplo disso é, seguramente, o princípio de que ninguém pode alegar, em próprio benefício, nulidade a que tiver dado causa. Ninguém pode beneficiar-se da própria torpeza, é o velho princípio que vem do Direito Romano e que está presente no Direito Processual, como uma espécie de norma uniforme aplicada a quase todas as disposições que regem os procedimentos judiciais. Procura-se, dessa maneira, assegurar um mínimo ético compatível com a importância e as conseqüências do processo judicial. Prevalecendo esses valores éticos, é acentuada a realização dos demais valores básicos que o complexo sociocultural procura assegurar dentro do Direito Processual.

Certos valores ético-afetivos também estão presentes na legislação processual. Exemplo disso é a regra de que não pode o Tribunal, em grau de recurso, reformar a decisão para piorar a situação de quem dela recorreu. Proibida é, sabemos, a *reformatio in pejus*. Essa observação, cremos, é importante, porque demonstra que valores de natureza ético-afetiva também estão entre aqueles que o Direito Processual preserva ou busca realizar. Não são, portanto, somente os valores racionais, ou vestidos de predominante racionalidade, aqueles que recebem a proteção e o respeito do Direito Processual, mas também aspectos de realização de uma justiça eticamente perfeita, vinculada a certas características emocionais. Evita-se que alguém, ao se manifestar inconformado com uma decisão adversa, arrisque obter outra ainda pior, por conseqüência exclusiva de seu próprio inconformismo.

5 Sobrevivências e praxes processuais. Aspectos folclóricos do Direito Processual. Unidade processual e diversidade dos contextos socioculturais. Centralismo e regionalismo na prática processual.

É muito breve e limitada a abordagem que aqui fazemos dos valores socioculturais que o Direito Processual procura observar. Muitos outros aspectos relevantes poderiam ser focalizados. Cada um desses grandes campos de valores socioculturais pode ser analisado longamente e, em cada um deles, destacados outros valores a eles ligados ou que se vinculam a mais de um deles. Trata-se de valores instrumentais na realização dos mais importantes. Instrumentais, entretanto, estamos certos, são todos os valores socioculturais que, criados pela sociedade aparentemente como alvos ou metas finais, são, na verdade, metas intermediárias para a realização do bem-estar humano.

O processo judicial é instrumento, já foi dito; instrumento que é destinado à decisão de um litígio colocado diante de um órgão jurisdicional do Estado, constituindo-se em fenômeno de acomodação de um conflito, se o analisarmos do ponto de vista sociológico. É processo, olhado de um ângulo estritamente jurídico, como é processo, processo social, se examinado do ponto de vista sociológico.

Por isso, como dissemos, surpreende, de certo modo, que os especialistas no estudo desse fascinante ramo do Direito e dessa importantíssima atividade estatal, não se tenham detido até aqui, com o cuidado e o vagar merecidos, nesses aspectos das motivações socioculturais de determinados dispositivos das leis processuais. Uma análise mais detida, voltada para o exame de disposições legais específicas, distribuídas pelas leis processuais de todos os tipos, pode vir a constituir um enriquecimento inestimável à ciência do Direito, entendida ela como o conhecimento científico tendo como objeto o fenômeno jurídico, seja ele enfocado do ponto de vista filosófico, sociológico, ou da própria área dogmático-normativa do Direito. Do ponto de vista sociológico, a sua importância é muito grande, porque através de tal estudo será possível esclarecer apropriadamente certos conceitos e certas justificativas, algumas delas tradicionais, que se repetem através dos códigos, mas que, talvez, não tenham a significação que os legisladores lhes têm emprestado. No conhecimento dogmático-normativo do fenômeno jurídico, por seu turno, as considerações sobre a realização de valores socioculturais através das normas processuais e a possível e eventual pesquisa sociojurídica que a respeito se faça devem fornecer subsídios valiosos, de natureza teórica, doutrinária e prática.

Também é importante examinar os valores socioculturais que, dominando a vida judiciária, geram práticas que modificam a maneira de conduzir o andamento dos processos judiciais, acabando, com o tempo, por se transformarem em verdadeiras praxes que, mais ainda, terminam, algumas delas, por se constituir em verdadeiro folclore jurídico. Os valores socioculturais são acrescidos de certos aspectos importantes no caso, entre eles a convicção de que essas formas processuais aderentes são mais valiosas do que as que constam na própria lei.

De certo modo surpreendente e reveladora de importantes tendências subjacentes à atividade intelectual dos juízes foi a adoção, em encontro de magistrados, de resolução, quando da elaboração de um novo Código de Processo Penal, proposta pelo Desembargador Carlos Ferreira de Oliveira no sentido de "outorga de competência processual supletiva, civil e penal, aos Tribunais de Justiça dos Estados, para elaboração de sua organização judiciária, cuja resolução não sofrerá limitações no tempo, desde que necessária e justificada, ao prudente critério de cada tribunal, afirmada em seção plenária, pela maioria absoluta de seus membros".[13]

À primeira vista, parece que, afinal, choveu no molhado. A matéria de organização judiciária é da competência legislativa estadual e, em face da Constituição, essa competência se exerce por iniciativa do respectivo Tribunal de Justiça. O que se teria procurado eliminar, então, da regra constitucional seria apenas a limitação de alterações que, no dispositivo constitucional, exigia-se, ao tempo, fossem feitas somente de cinco em cinco anos.

A redação da primeira parte da resolução, porém, e a justificação de sua apresentação, além do conteúdo dos debates que precederam sua aprovação, não deixam dúvidas a respeito de que o que se quis, além do mais que ficou dito, foi que, por intermédio dos Tribunais de Justiça, tivessem os Estados competência legislativa de natureza supletiva sobre o Direito Processual. Entenderam os aplicadores da lei aos casos concretos, reunidos então, ser necessário que, paralelamente à competência legislativa federal em matéria de Direito Processual, deve existir competência estadual supletiva a esse respeito. A fundamentação desse entendimento dirigiu-se, sobretudo, à afirmação de que há peculiaridades regionais e estaduais que aconselham a edição de normas processuais (e não simplesmente de organização judiciária) que, sem colidir com as normas processuais editadas pelo legislativo federal, mas em realidade completando-as, façam mais eficaz e realista a prestação jurisdicional pela Justiça dos Estados. Assim, por exemplo, não apenas a criação de tribunais para causas de reduzida importância (matéria de organização judiciária), mas também as disposições de natureza processual para o julgamento de tais feitos (matéria de Direito Processual), poderiam ser objeto de resolução dos Tribunais de Justiça, no exercício de função legislativa material (como ocorre em matéria regimental, aliás).

Não entraremos na apreciação dos méritos da resolução. O que nos importa é a sua existência como fato. Juízes preocupados com os problemas específicos do Direito em ação, ou seja, aplicado nos tribunais, adotaram orientação que parece colocar um tempero sensível no que parecia ser a monolítica posição doutrinária que preconiza a rigorosa unidade do Direito Processual, com a exclusiva competência federal para sobre ele editar leis. Esse o fato relevante. Fato social, suscetível de apreciação do ponto de vista sociológico, mais precisamente do ponto de vista sociojurídico.

A unidade do Direito Processual, na realidade, assumiu feição de idéia-força na literatura jurídica contemporânea, em nosso país. Rotulando-a de "unidade da legislação processual", para melhor acentuar, certamente, os aspectos de competência legislativa, Pontes de Miranda[14] salienta que um diploma processual único para todo o território nacional serve, no terreno político e da técnica jurídica, ao propósito unificador que se inaugurou com a carta de 1934. Esse propósito unificador constituiu-se em verdadeiro ideal, atuando em praticamente todas as manifestações da vida brasileira. Com esse caráter nitidamente centralizador e ideológico, influi — e continua influindo sempre — em diversas manifestações setoriais da vida sociocultural, para não mencionarmos as dimensões estritamente políticas.

Entende o referido e renomado jurista que a existência de variadas legislações processuais foi uma das causas principais do pouco desenvolvimento, por muito tempo, dos estudos de processo entre nós, como objeto de conhecimento científico; e que a unidade do Direito Processual era e é propiciatória de tal desenvolvimento.

Essa ideologia unificadora serviu e serve como instrumento de pressão; e usa outros meios para pressionar no sentido que constitui o ideal colimado. José Gomes B. Câmara reflete bem o pensamento dominante a respeito, ao tratar, com riqueza de informação, das oscilações havidas entre as tendências para a unidade legislativa processual, de um lado, e para a diversificação da competência legislativa a respeito, entre os Estados. Em sua minuciosa análise dos fatos que se relacionaram com o assunto, desde o Império até a edição do Código de Processo Civil de 1939, deixou bem clara sua opinião de que a unidade legislativa em matéria de processo é essencial; e de que o grande mal nas sucessivas codificações e consolidações estaduais antes de 1939 residiu na mistura de disposições de natureza processual com disposições de organização judiciária.[15]

Se a unidade legislativa em Direito Processual, com exclusividade da competência federal, parece ter-se convertido, assim, em ideal dominante, na formação de um verdadeiro quadro ideológico, na precisa acepção sociológica do vocábulo, como compreender, entretanto, que em 1974, em reunião nacional, magistrados de todo o país, muitos deles eminentes professores de Direito, se tenham manifestado sem discrepância em favor da competência legislativa de natureza supletiva, em matéria de Direito Processual, dos Estados? Que fenômeno sociocultural é esse, na área do conhecimento do Direito, capaz de revelar, assim, de surpresa, a força de uma restrição, embora de detalhe, ao princípio geral da unidade da competência legislativa na matéria?

É importante, seguramente, a posição assumida antes nos estudos de ilustre processualista, entre outros. Eliezer Rosa, em comentários a respeito das codificações estaduais de processo civil, fez reparos à orientação unificadora, chegando a afirmar que não vê vantagem na unidade da legislação processual quando vigora multiplicidade de organizações judiciárias. O conhecido professor, evidentemente, não comete o pecado de confundir a legislação de Direito Processual com a legislação sobre a organização judiciária, mas argumenta que

> uma de duas: ou o processo é realmente uma emanação folclórica do pensamento regional a que deva corresponder uma legislação que atenda às peculiaridades de cada região; ou isso não é uma verdade cientificamente demonstrável, e, então, deveremos ter um processo unificado federalmente ao lado de uma organização judiciária também uniforme e federal.[16]

É que Eliezer Rosa acompanha Eduardo Couture no pensar que o Direito Processual é folclórico.[17] Como folclórico, aí supomos que entendem ambos os escritores aquilo que é local ou regional, independentemente de formulação expressa e institucionalizada, mas vivência característica, cuja existência é expressa pela aplicação a situações sociais determinadas e também típica. Ou seja, a "emanação folclórica" de um "pensamento regional" seria, assim, "modo de ser característico" de certa região, ou exatamente, de determinada conjuntura sociocultural. E isso o processo seria realmente. Claro está que a afirmação se faz no que se refere às raízes, não propriamente ao pensamento teórico ou doutrinário que esmiúça a natureza mesma do Direito Processual ou às manifestações refinadas da ciência processual moderna.

Ora, essa é uma aproximação, embora tímida a nosso ver, do conceito de folclore jurídico, do ponto de vista da Sociologia do Direito. Ou, talvez, do ponto de vista socioantropológico do Direito. Carbonnier já havia tocado no conceito em publicações feitas das notas de suas aulas na Faculdade de Direito da Universidade de Paris, preparadas e mimeografadas por seus alunos, com sua aprovação. Numa delas afirmou o notável civilista, depois atraído pela Sociologia jurídica, que o folclore jurídico pode ser objeto de um ramo da Sociologia; destinado a estudar os fenômenos da sobrevivência jurídica em suspensão nas tradições populares.[18] A idéia floresceu no pensamento desse autor, principalmente na leitura de sua *Sociologie juridique*, quando cuida ele do que denomina "direito folclórico".[19]

Para nós, folclore jurídico é o conjunto de fenômenos jurídicos ligados aos modos de ser populares de certa região, capazes de dar às manifestações do Direito algumas dimensões não-expressas na lei, nem adotadas na doutrina, mas justificadas exclusivamente pelas tradições, pelas convicções e ainda mais pelas conveniências reconhecidas em consenso pacífico sobre sua vigência. Tal é, reconhecemos, um conceito que talvez seja, ao mesmo tempo, muito amplo e de conteúdo escasso. Os dois pecados opostos estariam sendo cometidos. Na verdade, entretanto, isso não acontece, como se verá adiante.

Assim, de que maneira é possível entender o processo, como emanação folclórica regional? Ou, pelo menos, como interpretar uma parte das normas processuais como fatos de natureza folclórica? Tais questões, cuja resposta não estamos em condições de oferecer, de maneira satisfatória para nós mesmos, constituem entretanto perguntas pertinentes e de grande significação científica. Merecem a atenção e as pesquisas dos doutos.

O que nos parece sumamente relevante, porém, é que elas podem ser um dos elementos-chave para a compreensão da volta do tema da competência legislativa processual, embora supletiva, dos Estados, frente a frente com toda a orientação dominante, de unitarismo em tal matéria. O que ocorre é que, muito embora o forte racionalismo das teses de unidade do Direito Processual, e apesar mesmo da existência de uma carga ideológica em seu prol (e ideologia não é somente razão, mas também sentimento), permanece viva, subjacente e atuante, a consciência das peculiaridades locais ou regionais como algo a exigir normas processuais também específicas, locais ou regionais, capazes de dar sentido e eficiência à prestação jurisdicional e à organização judiciária de cada Estado. E essa consciência se expressa, principalmente, entre aqueles que, pela natureza da própria função judicante, lidam com os fenômenos processuais na sua multiplicidade e variedade de manifestações efetivas, dentro de uma *práxis* que, como fato, escapa às limitações das normas e chega até a ignorá-las.

É possível surpreender, dessa maneira, a persistência de um ideal de diversificação, esbatido, só raramente demonstrado, eclodindo suas manifestações em episódios separados no tempo, paralelo entretanto à ideologia dominante da unidade do Direito processual. É a expressão, no campo jurídico, das tendências que acompanharam toda a evolução histórica da cultura, no sentido da diversificação de formas segundo as diferenças socioculturais dos muitos ambientes em que se manifestaram essas formas de ordens jurídicas.

Na verdade, entretanto, as manifestações reveladoras de uma convicção da necessidade da existência de normas locais, ou regionais, repousam numa realidade muito mais viva e clara do que se supõe. A competência legislativa material que têm os tribunais em matéria regimental é disso um exemplo gritante. Pois são os regimentos internos dos tribunais, afinal de contas, precisamente normas mistas de natureza processual e de organização judiciária, naquela confusão verberada pelos autores já citados e outros, mas até aqui inevitável por motivos de ordem prática. A *práxis* supera as declarações de princípios e doutrinas. Poucas áreas da atividade humana, aliás, revelam tão grande influência da *práxis*, quanto a da atividade judiciária. E, na vivência regional ou local das contendas judiciais, os processos estão penetrados de uma quantidade impressionante de usos não legalmente determinados, a par com sobrevivências de modos imemoriais de se proceder em juízo, capazes não raro de dar um sentido muito específico ao conteúdo racional das normas de Direito. Esse é um aspecto do assunto que nos reservamos para focalizar noutra oportunidade, tal a riqueza dos fatos e de suas implicações.

Whitaker da Cunha já observou,[20] com propriedade, que "o costume e a tradição, consagrados de diversas formas, além de ensejarem, muitas vezes, a normação legal, passam a integrar o populário, justificando-o". Salientou que só os costumes enraizados na alma do povo, como um todo social, constituem o folclore. O folclore jurídico, que o mesmo autor pressentiu, ou teve implícito no estudo em que fez tais afirmações, há de ser entendido, assim, como costume jurídico enraizado na alma popular, como um todo social; e, portanto, as variações regionais de costumes jurídicos enraizados na alma popular são manifestações folclóricas particulares desse fenômeno.

Ora, a "alma popular", algo de indefinido mas real, varia no espaço e no tempo. Suas variações no espaço ocorrem apenas no que se convencionou chamar de diversidades regionais. Também ocorre entre a realidade urbana, sobretudo das grandes cidades, ou megalópoles, e a realidade rural, ou semi-rural. Isso faz inserir um elemento novo nas cogitações a que nos entregamos. É que, na mesma área regional, as diferenças de tradições, modos de ser, crenças, acontecem entre as populações urbanas e rurais ou semi-rurais; daí que realidades diversas da "alma popular" são observadas, a admitir o enraizamento de costumes, inclusive dos costumes jurídicos, de maneiras diferentes. As praxes, os usos folclóricos, as sobrevivências jurídicas em geral, processuais e judiciárias em particular, também mudam da cidade para o campo ou a pequena comunidade semi-rural.

É que as crenças populares sobre o que são as normas jurídicas acabam por impregnar tais normas de um sentido especial. Nesse quadro condicionante de que o Direito é, efetivamente, independente da sua formulação expressa, entram os erros correntes, crenças equivocadas *propter legem*, mas também, e nisso reside o mais importante, até algumas *contra legem*. Estas, certamente, não têm aplicação expressa no andamento das lides judiciais, mas influem na maneira pela qual tal processamento é feito, temperando os rigores da interpretação da lei, principalmente no caso da ignorância das normas por pessoas de pouca instrução, parcos recursos e evidente boa-fé.

A sobrevivência das regras jurídicas revogadas fornece riquíssimo campo de pesquisa a esse respeito. Muitas vezes a sobrevivência é longa. Há costumes que aderem à normatividade jurídica e que têm, provavelmente, origem em regras de Direito de há muito revogadas. Nem todas essas sobrevivências, contudo, têm caráter folclórico. Muitas permanecem em aplicação efetiva pela chamada "inércia" jurídica, em conseqüência do desconhecimento de que deixaram de ter vigência, como Direito positivo. O erro é de conhecimento ou, melhor, de desconhecimento do Direito verdadeiramente em vigor. O que caracteriza, entretanto, a natureza folclórica da norma é, na feliz expressão de Whitaker da Cunha, o seu enraizamento na alma popular. Dá-se, no caso, não uma opinião de necessidade, suposta característica do costume, mas a convicção íntima do acerto, da existência, da conveniência, da vigência e de que nada justifica o abandono da norma. Há um elemento quase afetivo, cuja presença pode ser interessante como objeto de estudos psicossociais, numa investida pelos caminhos da Psicossociologia jurídica.

Vemos então que as tolerâncias consuetudinárias que juízes têm com as partes e seus procuradores; que estes têm com os magistrados; que uns e outros têm com os serviços cartorários ou das secretarias dos tribunais e juízos, e vice-versa, são fatos que pertencem ao multifacetado mundo das praxes forenses, parte das quais pertence ao folclore jurídico. A tranqüila convicção da vigência de algumas dessas tolerâncias tem sido oposta, por vezes com êxito, aos rigores da lei processual. A questão dos prazos não-prescritos, por outro lado, é das mais interessantes. Trata-se dos prazos não-prescritos em lei, mas que, deixados ao arbítrio dos juízes, são fixados diversamente por estes, obedecendo, contudo, a uniformidades dependentes de usos que variam de região para região.

Certas formas usuais dos atos processuais são outro exemplo marcante do que estamos procurando apontar à atenção dos estudiosos. Algumas verbalizações usadas são evidentemente folclóricas. Desde a famosa "aos costumes disse nada", até as maneiras de iniciar as peças dos atos judiciais com a data referida com "aos tantos dias do mês tal...", passando pela terminologia pitoresca em que se "dá fé", ou se afirma "vistos etc.", tudo isso pertence às praxes folclóricas. Sua falta, por vezes, tem motivado não pequenas discussões e algumas declarações de nulidade de atos, ou sua repetição, determinadas por juízes e tribunais.

Tal a força que tem o folclore jurídico. É uma influência efetiva que se exerce na aplicação do Direito e, portanto, especialmente significativa no Direito processual. Permanência, ou sobrevivência de normas, arraigadas no sentimento e na alma popular, é particularmente sensível às diferenças regionais. Suas origens podem ser imemoriais ou não; o que o caracteriza são as suas raízes no sentimento e na alma do povo. E o que o revela é a sua aplicação, a sua vida real, surpreendida em meio às normas de Direito positivo, da ordem jurídica "regular", ou expressa. Por isso, merece mais que algumas reflexões.

6 Conclusão.

Concluindo, e em resumo, pretendemos duas coisas: a primeira, evidenciar importante lacuna observada nos estudos básicos sobre o Direito Processual; a segunda, estimular a realização de estudos que eliminem tal lacuna.

Ao longo do que tivemos ocasião de escrever, procuramos evidenciar a natureza sociojurídica do processo judicial, ou seja, a sua vinculação com certos valores socioculturais básicos e com todo um elenco de valores que a sociedade mantém. Fizemos breve apanhado do que, a propósito, caracteriza os grandes ramos do Direito Processual.

Como resultado dessa abordagem preliminar, examinamos, embora rápida e superficialmente, alguns dos valores socioculturais de maior influência na ideologia do Direito Processual: o valor da justiça, da eqüidade, com suas facetas diferentes de justiça retributiva e justiça distributiva; o da igualdade ligado ao do equilíbrio social e, individual, gerando fenômenos de defesa social e de preservação da segurança das relações jurídicas; e alguns aspectos dos valores éticos.

Não esgotamos — muito longe disso — o elenco de valores socioculturais, cuja análise em relação com o Direito Processual poderá ser utilíssima. Nem aprofundamos a análise feita, que pode e deve ser mais detalhada e muito mais extensa também. O que é recomendável fazer, num desenvolvimento do tema que aqui apenas afloramos, é apreciar concreta e particularmente cada grupo de valores que informam o processo judicial, em face de certas disposições do Direito Processual, especificamente consideradas, para se verificar como, em que grau, e em que extensão, aqueles valores se refletem nas leis processuais.

Ignorar esses fatos da vida do Direito Processual em nome de um tecnicismo desenraizado é o que não se deve escolher como caminho. É muito estimulante deter-se o jurista sobre as minúcias e sutilezas do processo e sobre elas construir belos edifícios teórico-doutrinários. Constitui, porém, imperdoável fuga à realidade, às razões de ser sociais do Direito, às suas motivações efetivas na vida do homem em sociedade, deixar de investigar, pesquisar e tentar compreender, em toda sua significação, a relação que há entre essas normas e a verdadeira ideologia que os valores culturalmente produzidos e preservados constituem. Esse é o trabalho para prosseguir. Está relacionado com outros estudos, de gabinete e de campo, de especulação intelectual e de investigação empírica, a serem encetados e cuja utilidade e importância para o conhecimento efetivo do fenômeno jurídico em geral, e do fenômeno jurídico processual em particular, poderá ser muito grande.

7 Discussão complementar.

Quando, neste capítulo, referimos a insuficiente realização de pesquisas entre magistrados, ou não apenas eles, a respeito das condições ideológicas da aplicação do Direito, não fizemos menção àquela que foi talvez a única de grande abrangência de que resultou a publicação do livro *Corpo e alma da magistratura brasileira*.[21]

Tal publicação completou a apresentação da pesquisa "O perfil do magistrado brasileiro" da qual nasceu, em mais detida análise do tema, *A judicialização da política e das relações sociais no Brasil*.[22]

Como é possível constatar, daquela pesquisa patrocinada pela Associação dos Magistrados Brasileiros (AMB), em conjunto com o Instituto Universitário de Pesquisas do Estado do Rio de Janeiro (Iuperj), resultou um importante impulso na bibliografia que cuida do Poder Judiciário, dos magistrados e sua ideologia, seus valores, seus ideais, sua extração social, sua personalidade, enfim a alusão mostra a pouca curiosidade científica a respeito da composição dos órgãos judiciais brasileiros, portanto, deve ser entendida em seu contexto histórico, transformado depois da edição anterior deste *Sociologia do direito*, com significativo aumento da abordagem dos sociólogos e juristas dos temas pertinentes.

Outro aspecto a referir é a conveniente remissão ao adendo agora incluído no capítulo III, em que se focalizou a natureza e a importância da ideologia, em sentido amplo, para a conceituação do que é, ou não é, justo. A abordagem então feita, nesta edição, orienta a interpretação das reflexões mais antigas constantes deste capítulo.

Capítulo X

Os Instrumentos Humanos de Realização da Ordem Jurídica

1. *Os magistrados: seus poderes, seu recrutamento; a origem social dos juízes, sua ideologia e formação; o processo de formação das decisões dos juízes e os condicionamentos que sobre ele incidem; a importância dos precedentes; o magistrado jurista e o não-jurista.*

2. *A Justiça como organização; custo da prestação jurisdicional; justiça gratuita.*

3. *O Ministério Público. Os advogados.*

4. *Fuga à máquina judiciária: causas, conseqüências; juízos arbitrais.*

5. *Legisladores: origem, forma de escolha, fatores condicionantes de seu comportamento. Os agentes da administração detentores da função legislativa material: fatores condicionantes de sua ação.*

6. *Atualizando.*

1

Os magistrados: seus poderes, seu recrutamento; a origem social dos juízes, sua ideologia e formação; o processo de formação das decisões dos juízes e os condicionamentos que sobre ele incidem; a importância dos precendentes; o magistrado jurista e o não-jurista.

Os instrumentos humanos da realização da ordem jurídica, seus condicionamentos e suas funções na sociedade constituem o segundo dos três campos de estudo objetivo da Sociologia do Direito, na busca do conhecimento das relações entre a norma jurídica e a realidade social.

A ordem jurídica é declarada, mantida, assegurada e modificada pelos órgãos que a sociedade destina a esse fim, segundo a própria estrutura e obediente às necessidades de uma dinâmica determinada. Esses órgãos, como é óbvio, são compostos de criaturas humanas, especialmente recrutadas pelos processos preestabelecidos, e obedecendo a uma exigência maior de qualificações pessoais em proporção à maior complexidade, responsabilidade ou hierarquia do órgão a que devam pertencer.

No caso dos magistrados, a sociedade tem especial cuidado no processo de seu recrutamento. Sua função, no sistema de equilíbrio de poderes, ou em qualquer outro no qual se empreste valor elevado às garantias individuais contra o arbítrio, ou às liberdades essenciais da pessoa, é particularmente delicada e de fundamental importância para a existência de uma ordem pública com possibilidades de permanência e continuidade. A sociedade reclama poderes bem claros, rigorosamente respeitados, para seus juízes. Sua independência, diante dos demais poderes estatais, é tida como valor indispensável às garantias individuais e à obediência, por todos, às normas jurídicas consideradas de mais elevada hierarquia.

É assim importante, de um lado, conhecer a realidade que a ordem jurídica existente fixa a esse respeito; de outro lado, é necessário examinar quais as forças condicionantes que atuam sobre os magistrados e suas decisões. Não se cuida, aqui, dos condicionamentos lógico-formais da Ciência do Direito, mas dos condicionamentos sociais, difusos ou precisos, a que estiveram ou estão submetidas as pessoas dos magistrados.

O problema dos poderes dos magistrados é dos que mais preocupam os estudiosos do Direito como fenômeno social (como, de resto, todos aqueles que examinam o funcionamento do Poder Judiciário e a própria distribuição de justiça). É encontradiça a opinião, entre os não-versados nas questões do funcionamento dos órgãos jurisdicionais do Estado, de que os juízes devem decidir segundo o seu sentimento do justo, independente do que as leis determinem. Muitos entendem que, sendo os órgãos judiciários destinados à realização do Direito, eles são na verdade motivados pela necessidade da realização da justiça, compreendida esta como um valor fundamental da sociedade.

As dificuldades que adviriam de uma completa liberdade dos magistrados, para julgar situações concretas e casos individuais, segundo o que lhes parecesse mais justo, mesmo que o contrário estivesse estabelecido em regra do Direito, contudo, não parecem muito claras à maioria dessas pessoas. A proliferação dos arbítrios individuais dos diversos juízes, a insegurança da ordem jurídica, a imprevisibilidade das decisões possíveis diante de certas situações, são fatos, problemas e hipóteses para cujo entendimento se requer, pelo menos, alguma iniciação no estudo da aplicação do Direito e da organização do Estado.

Uma análise das causas formadoras da opinião dominante a esse propósito (e a apuração de qual seja ela, na realidade) está sendo reclamada. Com esse trabalho de pesquisa, mediante aplicação de questionários criteriosamente preparados e um adequado processamento dos dados colhidos, e mesmo com algumas variações de técnicas, será possível surpreender importantes falhas do processo educacional coletivo — entendido esse como o conjunto de fatores condicionantes da opinião das atitudes do homem comum — ou orientar reformas legislativas de utilidade geral. Alguns estudos concretos já foram realizados, em outros países, sobre a matéria.

Como já foi dito, os modos de escolha dos magistrados são objeto de atenção especial da sociedade. Também a esse propósito, alguns estudos de valia têm sido levados a efeito. Um deles é o de Di Federico, no qual o autor examinou o recrutamento dos magistrados em toda a Itália.[1] O autor realizou seu trabalho como resultado de uma importante pesquisa, sob a direção geral de Gino Martinoli, mas sob sua coordenação, promovida pelo Centro Nazionale di Prevenzione e Difesa Sociale, sediado em Milão. Essa pesquisa se ajusta ao quadro mais amplo dos estudos de campo e de alta indagação a respeito do tema geral "A justiça como organização" que, de 1965, foi examinado em amplos levantamentos de Sociologia do Direito, mediante cooperação interdisciplinar de juristas, sociólogos, economistas e administradores. As bases desse trabalho, possivelmente o mais ambicioso esforço coordenado para a implantação das pesquisas empíricas e estudos correlatos em Sociologia do Direito, foram lançadas em 1962 e disso resultou copiosa documentação preliminar e preparatória, examinada numa reunião em setembro de 1964, em Valle d'Aosta. Os estudiosos italianos se lançaram, então, ao amplo e, afinal, altamente produtivo esforço.

Di Federico partiu do desenvolvimento e dos resultados da pesquisa sobre o recrutamento dos magistrados italianos para preciosa monografia, na qual se propôs, de um lado, descrever e avaliar a atuação, como organização, da administração da justiça no exercício da função de recrutamento do pessoal togado e, de outro lado, visou individuar as características desses magistrados, escolhidos com o vigente sistema de seleção inicial. Para esse fim, foram utilizados, como fontes de informação, entrevistas e questionários e documentação dos órgãos judiciais superiores e do Ministério da Graça e Justiça.

Os métodos brasileiros de recrutamento dos juízes se aproximam dos italianos, mas apresentam importantes diferenças. Entre nós, contudo, não se realizou até agora qualquer pesquisa a respeito da aplicação de tais métodos, especialmente quanto à eficiência dos meios de que dispõem os órgãos judiciais para a seleção dos magistrados para o degrau inicial da carreira. Com a simples exceção do caso dos juízes nomeados com a reimplantação da Justiça Federal comum de primeira instância, em 1967 e 1968, já se firmou o critério, apenas interrompido naquela ocasião, de só se admitir ingresso à magistratura, em cargo inicial de carreira, mediante concurso de títulos e provas públicas. A aplicação desses concursos, porém, tem variado muito quanto aos requisitos exigidos e à maneira pela qual as provas são realizadas e julgadas, oscilando, como é natural, o grau de rigor e o nível da seleção, segundo os níveis de remuneração paga pelos diversos Estados da federação (elemento de diversidade que, na Itália, não ocorre).

Por esse motivo mesmo, e por outros — eis que não é somente esse fator que condiciona as diferenças de qualidade observadas na seleção — tem sido notada uma correlação entre as qualidades dos magistrados escolhidos para o ingresso na carreira, e elementos influentes no processo de seleção, ou na organização das respectivas áreas de atuação. Problemas de remuneração, de distância dos principais centros de atividade intelectual e universitária, de maior ou menor pressão dos grupos políticos dominantes, de maior ou menor distância dos grandes centros urbanos, ou de maior ou menor isolamento, em face de realidades do interior, em que os detentores do poder local são, por vezes, mais poderosos que a ordem jurídica ou dos detentores do poder central distante, e muitos outros, têm influído nos resultados qualitativos dos processos de recrutamento dos magistrados. Tais fatores condicionantes ou influentes nesse recrutamento estão pedindo pesquisa urgente.

Também certas disposições constitucionais e legais que prevêem a forma de composição dos tribunais de segunda instância e do Supremo Tribunal Federal merecem esse estudo. A amplitude da escolha, pelo Poder Executivo, dos nomes para a mais alta corte de justiça do País, a relativa liberdade notada quanto aos outros tribunais federais, a instituição do "quinto", reservado nos tribunais de segunda instância dos Estados, aos advogados e membros do Ministério Público, e os efeitos práticos da aplicação desses critérios, ou o estudo dos magistrados assim recrutados, quanto à sua formação prévia e aos requisitos que influíram na escolha, tudo isso tem singular importância para análise dos mecanismos de seleção dos juízes brasileiros. E pode ministrar valiosos ensinamentos quanto à organização e ao funcionamento do Poder Judiciário.

Já têm sido pesquisados, também, os elementos condicionantes principais que exercem influência sobre os magistrados e suas decisões. A origem social dos juízes é objeto de alguns levantamentos,[2] porque dela decorrem, inevitavelmente, a sua visão global do meio, seus preconceitos, suas disposições intelectuais, sua ideologia, suas atitudes, abrangendo fatos políticos, sociais, éticos, conceitos sobre o próprio Direito, sua natureza e sua função. O estudo desses aspectos particulares que atuam sobre a pessoa do magistrado e, de alguma forma, sobre suas decisões nos casos concretos é da mais elevada significação para o funcionamento de toda a organização judicial.

É a área dos chamados estudos "atitudinais", em relação aos magistrados. Um dos mais importantes trabalhos até agora realizados nesse sentido foi a pesquisa feita entre 1966 e 1967, na região de Milão, na Itália, atribuída ao Instituto Lombardo de Estudos Econômicos e Sociais pelo já referido Centro Nazionale di Prevenzione e Difesa Sociale, de que resultaram, pelo menos, duas publicações. Em uma delas, Pagani, o pesquisador-chefe da numerosa equipe, relatou e analisou o trabalho feito.[3]

Vale a pena indicar alguns dados básicos a respeito. Dois tipos de atitudes dos magistrados foram estudados: as atitudes em relação à profissão que abraçaram e aquelas referentes à sociedade. Entre as "variáveis" consideradas, estão aquelas obtidas com os dados pessoais gerais das pessoas que foram objeto da pesquisa, como a idade, o ano de ingresso na carreira, a "geração" a que pertencem, o estado civil, número de filhos, posição na magistratura, origem social e origem regional.

Partindo dessas "variáveis", os pesquisadores sob a direção de Pagani, examinaram, então, o que denominaram "a imagem da profissão" de magistrado. A esse propósito, foram particularmente destacados os itens sobre a escolha da carreira, as condições de trabalho os elementos positivos e negativos da profissão escolhida, a retribuição (vencimentos e vantagens), a satisfação obtida com o trabalho, as atividades sociais e culturais dos magistrados, sua participação em associações de magistrados. Em seguida, foram pesquisadas as propostas sobre reforma da carreira, ou do próprio Poder Judiciário, abarcando a estrutura da carreira, a mudança da ordem jurídica, a estrutura da organização, a especialização dos juízes, a sua formação, o seu recrutamento e a respectiva seleção.

A parte atitudinal propriamente dita da pesquisa, como foi dito, se apresenta em dois itens igualmente importantes. O primeiro deles, cuidando das atitudes em relação à estrutura social, abrange subdivisões a respeito da mudança social, da percepção das classes sociais e das escalas de prestígio (num exame do status, cuja significação psicossociológica é muito grande). O segundo, abordando as atitudes a respeito da sociedade industrial moderna, subdivide-se em indagações sobre a posição da mulher, a autonomia, ou independência da juventude, a moralidade social, o adultério e o divórcio e, finalmente, a intervenção do Estado no campo econômico.

O relatório de Pagani sobre a importante pesquisa termina com o texto completo do questionário formulado e aplicado, e nota sobre a metodologia da pesquisa. Como se vê, foi esse um trabalho ambicioso e de grande amplitude, focalizando aspectos de suma importância para o estudo da Sociologia do Direito e o conhecimento da realidade sobre o conjunto de fatores que atuam sobre os magistrados e, por via de conseqüência, sobre suas decisões.

Outro trabalho vindo a lume, de autoria de outro componente da mesma equipe de pesquisas, submeteu a exame diferentes aspectos então identificados.

Trata-se da publicação de Martinotti, compreendendo uma análise das características sociológicas da magistratura italiana.[4] Nesse trabalho, entre outros dados, foram pesquisados a proveniência, segundo as regiões do país, e o grau de urbanização da localidade de nascimento, a origem dos magistrados segundo as grandes áreas geográficas, a idade do ingresso na carreira e o ano da última promoção, incidência de família numerosa, relação entre os dados referentes à idade e ao tamanho da família, com os dados sobre regiões de origem, e antigüidade dos juízes ainda em primeira instância. Um "plano de codificação" e dados sobre resultados marginais acompanharam o texto principal, cujas informações, como é natural, deixaremos de fornecer, pois o que nos preocupa é o tipo de pesquisa que se pode e deve realizar. Sob esse ponto de vista, os trabalhos italianos foram riquíssimos em ensinamentos.

Outro exemplo da extraordinária expansão dos estudos de Sociologia jurídica na Itália, baseados em todos os tipos de pesquisa, é o excelente livro de Moriondo sobre a "ideologia" dos magistrados italianos,[5] no sentido de conjunto de idéias específicas profissionais, quanto à organização e à integração do conjunto de magistrados e visando à determinação de sua posição social (e não, como acentuou Treves, no prefácio à obra, para significar os valores éticos, sociais e culturais de ordem geral que inspiram os magistrados nas suas decisões e os levam a tomar posição em face de institutos e crimes particularmente relevantes).

O livro de Moriondo é resultado de extenuante pesquisa de documentação, pesquisa e análise que cobriu as publicações de órgãos de classe e de tribunais, englobando os anos de 1945 a 1965, de maneira que o material examinado e analisado é copiosíssimo. A essa técnica, foram aliados métodos da Sociologia do Conhecimento no campo específico do Direito e dos seus agentes, ou melhor, como pesquisa de Microssociologia jurídica do conhecimento. Moriondo, por outro lado, realizou apanhado histórico das atitudes dos magistrados em seu país, principalmente desde os primeiros anos após a queda do fascismo, focalizando problemas de mudança social de singular interesse.[6]

O problema ideológico, em sua relação com os magistrados, aliás, tem preocupado intensamente os estudiosos da Itália. Outro estudo a respeito foi apresentado ao Congresso sobre a Administração da Justiça e a Sociedade Italiana em Transformação, já referido nestas páginas, de autoria de Cassese, em que o autor se deteve nas questões que a matéria suscita.[7]

Mais amplos, entretanto, foram os trabalhos, também apresentados naquela ocasião, referentes a uma pesquisa realizada sobre os valores socioculturais da Jurisprudência, o que aborda as questões da ideologia dos juízes do ângulo que, como acentuou Treves, não foi incluído por Moriondo. As decisões judiciais italianas foram examinadas para se identificar aqueles valores entre os juízes. É a série a que pertencem as pesquisas realizadas sob a direção de Bianchi d'Espinosa e sobre cujos objetivos e problemas gerais, de um lado, e premissas metodológicas, do outro, esse autor e Greco publicaram utilíssimo fascículo.[8]

A pesquisa então realizada focalizou a ideologia dos juízes e magistrados em geral, no sentido de "um sistema geral e complexo de valores e de idéias", segundo

Greco, sublinhando a generalidade e complexidade para mostrar a variedade das opiniões, atitudes e valores organizados nele (sistema). Essa acepção do vocábulo "ideologia" é aquela que responde, principalmente, aos fins da pesquisa realizada e que se propôs, precisamente, delinear um quadro geral dos valores socioculturais da Jurisprudência italiana.[9]

Como resultado, vieram a lume dois outros volumes contendo as constatações alcançadas pelos pesquisadores sobre diversos temas. Um deles foi a ética familiar, abrangendo a natureza sacramental e a indissolubilidade do vínculo, as finalidades éticas do matrimônio, sua natureza definidora da situação social da mulher, os problemas de fidelidade conjugal e do adultério, dever de coabitação e de assistência recíproca, problemas de ciúmes, comportamento sexual, assistência e educação da prole, controle do trabalho dos filhos, assistência material a estes.[10]

Outro abordou a valoração jurisprudencial a respeito das relações entre Estado e cidadão, referindo, entre outros aspectos, conceitos de liberdade e autoridade em geral, idéias sobre a justiça, liberdade de pensamento, de palavra e de crítica, liberdade de imprensa, avaliação de ideologias políticas e sociais etc.[11] Em um trabalho sobre a lealdade comercial, foram pesquisados os conceitos contidos nas decisões dos tribunais sobre questões como concorrência desleal e correlatas.[12]

Também se pesquisou particularmente essa coisa imprecisa e tão importante em todas as legislações, que é o "bom costume".[13] A esse respeito, o autor do trabalho dirigiu suas observações, sobretudo, para o conceito do "obsceno" e do "comum sentimento de pudor" abordando as concepções relativísticas, absolutistas e o critério do chamado "homem normal", outra coisa imprecisa, mas significativa, a que se referem as leis tão comumente. Os problemas do obsceno na arte e na ciência foram também examinados detidamente, sempre do ângulo de visão expresso pelas manifestações da Jurisprudência, diante de casos concretos, e colhidas das publicações oficiais.

No exame desses valores socioculturais manifestados nas decisões judiciais, o que se indagou foi o conjunto de motivações dessa espécie que, influindo sobre os magistrados, acabam por desaguar nas decisões que eles proferem. As verificações italianas são especialmente úteis para nós, dadas as aproximações socioculturais entre a ordem jurídica italiana e a nossa, entre certos costumes e tradições comuns, principalmente na esfera do Direito de Família. Não dispensam, contudo, estudos específicos nossos, como é óbvio, pois as particularidades brasileiras são por demais destacadas e, internamente, variadas segundo as tendências regionais para a valoração de certos elementos éticos incluídos na legislação e importantes para as decisões judiciais.

Todas essas situações, todos esses fatos que dizem respeito à vida dos juízes, formam o conjunto dos condicionamentos extralegais do processo de decisão nos casos individuais. Representam motivações que não pertencem ao domínio lógico-formal em que se funda o raciocínio jurídico, previsto na ciência dogmático-normativa do Direito, mas que informam o mecanismo prático de aplicação da norma. É preciso entender o fato de que o magistrado aplica a norma depois de um processo intelectual em que apreende o significado do mandamento jurídico; a realidade dos fatos no caso concreto; e a adequação deste a um ou mais dos diversos modelos preestabelecidos naquela. Disso decorre a conclusão de que sua maneira de decidir depende de seu modo pessoal de interpretar normas e fatos, e de correlacionar uns e outros: e esse modo de interpretar é uma conseqüência de sua formação, de sua visão do meio.

Nesses condicionamentos extralegais do processo de decisão dos magistrados (e que não podem ser confundidos com influências *contra legem*), entram portanto aquelas motivações já aludidas, as pressões sociais e psicológicas que incidem sobre a pessoa do juiz, as garantias legais de que ele é titular, os métodos aprovados ou recomendados de interpretação da lei. Também atuam seus processos de trabalho, as condições materiais que lhe são proporcionadas para o exercício de sua função social, a remuneração que lhe é assegurada pelo Estado.

Um fato que avulta em importância nos condicionamentos das decisões judiciais é a influência que nelas exercem os precedentes. Aquilo a que se chama, entre nós, de "jurisprudência dos tribunais" (e que não deve ser confundido com o que grande parte dos autores estrangeiros, especialmente os anglo-saxônicos, entendem por "jurisprudência", como aliás já salientamos), ou seja, o conjunto de decisões anteriores de juízes e tribunais sobre casos semelhantes, ou aproximados, é um dos elementos de maior influência na formação dos julgados.

Sem ter a mesma importância que, na Inglaterra e nos Estados Unidos, principalmente, e nas outras organizações estatais que adotam o mesmo sistema de *commom law*, possuem os precedentes judiciais, estes exercem, entretanto, no Brasil e no resto dos países da civilização ocidental, ou que ela influenciou, uma força condicionante que impressiona pela sua regularidade. Como opera, na realidade, essa influência, em que grau ela efetivamente se exerce, se é alterada, ou não, pelas outras modificações sociais subjacentes à realidade jurídica, que motivos fazem que os magistrados, muitas vezes, se submetam a orientações jurisprudenciais diferentes daquelas que entenderiam as melhores, constituem assuntos a serem investigados no interesse da administração da justiça. A Sociologia do Direito deve-se ocupar disso.

Ainda quanto aos juízes, convém mencionar outro aspecto que está a merecer atenção e reflexão, antes de se programar qualquer pesquisa empírica a seu propósito. Trata-se das diferentes posições, funções, motivações de decidir e decisões proferidas, entre os juízes togados, ou profissionais, ou de carreira e os chamados "juízes leigos". A importância destes últimos está declinando, diante da evolução das diversas organizações judiciárias, numa época de especialização progressiva em todos os campos de atividade humana, no sentido da profissionalização cada vez maior da função de decidir no exercício da prestação jurisdicional que ao Estado compete. Dessa maneira, é natural que se restrinja, mais e mais, a intervenção dos chamados tribunais leigos, ou tribunais de pares do acusado, para se atribuir aos magistrados de carreira, com a formação técnica e profissional necessária, a função grave de decidir sobre os conflitos entre as partes privadas, ou entre estas e o próprio Estado, ou ainda sobre matéria que envolve a infração das normas de convivência fixadas pela ordem jurídica.

Apesar disso, as figuras dos Tribunais do Júri e assemelhadas, sobretudo na base do escabinado de origem germânica, ainda existem nas legislações de vários países, e no Brasil chegaram a proliferar de maneira impressionante com a adoção do chamado Júri Popular, para o julgamento dos chamados crimes contra a economia popular, em conseqüência de legislação que teve, apenas, função latente, ou de aplacar reações da opinião pública contra uma situação econômica em que os preços subiam aceleradamente, mas sem resultados práticos apreciáveis. O Júri de Imprensa, que existiu longamente, como verdadeira tradição no País, teve seu fim a partir de 1965. Ainda assim, porém, exerceu influência grande na vida nacional, motivando, aliás, sua inoperância uma série de graves incidentes de ordem política, dada a tendência dos eventuais detentores do poder, ou seus agentes, de contornar as suas disposições legais, procurando retirar das normas que regulavam a legislação de imprensa as acusações que formulavam contra jornalistas adversários. Isso é história antiga e recente, a respeito da qual não se precisa insistir. Suas conseqüências são atuais e reveladoras da correlação entre a eficiência das instituições legais e judiciárias e a paz pública ou a realidade político-social-econômica.

Um exame das diversas maneiras de decidir, e do conteúdo das decisões, separadas as verificações quanto aos juízes profissionais e juízes leigos e ocasionais, poderá proporcionar ensinamentos de grande utilidade. Um impressionante exemplo da diversidade de conteúdo das decisões, ou dos votos proferidos, pode ser encontrado nos denominados conselhos de sentença das auditorias da Justiça Militar. E, no caso concreto, a relação entre essas diferenças na formação do julgamento e no seu conteúdo, de um lado, e a vivência anterior do Direito e mesmo como estudo de Psicossociologia. O tipo de condicionamento de toda a vida do oficial das forças armadas o leva, naturalmente, a uma determinada forma de raciocínio decisório e a julgamentos que se afastam, freqüentemente, do modo de construir a decisão e de a formular, por parte dos juízes de formação especializada.

Se verificarmos que isso ocorre, de maneira diversa, quanto aos jurados comuns; que aconteceu quanto aos jurados, geralmente recrutados entre pessoas de formação particularmente liberal, que funcionaram nos exemplos conhecidos do Júri de Imprensa, poderemos observar quão significativo é o estudo dos condicionamentos que a vida inteira do magistrado pode inserir no seu raciocínio, aparentemente apenas técnico, no momento da formação e da prolação da sentença.

2 A Justiça como organização; custo da prestação jurisdicional; justiça gratuita.

Os problemas do funcionamento do Poder Judiciário podem ser, ainda, encarados mediante o estudo de sua administração e da organização que ela representa, seus problemas de ordem prática, dificuldades, recursos, celeridade maior, custo etc. É esse um aspecto que tem merecido observações numerosas, muitas delas ácidas, em grande parte imerecidamente, quase sempre sem um estudo cuidadoso e objetivo da realidade, e sobretudo da relação entre elementos disponíveis e resultados práticos da prestação jurisdicional. É sabido que, em grande número de países, a administração da justiça é objeto de especial cuidado por parte do Estado, de modo que suas instalações, os seus recursos materiais e humanos, recebem o que há de melhor; em outros, e o nosso está entre eles, atribuem aos órgãos do Poder Judiciário instalações precárias, que distam muito dos níveis recomendáveis em matéria de conforto ou de apresentação, sem se mencionar a precariedade material, ausência de instrumentos atualizados para o trabalho, dificuldade na obtenção de móveis, máquinas etc. O que está acima dito se aplica à maioria das cidades brasileiras e às instalações da própria Justiça Federal.

Ora, esses são fatos que influem no grau de eficiência da chamada máquina judiciária. Devem ser examinados num estudo em que se pesquise a realidade da administração da justiça como organização. Um notável trabalho dessa espécie foi realizado sob a direção geral do Professor Giovanni Demaria, economista, o que dá, desde logo, idéia da natureza interdisciplinar da pesquisa realizada, parte do grande esforço desenvolvido na Itália para enfocar, de um ângulo sociológico, mas sob a inspiração das diversas Ciências Sociais, as realidades da vida jurídica e das instituições judiciais.

É necessário acentuar que esse trabalho não se limitou àqueles aspectos da organização da administração da justiça; foi muito mais amplo, investigando também questões como as divergências de julgados, o que se convencionou chamar de "bondade" dos juízes, as transformações na estrutura judiciária, tensões internas na organização, o fluxo dos trabalhos judiciários, custos e benefícios da administração respectiva. Sob diversos aspectos, a matéria se entrelaça com a referente às pesquisas sobre os magistrados, seus condicionamentos, seu recrutamento, o processo de decisão; por outro lado, esse estudo projeta, necessariamente, luzes sobre o que será de nosso capítulo seguinte, no qual discutiremos as relações entre a ordem jurídica e a opinião pública.

Uma das conseqüências da pesquisa aludida foi a publicação de trabalhos de Castellano, Pace e Palomba[14] a respeito da eficiência da justiça italiana. Esses três professores focalizaram, particularmente, os aspectos econômico-sociais do funcionamento da máquina judiciária em seu país, com base em interessantes dados conseguidos. Castellano, inicialmente, analisou diversos aspectos do que chamou de "a crise da justiça", dentro do quadro mais largo das indagações a respeito da administração da justiça e suas relações com a sociedade italiana em transformação. O objeto particular de sua pesquisa foi a análise dos problemas da incerteza do Direito e do custo dos procedimentos judiciais, seja em termos de tempo, seja em termos de despesas efetivas suportadas pelas partes interessadas.

Da grande quantidade de dados obtidos e selecionados, segundo critérios altamente especializados, foi possível chegar a algumas conclusões preliminares, que Castellano, reconhecendo embora que esse foi um primeiro esforço para aflorar o tema, não se esquivou de indicar.[15] Algumas delas podem ser resumidas como segue:

1) Entre o Direito e a Justiça, de um lado, e economia e o bem-estar, de outro, existem incontestavelmente claras relações de interdependência que refletem uma determinada harmonia de equilíbrio do organismo social.

2) O aparelho instrumental da justiça, enquanto fator de ativação e de propagação da atividade prática, constitui um componente de integração da estrutura econômica global de uma dada coletividade nacional.

3) A funcionalidade da "armação institucional" do sistema socioeconômico depende, em boa parte, da maior ou menor "aderência" com a qual o trabalho da justiça se ajusta às exigências dinâmicas das relações econômicas e sociais do sistema inteiro, e não necessariamente da presteza com a qual a disciplina normativa seja aplicada aos casos concretos da realidade social.

4) A incerteza do Direito, que deriva da aplicação do princípio de evolução, não constitui somente uma característica do sistema anglo-saxão (produção dinâmica do Direito), mas é encontradiça também no Direito italiano (semelhante, no caso, ao nosso), seja em relação à ordem jurídica, seja ao nível da organização judiciária.

5) A incerteza não é o único elemento que contribui para determinar o estado atual da profunda crise da estrutura jurídica e judiciária apontada pelo autor. Outros fatores intervêm para isso, entre eles, com destaque, a lentidão da atividade judicial e o alto custo da justiça, para as partes interessadas.

6) Os levantamentos estatísticos existentes demonstram que o tempo médio para se alcançar uma decisão definitiva numa controvérsia dada, que passe pelos caminhos da primeira e da segunda instâncias, ou seja, o "custo em termos de tempo", oscila entre três e quatro anos, o que é excessivo nos tempos atuais.

7) O elemento "custo efetivo", referente às despesas que deve enfrentar quem deseje ingressar em juízo, abrangendo custo inicial e custo processual, é importantíssimo para as previsões do cidadão comum. E esse custo é elevado, de modo a permitir a classificação da prestação jurisdicional como "serviço de luxo" proporcionado pelo Estado.

8) Os efeitos cumulativos da lentidão e do alto custo, assim identificados, se estendem, por outro lado, a todo o aparelho econômico e produtivo do país, por meio das repercussões provocadas sobre o volume total dos investimentos, da poupança e do consumo.

9) A incerteza do Direito, a lentidão e o alto custo do funcionalismo da máquina judiciária, representam as três colunas fundamentais sobre que se apóia o juízo de previsão probabilística, formulado por quem pretenda valer-se do trabalho dos instrumentos estatais da justiça.

10) O papel desempenhado pelos fatores involutivos e retardadores leva inevitavelmente a três espécies de resultados negativos que são: a) falta de realização, ou realização tardia (muitas vezes ineficaz) dos supremos ideais da Justiça; b) um sentimento de desconfiança da opinião pública e principalmente por parte dos agentes da vida econômica e dos grupos sociais organizados; c) fuga da justiça estatal e tendência a buscar várias formas substitutas da própria justiça, conside-

radas mais vantajosas do ponto de vista da celeridade da solução e do menor formalismo processual.

Um jurista-sociólogo brasileiro talvez venha a encontrar, pelo menos em boa parte das conclusões a que chegou Castellano com base nos elementos obtidos em sua extensa e minuciosa pesquisa, situação análoga entre nós. Faltam, certamente, elementos seguros de informação, mas guardadas as variações regionais, sempre observadas, fenômenos parecidos ocorrem na administração da Justiça brasileira, como de resto na maioria dos países, inclusive nos Estados Unidos, onde a lentidão e o custo da justiça comum constituem algo que o superficialismo dos conhecimentos habituais das pessoas aqui interessadas no assunto as faz ignorar completamente.

Pace examinou, entre outros importantes aspectos, a eficiência e precisão dos juízes, as concordâncias ou divergências entre as decisões dos tribunais de graus diversos (e que possam ter significação para a apreciação da "qualidade" dos julgados dos juízes), exame das modalidades dos processos individuais de formação das decisões, como elemento para aquela apreciação, e a diversidade de objetividade e de tempo despendido, no tratamento judicial dos litigantes em relação à sua posição econômica e social.[16] Essa parte de seu trabalho provocou, em Varese, na reunião promovida pelo Centro Nazionale di Prevenzione e Difesa Sociale, acesos debates, pois a grande maioria dos presentes era formada por magistrados e advogados que reagiram fortemente às afirmações de Pace, como às de Catellano, a respeito da necessidade de se obter maior produtividade dos serviços judiciários.

Por sua vez, Palomba obteve resultados curiosamente coincidentes com os de Castellano e Pace, no trabalho em que analisou a administração da justiça na região napolitana, indicando que a litigiosidade, na Itália, diminuiu em conseqüência das condições que desencorajam as partes a ingressar em juízo, entre elas o alto custo dos processos e a lentidão que se observa em seu andamento.[17]

Como resultado da grande pesquisa italiana a que temos feito repetida referência aqui, existem ainda, como foi dito, trabalhos publicados, todos sob a inspiração e a orientação do já mencionado Centro, sediado em Milão, a respeito da jurisdição civil, tensões e conflitos de organização na magistratura, o fluxo do trabalho jurisdicional, objetivos institucionais, estrutura, órgãos e encargos na Corte de Cassação.[18] Foram nesses estudos, baseados em ampla coleta de dados, por meio de documentação, entrevistas e outros recursos, examinados aspectos funcionais e problemas de disfunção dos órgãos judicantes, volume e andamento de processos, problemas funcional-administrativos. Não nos deteremos a respeito, mas a simples indicação desses temas dá a medida da amplitude dos estudos de Sociologia jurídica no campo dos instrumentos institucionais, órgãos jurisdicionais, juízes, tribunais, organização e funcionamento destes.

Vale referir, contudo e ainda, com relação ao custo da administração da Justiça e, especialmente, da prestação jurisdicional, em termos de despesa imposta às partes interessadas, três estudos significativos, todos do ângulo econômico, apresentados no contexto do conjunto de pesquisas, que o Centro Nazionale di Prevenzione e Difesa Sociale, sediado em Milão, promoveu desde 1964. Dois deles são do mesmo autor, Forte, que em um formulou, o que é interessantíssimo, o esboço de uma teoria econômica da justiça e, em outro, examinou os custos e a receita da justiça em relação aos sistemas de orçamento da planificação estatal.[19] No terceiro, Bondonio analisou pesquisas sobre a administração judiciária italiana, estudada com método da análise de custo-benefício.[20]

No primeiro dos trabalhos mencionados, Forte indicou, entre outros, estudos a respeito da aplicação do método de custo-benefício aos problemas de administração da justiça, pelo americano Shourp, o inglês Dosser e o alemão Rechtanwald. As dificuldades que se apresentam à aplicação daquele método, visando à obtenção de uma rentabilidade dos serviços judiciários que os torne auto-suficientes em matéria de finanças, foram contudo bem apontadas pelo autor, apesar de não parecer ele conformado com o fato.

De nossa parte, reconhecendo embora que o assunto envolve considerações variadas e interessa ao campo da Sociologia do Direito, e poderá permitir pesquisas interdisciplinares de grande alcance, não atentamos para a preocupação, presente em alguns espíritos pragmáticos, de transformar os serviços judiciários em algo rendoso. A prestação jurisdicional é obrigação do Estado, ao mesmo nível em que se colocam a obrigação de legislar, a de promover e garantir a ordem pública e a defesa contra inimigos internos ou externos, a representação externa, a saúde pública e a educação. É inteiramente inadequado pretender associar algo tão essencialmente identificado com a própria existência da sociedade política organizada, como é a prestação jurisdicional, com a idéia de empresa, a que deve estar ligada a de lucro, ou, pelo menos, de equivalência de despesa e receita.

Ainda que assim pensemos, contudo, há elementos que nos permitem suspeitar que, no Brasil, se um levantamento socioeconômico bem-feito for realizado, verificar-se-á, não sem alguma surpresa para alguns, que o Poder Judiciário é o único que se aproxima de apresentar um *superavit*, se não o apresenta, efetivamente. Convém, não obstante, não nos determos nesse ponto; ele se afasta pelo menos nos termos polêmicos e de orientação de política administrativa e judiciária, pelos quais enveredamos, do âmbito deste trabalho.

O custo da prestação jurisdicional, como ficou visto, e o funcionamento dos órgãos que asseguram gratuidade nos pleitos judiciais, além da assistência judiciária gratuita que, no Brasil, costuma ser particularmente boa e eficiente; a organização dos tribunais e sua relação com a organização geral do Estado; a maior ou menor disponibilidade de recursos do Poder Judiciário; o problema da utilização dos dados estatísticos dos órgãos judicantes como elementos indicativos para o melhor conhecimento da realidade social, e outros, podem ainda ser sugeridos como questões a esmiuçar, na disciplina que nos ocupa.

A propósito do uso de dados estatísticos judiciais, vale referir que as estatísticas de 1968 no Estado da Guanabara mostram que ocorreu, em relação aos anos anteriores, sensível aumento do número de falências e de ações executivas, precisamente os tipos de procedimentos judiciais característicos da insolvência dos devedores, baseados em dívidas líquidas e certas não pagas nas datas próprias. Isso indica, certamente, uma conjuntura econômico-financeira particularmente difícil. Ora, no mesmo ano, foi constatado um aumento grande no número de desquites amigáveis (os litigiosos não foram objeto de destaque, entre as ações de rito ordinário), o que pode (*pode*, convém atentar) servir de corroboração à hipótese, que já adiantamos, de que a maior incidência de casos de ruptura familiar tem origem econômica imediata.[21]

3 O Ministério Público. Os advogados.

Não são apenas os julgadores, porém, que, entre os instrumentos humanos da ordem jurídica, merecem a atenção dos sociólogos do Direito. Aqueles que atuam, em toda a organização estatal, para a realização do Direito, para a aplicação, formulação, modificação ou execução das normas jurídicas, devem ser objetos dessa atenção. O aparelho garantidor da ordem jurídica, pertencente ao mundo da função administrativa, apresenta problemas e variações que uma investigação científica poderá esclarecer e resolver; os órgãos do Ministério Público, sua função específica e teórica e sua função real, por exemplo, possuem interesse muito grande para o exame da administração da justiça.

É bom lembrar que, em muitos países, especialmente nos europeus em sua quase totalidade, o Ministério Público é considerado como pertencente à magistratura e tem garantias e organização a ela assemelhados. Chamam-no, mesmo, de "magistratura de pé". O fato de que, em princípio e por finalidade, os seus representantes são fiscais da aplicação da lei, em nome da sociedade, mas na prática, em elevado número de casos, agem como advogados no Estado, ou segundo interesses da administração pública, é algo a merecer análise. Existe uma defasagem, para usar o termo de tão grandes atrativos para os economistas, entre a função ideal e a função real do Ministério Público.

No Brasil, esse fato é notado em conseqüência, principalmente, das normas constitucionais que definem a Procuradoria-Geral da República como Ministério Público Federal. Ora, a função marcante dessa procuradoria é a de representar a União Federal em juízo, agindo seus componentes como advogados e não como fiscais da aplicação da lei. Somente em algumas hipóteses, especialmente nos casos de mandados de segurança, sua função formal é de Ministério Público; mas raramente os seus componentes a exercem, assumindo invariavelmente (com raras e honrosas exceções que pudemos constatar pessoalmente, quando no exercício titular da antiga Primeira Vara da Fazenda Pública na Guanabara) a posição de advogados defensores dos atos praticados pelas autoridades apontadas, pelo impetrante, como coatoras.

Disso decorre o uso, corrente nos órgãos do Ministério Público dos Estados, de atender aos interesses manifestados pelas respectivas administrações, que têm o poder de nomear e demitir, como detentores de cargo de confiança, os respectivos procuradores-gerais. Assim é que, finalmente, se verifica um movimento, já bem-sucedido em alguns Estados, de assemelhar as procuradorias estaduais, com a função de advogados dos Estados, aos respectivos órgãos do Ministério Público, o que importa em confusão indesejável. Cabe ressaltar que os próprios componentes da carreira da denominada "magistratura em pé" têm reiteradamente procurado excluir sua função dessa subordinação ao Poder Executivo; e que, em matéria criminal, principalmente, sua ação nesse sentido é quase sempre bem-sucedida.

Os advogados são, da mesma forma, objeto de estudo concreto que pode e deve ser feito pelos sociólogos do Direito. Sua situação é diversa da dos magistrados ou instrumentos da ordem jurídica na esfera dos órgãos do Estado. A função que exercem, contudo, é especialmente propícia ao exame dos condicionamentos sociais no funcionamento dos órgãos e pessoas que realizam o Direito. A sua formação, origem social, os fins ou motivações reais que têm em mira no exercício da profissão, o grau de solidariedade de classe e profissão, as prerrogativas reais e as idéias dos exercícios da advocacia, a incidência de desvios éticos, nela verificados, são apenas alguns dos focos de interesse para investigações.

Estas podem partir — e freqüentemente assim ocorre — de estudos de Direito Comparado, ou de análise objetiva em trabalhos monográficos e relatórios de associações, órgãos profissionais, ou investigadores autônomos. Um desses trabalhos é o de Gilbert, em que se analisam a posição e as tendências, que se podem observar a esse respeito, dos advogados na Inglaterra.[22] Outros, também produtos da notável pesquisa interdisciplinar e de grande amplitude feita na Itália, são os recentes de Prandstraller, a propósito da profissão de advogado e a administração da justiça,[23] e de Indovina, a respeito da profissão de advogado em uma área de capitalismo avançado,[24] consistindo este último trabalho uma notável contribuição ao conhecimento das relações entre a estrutura econômico-social e a ação desses instrumentos do Direito na defesa ou na orientação das partes interessadas em problemas jurídicos, submetidos ou não à apreciação dos tribunais.

4 Fuga à máquina judiciária: causas, conseqüências; juízos arbitrais.

Já se fez referência, neste trabalho, à questão da fuga à solução judicial dos dissídios. Esse é um detalhe curioso observado em diversas sociedades industriais, especialmente aquelas de maior complexidade, e os estudos realizados a propósito têm apontado, com certa regularidade, a coincidência do fenômeno com a constatação da morosidade, complexidade extrema e do alto custo da prestação jurisdicional por parte do Estado, fatos que já examinamos antes, quando focalizamos alguns aspectos das pesquisas feitas sobre o funcionamento da máquina judiciária.

Os chamados "juízos arbitrais" são muito populares em alguns países. Entre nós, sua utilização é ínfima, contando-se em dezenas os seus exemplos conhecidos. Um fato, é verdade, exige reconhecimento. Vários casos de arbitramento, certamente os mais bem-sucedidos, jamais chegam ao conhecimento público e dos pesquisadores do funcionamento da justiça estatal. A lei brasileira, nos artigos 1.097 a 1.102 do Código de Processo Civil, exige a homologação da sentença arbitral, por parte do juízo estatal competente, para que ela possa ser executada.

Nos Estados Unidos, porém, a prática do arbitramento privado se tornou intensa, especialmente em matéria comercial; na Itália, há observações a respeito da adoção, pelo próprio Estado, de soluções arbitrais para os seus conflitos de interesse com organizações particulares; nos países escandinavos, a intervenção de árbitros ou mediadores é coisa comum.

Um estudo conjunto, do ponto de vista sociológico e jurídico, da arbitragem em matéria comercial, foi realizado simultaneamente na Suécia e na Dinamarca, a respeito do qual a Professora Persson Blegvad[25] apresentou comunicação ao Comitê de Pesquisas de Sociologia do Direito, associado à International Sociological Association. Nesse estudo, que é um estudo-piloto, foram aplicados os questionários aos advogados em geral. Entre outras importantes constatações, foi verificado que a metade dos advogados, objeto da pesquisa, havia tomado parte em casos de arbitramento não-judicial. Atuaram eles em maioria, ou seja 79%, como partes ou como representantes de partes, em tais casos. Nada menos de 64% desses advogados também atuaram como árbitros. E 54% deles atuaram como representantes de partes ou como árbitros em diversas ocasiões.

Esses dados revelam a importância que, nos países escandinavos e na Dinamarca, a arbitragem comercial assumiu, como forma substituta de solução de conflitos de interesses, em lugar da prestação jurisdicional do Estado. A maior celeridade parece constituir a causa desse fato. Outro estudo a respeito é o de Eckhoff, no qual examina a posição do mediador, do juiz e do administrador na solução dos conflitos.[26]

É claro que o arbitramento, ou a arbitragem, sob qualquer de suas formas conhecidas, inclusive o sistema do Juízo Arbitral, é instrumento de solução de conflitos com a aplicação das normas de direito vigentes em determinada sociedade, e que os que se utilizam dele, são, sempre, ou quase sempre, pessoas ou organizações elevadamente situadas na escala econômica e social. As pessoas de baixa condição econômica não se valem desse recurso por motivos óbvios, exceto quando em conjunto, representadas por sindicatos ou outras associações. O custo do arbitramento é, seguramente, superior aos recursos normais dos menos favorecidos em matéria econômica.

5 Legisladores: origem, forma de escolha, fatores condicionantes de seu comportamento. Os agentes da administração detentores da função legislativa material: fatores condicionantes de sua ação.

Já a formação do Direito constitui outro terreno em que o exame dos elementos humanos que nela atuam é matéria recomendável para os sociólogos do Direito. A respeito dos legisladores — e aqui referimo-nos não apenas àqueles que o são no exercício de uma função formal, mas também aos que o são no sentido material, porque editam normas de caráter geral e que integram a ordem jurídica — é possível dizer que os condicionamentos a que estão sujeitos são parecidos com os dos magistrados, apesar de sua significação objetiva ser outra. A origem social, as posições ideológicas, as atitudes pessoais, políticas, sociais, éticas, as motivações gerais, as pressões sociais remotas e diretas, as pressões psicológicas, as suas garantias, o prestígio de sua função no conjunto dos órgãos ou poderes do Estado, o processo de elaboração das normas, mecanismos e sistemas de trabalho, facilidades que lhes são conferidas e, principalmente, a opinião pública e a opinião dos grupos a que pertencem, ou que os elegem ou escolhem de outra forma, exercem sobre os que tem por missão elaborar as normas jurídicas uma grande influência a pesquisar.

É de particular importância compreender que tais fatores condicionantes que incidem sobre as pessoas dos legisladores, sejam eles os membros das casas legislativas ou os administradores que exercem a competência legislativa material, apesar de da mesma espécie dos que atuam sobre os magistrados em geral, têm influência em proporções diversas daquelas que caracterizam sua força condicionante nas pessoas dos últimos. Estes, por exemplo, são menos vulneráveis às pressões da opinião pública do que os legisladores de qualquer espécie. Enquanto os magistrados têm por obrigação expressa ignorar o que pensam, de modo geral, os jurisdicionados, sobre como eles devem decidir diante desta ou daquela hipótese, e, portanto, agem no sentido de evitar que tais manifestações de opinião neles influam, os legisladores, ao contrário, têm por obrigação tomar em consideração, precisamente, esses movimentos de opinião pública.

Aqui, aliás, convém ainda fazer outra distinção. O comportamento dos legisladores pertencentes às casas do Poder Legislativo, senadores, deputados, vereadores, é diferente do comportamento dos legisladores em sentido material, ou seja, dos detentores ou agentes do Poder Executivo que legislam, através do poder regulamentar geral, ou pelas outras formas de normatividade que a eles cabe editar. Nisso vai incluída, também, a competência legislativa do Poder Executivo em fases excepcionais, geralmente manifestada em decretos-leis e em atos diversos, segundo a conjuntura política.

As normas editadas pelas chamadas Casas do Congresso e pelas Assembléias Legislativas são, de costume, mais liberais e mais voltadas para a garantia das liberdades individuais, ou dos interesses e direitos dos particulares em face do Estado, do que as que defluem da atividade normativa dos administradores. Estas últimas, freqüentemente, se chocam, mesmo, com as normas editadas pelo Poder Legislativo, a pretexto, ou não, de as regulamentar. Existe, portanto, e isso é notório, uma diferença de caráter na normatividade oriunda dos chamados "representantes do povo" e dos administradores. Aqueles, mais liberais; estes, mais rígidos, estatais, tendentes ao arbítrio.

O fato nada tem de surpreendente nem envolve conotações de valor. O que ocorre é, precisamente, uma profunda diferença dos condicionamentos imediatos dos legisladores dos dois tipos. O "representante do povo" está mais próximo da vontade popular, a ela está mais ligado, dela depende muito mais, do que o administrador no exercício da função legislativa em sentido material. A realidade social que influi sobre um e outro se manifesta diversamente, ou melhor, com intensidade desigual. O que se pode dizer, a propósito, é que uma indagação minuciosa sobre essas diferenças de ação legiferante e da natureza e conteúdo das normas assim produzidas poderá fornecer lições.

A forma de escolha dos legisladores, sejam eles do Poder Legislativo ou membros do Poder Executivo no exercício da função legislativa em sentido material, é da maior importância e condiciona o conteúdo das normas que eles editam. A dependência do eleitorado urbano, ou rural, ou dos grupos políticos que atuam nas escolhas de candidatos, dos partidos existentes, ou das organizações que selecionam os administradores nos vários níveis, age sobre o comportamento político e a atividade legiferante. E, como já foi dito, a opinião pública possui, em relação aos legisladores de todos os tipos (embora em grau variado), uma importância que não tem, para os magistrados, que só recebem condicionamentos dela provindos, de maneira difusa, geralmente não-percebida e, assim, minorada.

Sobre os problemas relativos à importância da opinião pública nos estudos de Sociologia do Direito, mais será dito no capítulo seguinte.

6 | Atualizando.

O texto que se segue é bem um exemplo da importância que tem a mudança social em qualquer estudo de Sociologia do Direito, como, aliás, da Sociologia em geral e do Direito.

Saliente-se, desde logo, a referência feita no texto original do capítulo à inexistência, entre nós, de pesquisas destinadas a surpreender as características dos magistrados para o exame dos condicionantes socioculturais de sua opção pela carreira de juízes e sua atividade como tais. Já foi feita alusão, em capítulo anterior à grande pesquisa realizada no Brasil, sob o patrocínio da Associação dos Magistrados Brasileiros (AMB), sobre os componentes da magistratura nacional em atividade e/ou já aposentados em um total de mais de 15 mil. A amplitude de tal pesquisa foi praticamente uma novidade, pela abrangência em quantidade e pelas características qualitativas nela investigadas. O material colhido foi, além de copioso, muito significativo. A análise dos dados respectivos indicou o crescimento da magistratura brasileira, sua juvenilização e a crescente presença feminina em seus quadros, entre outras constatações relevantes apuradas. Esses dois dados, por si sós, são a demonstração de uma grande mudança social em curso no país, e que ainda se desenrola. A escolha da magistratura como carreira pelos mais jovens e sobretudo pelas mulheres constitui um processo indicativo de aspectos sumamente importantes para a compreensão das transformações do rumo das decisões judiciais sobre questões relevantes. Gente mais nova e a ala feminina da advocacia em geral e dos cultores do Direito, provocaram já mudanças na maneira de decidir problemas particularmente sensíveis e sobre a direção jurisprudencial.

A leitura das publicações resultantes é enriquecedora principalmente na parte analítica e na síntese do material colhido, e a ela remetemos os leitores. A constatação das transformações já referidas e muitas outras pode ser percebida, como um estímulo a trabalhos jurídicos e sociológicos que os estudiosos queiram realizar. Não faremos seu exame aqui, deixando aos colegas a tarefa intacta, ou quase; recomendando, entretanto, a leitura atenta do material respectivo e de outro livro *A judicialização das relações sociais no Brasil,*[27] resultante da mesma e ao qual remetemos os leitores. A crescente presença do Poder Judiciário e suas decisões no desenvolvimento das relações sociais em nosso país é outro aspecto das conclusões a que chegaram Werneck Vianna e seus colegas na reflexão crítica sobre a matéria.

Também superados estão os dados precedentes sobre as condições de trabalho e da própria existência dos magistrados, pouco atrás referidos. Ao tempo em que este acréscimo, ou seja, esta atualização está sendo redigida, estamos em pleno processo da chamada "Reforma Judiciária", talvez no final do respectivo processo legislativo. A tendência para uma uniformização dos vencimentos da magistratura em escala nacional alcançou quase todos os Estados da Federação, ainda que diferenças existam no plano federal e estadual. A maioria dos juízes ganha vencimentos semelhantes e razoavelmente bons. Por outro lado, suas condições materiais de trabalho progrediram, com o aperfeiçoamento dos recursos materiais do aparelho judicial não só em matéria de instalações, como também no que tange aos recursos tecnológicos. A informatização espraia-se por todo o território nacional com a conseqüente melhora da eficiência dos órgãos que distribuem a justiça. Apesar de ainda incompleta, já presta serviços importantíssimos no tocante à racionalização e à aceleração dos procedimentos e seu respectivo conhecimento efetivo.

Em andamento se acha, por exemplo, uma pesquisa da Escola da Magistratura do Estado do Rio de Janeiro (EMERJ), destinada ao conhecimento da realidade no que respeita ao tempo de duração dos feitos judiciais. Essa investigação é conduzida com cuidados científicos e metodológicos refinados, e pretende verificar até que ponto pode ser verdadeira a afirmação generalizada, transformada em lugar-comum, de que "a justiça é morosa". Essa lentidão que alguns pensam ser apenas no Brasil é fenômeno quase universal, o que se constata de alguns informes contidos no corpo original deste capítulo, a referência às pesquisas italianas feitas no texto é auto-explicativa. Os processos judiciais são vagarosos em escala internacional e isso se deve às necessidades ditadas pelos valores socioculturais de isonomia das partes, certeza dos elementos sobre os quais se baseiam as decisões e a imposição de uma publicidade geral dos atos judiciais. O assunto merece um exame detido, que não pode repousar em "achismos", suposições, sensacionalismos e análise de alguns casos isolados, morosos ou rápidos, não importa. O que se impõe é a verificação do que em geral e majoritariamente, ocorre na marcha dos processos. O índice médio é, em parte, o mais significativo.

Sobre isso, um grande debate nacional está em curso. Não há autoridade pública, inclusive do Judiciário, que não se refira a "morosidade" da justiça em qualquer declaração sobre o Judiciário, sobre sua reforma e seu aperfeiçoamento, como uma espécie de refrão sem a indicação de dados estatísticos confiáveis.

Em pleno processo do que se imagina ser "uma reforma" do Judiciário, continua-se insistentemente sem oferecer informações precisas.

Também transitórias são as referências ao Júri de Imprensa, feitas quando ainda em vigor as restrições de natureza política do período militar e cuja realidade se transformou. A abertura política, a redemocratização da sociedade brasileira, os influxos da modernidade da chamada globalização, a ampliação do acesso a informação, entre outros fatores, apresentam hoje em dia enquanto escrevemos esta atualização um quadro bastante diverso daquele que prevalecia quando foi redigido o texto anterior.

Um exemplo disso é a atuação do Ministério Público Federal ou Estadual, no início do século XXI. O quadro pintado anteriormente modificou-se. Após a Constituição Federal de 1988, os poderes efetivamente atribuídos a essa instituição ampliaram-se notadamente, no rumo de uma quase magistratura. Essa transformação operou não somente nas suas funções declaradas, mas também na sua função verdadeira. O Ministério Público funciona intensamente em todos os aspectos que envolvem a atividade das instituições e na apuração de desvios, não somente na Administração Pública, mas também na vida da sociedade civil. Tal fato constitui uma novidade marcante na vida do Direito em nosso país, com vantagens e problemas por vezes contraditórios, a serem trabalhados na vida prática. A ampliação coincidiu com o uso maior dos instrumentos investigatórios de órgãos do Poder Legislativo e a maior presença de medidas coletivas da sociedade civil no terreno aludido.

Uma observação a mais.

O quadro descrito no capítulo, nas referências feitas aos poderes discricionários que o Executivo deteve durante o exercício dos governos militares, é muito diverso daquele que prevalece ao tempo destas notas.

A leitura de nosso *Justiça e autoritarismo*,[28] talvez ajude a compreender a que ponto as duas situações se definiram. Nem o exercício do poder foi absoluto, nem foram mantidas adequadamente as condições descritas na Constituição Federal, então em vigor. Um aspecto interessante a considerar é o fato de que o Poder Executivo adotou certas restrições aos organismos estatais, encarregados da segurança pública. Essa atitude é o objeto de controvérsia muito acesa, pois é verdade que os abusos e as violências coexistiram com tal orientação moderada. A história está se encarregando de aclarar o assunto.

Observadores europeus demonstraram reiteradamente sua estranheza pelo fato das medidas ditatoriais não terem atingido aquilo que, em seus países, seria natural acontecer; violência generalizada, execuções de governantes, noticiadas a toda a população e outros excessos que, entre nós, foram escondidos surpreendentemente.

Insistimos em lembrar que o texto original está superado em diversos pontos. A referência à homologação dos laudos arbitrais é disso um exemplo. Os leitores já habituados a estas notas perceberão logo as transformações ocorridas.

Capítulo XI

A Opinião Pública sobre o Direito e as Instituições Jurídicas

1. *A opinião e o sentimento de justiça. Correspondência entre as leis e esse sentimento. Diferenças de opinião segundo variáveis, como urbanização, sexo, idade, grau de instrução e outras.*

2. *O prestígio do Direito e de suas instituições. A imparcialidade dos juízes e tribunais. O conhecimento das normas e dos princípios que orientam o Judiciário.*

3. *Reações às normas de Direito Tributário ou limitativas ao exercício da liberdade.*

4. *Outras considerações.*

1 A opinião e o sentimento de justiça. Correspondência entre as leis e esse sentimento. Diferenças de opinião segundo variáveis, como urbanização, sexo, idade, grau de instrução e outras.

Ingressamos agora no exame de outro campo de estudo da Sociologia do Direito: a opinião pública sobre o Direito e as instituições jurídicas. Vale a pena, entretanto, esclarecer desde já um ponto importante e que é o caráter extremamente impreciso e mutável do que se denomina "opinião pública". Não existe, deve-se reconhecer, uma opinião pública. Existem, isso sim, diversas correntes de opinião, concorrentes ou divergentes, coexistentes sem conflito, ou contraditórias em graus diversos, compondo um universo de opiniões que se manifestam em determinado momento e lugar, de maneira a apresentar certos traços gerais e algumas tendências uniformes, além de afirmações de natureza majoritária.

É sempre com esse quadro em mente que falamos de opinião pública, o que desejamos fique bem claro ao leitor. A opinião pública, assim entendida, pode ser pesquisada por várias maneiras e com fins diferentes, e as técnicas empregadas para isso alcançaram enorme aperfeiçoamento e expansão nos últimos 20 anos. Seu conhecimento, tanto quanto possível aproximado da realidade, e com as previsões a respeito de suas tendências e evolução provável, é indispensável no estudo de qualquer Ciência Social. No campo do Direito e em relação ao que é justo, essa verificação é essencial.

Algumas pesquisas muito bem orientadas foram realizadas, sobretudo na Europa, a respeito do sentimento de justiça que ainda determinada sociedade, ou certas frações de uma sociedade,[1] tendo como base, alguns deles, certas normas de Direito específicas, como ocorreu no caso das experiências conduzidas pelo psicossociólogo Berl Kutschinsky, dinamarquês.[2] Os resultados dessas pesquisas foram muito interessantes. É possível dizer, assim, que o sentimento de justiça varia em suas manifestações, segundo variam os ambientes em que é objeto de exame. As relações motivadoras das diversas gradações ou formas em que esse sentimento se apresenta, porém, ainda não estão suficientemente explicadas. Entre nós, tal estudo se impõe, dentro aliás do quadro geral de pesquisas que estão agora se estendendo por diversos países e às quais estamos ligados, com base em resoluções do Comitê de Pesquisas de Sociologia do Direito, com sede em Milão, e cuja coordenação geral cabe ao já mencionado Kutschinsky. Não temos conhecimento, entretanto, de levantamento, pelo menos em escala considerável, feito a respeito, nos países latino-americanos que constituem, convém frisar, uma realidade sociocultural peculiar, merecedora de estudo cuidadoso e amplo.

O exame do sentimento de justiça abrange necessariamente o das normas existentes, sua adequação, ou não, ao que é tido como justo, a aprovação social das sanções que o Direito estabelece e garantidora de validez e eficácia das normas. Também abarca a maneira como a opinião do público se manifesta sobre o comportamento ilícito, ou a distância entre a desaprovação da norma jurídica a certa conduta, e a desaprovação que o consenso ético-social impõe à mesma forma de comportamento.

Outros aspectos a examinar a esse respeito relacionam-se com as possíveis diferenças entre a opinião pública rural e a opinião pública urbana sobre aqueles mesmos pontos; ou ainda as diferenças segundo o sexo dos entrevistados, segundo sua classe social, ou o grau de instrução etc. Kutschinsky, já mencionado, relata as conclusões a que se chegou no estudo a esse respeito, fazendo-se as distinções aludidas.[3] Em seu trabalho, foram consideradas as conclusões e os dados obtidos em diversas pesquisas de campo na Suécia, na Noruega e na Dinamarca, deixando de incluir pesquisa finlandesa de Makela, cujos resultados não lhe haviam chegado a tempo de análise. Essas verificações podem indicar a influência de determinadas características do complexo sociocultural sobre certas atitudes diante do fenômeno jurídico.

2 O prestígio do Direito e de suas instituições. A imparcialidade dos juízes e tribunais. O conhecimento das normas e dos princípios que orientam o Judiciário.

Elas estão ligadas a outro aspecto, pertencente à mesma ordem de indagações, e que é a questão do prestígio do Direito e de suas instituições. Já aqui não se trata de opinião sobre o sentimento da justiça, mas da opinião a respeito da conveniência, ou utilidade social das normas jurídicas objeto da pesquisa, ou ainda sua correta aplicação como instrumento de ordem social. É sabido que existem opiniões numerosas de que o Direito constituiria simples meio de se valerem, os mais fortes, da máquina estatal, contra os oprimidos de todos os tipos. Outros entendem que ele se presta a manobras que os desvirtuam completamente e que isso ocorre, na verdade, com grande freqüência. Essas reações da opinião pública são mensuráveis pelos levantamentos que as pesquisas podem proporcionar, com evidentes vantagens.

Os estudos italianos já referidos nestas páginas, especialmente os que se referem à eficiência da justiça e à imparcialidade dos juízes, e ao tratamento uniforme, ou não, das partes, segundo se trate de pessoas bem ou mal aquinhoadas na distribuição da riqueza,[4] refletem a preocupação que o assunto desperta. As repercussões que o funcionamento da máquina judiciária produz na opinião pública, certamente, constituem algo de singular importância na ordem social. Vale focalizar alguns aspectos do problema, por isso mesmo, embora entrelaçados com outras observações já feitas no capítulo precedente.

Um deles é o que se prende à opinião que predomina, eventualmente, sobre a eficiência dos órgãos de administração da justiça, sua imparcialidade, sua docilidade possível diante do poder, ou sua vulnerabilidade às influências dos mais bem atendidos na divisão da riqueza social. O problema que revela e representa a existência de uma parcela importante da opinião pública, que entenda serem os tribunais, ou juízes, influenciáveis pelos poderosos e, portanto, parciais, é da maior gravidade. Um estudo de suas causas, do grau de sua incidência e das repercussões sociais que tenha, é urgentíssimo. É preciso não perder de vista que a eventual ineficiência do funcionamento dos instrumentos de realização da justiça, pelo Estado, tem um efeito desmoralizante sobre a opinião pública. E que esse efeito é multiplicado por muitas vezes, se aquela ineficiência for aliada à suspeição generalizada de parcialidade.

Nesse particular, e aqui vem o outro aspecto, a lentidão do processamento das questões judiciais, e o seu elevado custo em termos de dispêndio pelas partes interessadas, especialmente focalizados nos estudos de Castellano e Pace,[5] são de influência importantíssima na opinião pública e no descrédito que eventualmente se manifeste, com a conseqüente fuga à solução judicial dos dissídios. A diversidade de duração dos pleitos judiciais, aliás, desperta geralmente reações de incompreensão. O mesmo acontece, e com maior gravidade, no que se refere à diferença de decisões judiciais sobre litígios aparentemente iguais. Nesse particular, a perplexidade dos leigos sobe de ponto e gera reações coletivas de descrença que têm conseqüências sociais lamentáveis.

Em relação a esse detalhe, é preciso focalizar com especial opinião do público e de compreensão dos fenômenos ligados à aplicação das normas jurídicas e ao funcionamento do aparelho judicial. O conhecimento do Direito, aliás, domina, de certo modo, as considerações que fizemos, até aqui, neste capítulo, a propósito do sentimento de justiça, da correspondência das leis com esse sentimento, do prestígio do Direito e de suas instituições. O estudo já referido, de Kutschinsky,[6] diga-se de passagem, ao examinar os problemas do Direito e da Educação, centralizou a maior parte de suas considerações nesse aspecto, buscando encontrar o grau de conhecimento de certas normas jurídicas, segundo os diversos graus de instrução das pessoas investigadas em três países. É verdade que, sendo um psicólogo convertido aos estudos sociológicos, o autor procurou conduzir suas verificações para a esfera dita "atitudinal"; mas as indicações a respeito do conhecimento do Direito são extremamente úteis.

Nossas observações empíricas, apesar de extremamente limitadas do ponto de vista científico, pois resultam de simples indagação pessoal durante alguns anos feita no Brasil, coincidem em linhas gerais com as de Kutschinsky, especialmente no que tange à relação entre homens e mulheres no grau de conhecimento das normas de Direito. Aqueles as conhecem melhor do que estas, mas isso se observa, principalmente, nas pessoas de alto nível de instrução. Nos níveis mais baixos, a relação tende a se igualar e, até mesmo, a se inverter parcialmente. As mulheres iletradas sabem mais sobre a ordem jurídica do que os homens do mesmo nível de instrução.

Algumas hipóteses podem ser avançadas a esse respeito. Uma delas é de que tais observações só devem ser consideradas válidas se feitas abrangendo uma gama suficientemente ampla de tipos de normas jurídicas, pois é natural que certos ramos do Direito interessem mais aos homens e outros, especialmente o Direito de Família, atraiam muito da atenção das mulheres, nas sociedades tradicionais. Numa sociedade como a brasileira, em que ainda prevalece o tipo de organização familiar em que o homem trabalha fora de casa e a mulher desempenha suas atividades como "dona-de-casa" ou realiza trabalhos "para fora", mas em casa, é natural que o centro de atenção das mulheres, em matéria de normas jurídicas, seja o Direito de Família e mais nada. Outra hipótese é a de que, entre as pessoas de menos instrução, prevaleçam as preocupações com o mundo imediato; e esse mundo imediato, como é natural, é o grupo social familiar, objeto preponderante da atenção feminina, o que explicaria o fato de que o conhecimento geral do Direito entre as mulheres, em tal nível de instrução, seja maior do que o dos homens. Essas duas hipóteses dão lugar a outras, delas derivadas, sobretudo se elas forem combinadas em relação a outros elementos variáveis.

Ora, as verificações concretas a que se podem submeter as hipóteses formuladas, e muitas outras que se venham a formular, dependem de pesquisas empíricas. O conhecimento do Direito só pode ser avaliado com essas pesquisas, por esse motivo tão necessárias para a Sociologia do Direito, apesar da norma tradicional e universal de que ninguém pode alegar, em seu favor, o desconhecimento da lei. Uma das pesquisas realizadas, esta na Hungria, mereceu análise interessantíssima de Kulcsar.[7] Outra, considerada a de maior amplitude até então realizada, foi feita sob a direção de Podgorecki, na Polônia, e influiu em projetos que se desenvolveram e estão em progresso em diversos países, especialmente o projeto de Vinke, na Holanda, outro, no mesmo país, de van Houtte, e tentativas em outros centros de estudo. Os questionários de Podgorecki e seus assistentes, aliás, serviram de base para a formulação dos que foram aplicados pela equipe de Vinke, com as modificações que a experiência anterior e a diferente conjuntura a pesquisar recomendaram.

Em todas as pesquisas realizadas, ficou evidenciado um grau baixo de conhecimento das normas do Direito mais importantes e de aplicação mais freqüente. Isso, embora sabido pela experiência corrente, é surpreendente em vista da função ampla, sempre observada, de controle social, desempenhada pela ordem jurídica. Há uma evidente inadequação dos sistemas educacionais, em todas as sociedades em que se realizaram as pesquisas, para a orientação dos seus componentes quanto a um dos elementos essenciais de sua atuação no meio social, inadequação essa a corrigir com certa urgência. Já tínhamos, aliás, focalizado o problema, mostrando como, entre pessoas de instrução superior, e que se presume, portanto, bem informadas sobre as coisas básicas da sociedade em que vivem, o desconhecimento a respeito das atribuições elementares dos órgãos dos diversos Poderes do Estado, e também desses mesmos Poderes, é muito maior do que se supõe.

Aqui se podem formular mais algumas hipóteses. É possível imaginar, por exemplo, que as reações negativas da opinião pública à diversidade de decisões, de juízes ou tribunais diferentes, sobre casos aparentemente iguais, decorram principalmente do desconhecimento das circunstâncias que, na verdade, diferenciam aqueles casos; e, de outro lado, do desconhecimento de que é essencial, dentro do sistema, que os magistrados apreciem os casos a eles submetidos, independentes de qualquer julgamento anterior, aplicando a eles, tão-somente, o seu julgamento, dentro da interpretação que normalmente deve ser dada às normas de Direito aplicáveis, e segundo as provas que tenham sido feitas na instrução da causa. A ignorância, por outro lado, a respeito da existência de condicionamentos extralegais, que agem sobre a pessoa do julgador, sem que este deles tenha consciência, há de tornar mais difícil, ainda, ao comum dos cidadãos, compreender as variações jurisprudenciais a que nos referimos. E, a propósito, vale acrescentar que, mesmo entre os magistrados, o conhecimento daqueles condicionamentos acima referidos, a consciência da sua existência, e a aceitação do fato, não são matérias pacíficas, o que, certamente, diminui as suas defesas contra essas influências, algumas subliminares, que incidem sobre sua atividade.

Outra reação negativa imputável ao desconhecimento da realidade judiciária e das razões superiores que ditam certas normas do Direito é a que se vincula à alegada lentidão dos processos judiciais (que não se observa em todos, ou mesmo na maioria deles, como se pensa habitualmente), e a um formalismo supostamente excessivo em matéria processual. A insuficiente informação sobre a realidade do funcionamento da máquina judiciária e o não-conhecimento do que representam as formalidades processuais, em sua maioria, como garantia dos direitos de cada um, da liberdade individual e da realização de justiça verdadeira, e de defesa contra o arbítrio dos administradores e dos próprios juízes, são elementos componentes da opinião desfavorável e das críticas, algumas vezes sarcásticas, a esse propósito. Isso, não importando em negar as falhas da organização judiciária e dos institutos processuais em vigor, deve entretanto merecer a reflexão dos estudiosos, e uma pesquisa inteligente.

Cabe indicar aqui a existência de pesquisas permanentes, em alguns países, sobre a opinião pública a respeito do funcionamento dos tribunais. Essas pesquisas, destituídas de rigor científico, porque não-programadas para atender a objetivos precisos, nem baseadas em hipóteses teóricas cientificamente relevantes, são entretanto interessantes para a constatação de alguns fatos superficiais.

Exemplo disso é uma publicação do Instituto de Opinião Pública, sob a assinatura de George Gallup, em jornal norte-americano, cotejando pesquisa feita em julho de 1967 com outra completada em julho de 1968. Nessa pesquisa, observou-se que o conceito da Suprema Corte dos Estados Unidos havia baixado, no decorrer dos 12 meses entre os dois levantamentos da opinião pública. Aos entrevistados foi pedido que atribuíssem àquele tribunal uma classificação entre "excelente", "bom", "sofrível" e "fraco". A maioria, ou 53%, opinou desfavoravelmente (soma das respostas atribuídas às classificações "sofrível" e "fraco"), contra 36% que opinaram favoravelmente e 11% que não manifestaram opinião. Das categorias de pessoas ouvidas, entretanto, as de instrução superior foram as que atribuíram maior porcentagem de classificação "excelente" à Suprema Corte. Esses entrevistados classificaram o tribunal de excelente em 14% dos casos; de bom, em 34%; de sofrível, em 27%; de fraco, em 21%; não manifestaram opinião apenas 4%. A soma dos índices favoráveis foi a mesma dos índices desfavoráveis, ou seja, em ambos os casos, de 48%.

3 Reações às normas de Direito Tributário ou limitativas ao exercício da liberdade.

Por seu turno, a maneira como a opinião dominante numa determinada sociedade se afirma diante do Direito Tributário, além de ser elemento de orientação sobre os problemas decorrentes da eficácia apenas parcial de muitas normas desse tipo, deve servir de rumo a uma superior formulação legislativa. Mais sérias ainda são as reações provocadas pelas restrições a direitos em geral, como, por exemplo, as relativas à liberdade de imprensa, de viajar, de dispor de seus próprios bens, de comprar e consumir. O modo como operam tais reações é possível de apurar, mediante programas coordenados de sondagem de opinião pública e de pesquisas de Sociologia do Direito.

O que se nota quanto às normas de Direito Tributário já foi mencionado neste trabalho, a propósito dos estudos sobre a eficácia real do Direito. Há uma grande diferença entre o cumprimento real das disposições legais, que exigem o pagamento de certos impostos e estabelecem o fornecimento de elementos que permitam ao fisco controlar o seu cumprimento, e o comportamento verdadeiro dos contribuintes, em grande parte. O caso do imposto de renda foi lembrado, mas não é o único. Os instrumentos de fiscalização de certos tributos baseados na circulação de bens e de mercadorias são freqüentemente ignorados, tanto pelo interessado direto em não pagar o tributo quanto pelo que com ele negocia e, prazerosamente, facilita a fraude, como quem pratica um gesto de cortesia, ou de bondade, ou ainda de rebeldia contra o peso tributário que o Estado exerce.

Esse fenômeno constitui reação da opinião pública, ou de parte dela, às leis fiscais. O exame da opinião pública real a respeito de tais regras de Direito, ou da possibilidade de sua edição ou modificação, ou ainda dos meios para torná-las mais aceitáveis ou eficazes, pode ser feito com o emprego dos recursos e das técnicas de pesquisa de Sociologia do Direito, conjugadas com os levantamentos específicos de opinião.

O mesmo se pode dizer a propósito das normas restritivas do exercício de liberdades consideradas fundamentais no sistema social e incutidas, pelo processo educacional desde a infância, no conjunto de condicionamentos que o meio social faz incidir sobre cada um de seus componentes. A liberdade de opinião está nesse caso. Qualquer restrição a ela, em países como o nosso, é objeto de resistência que vai desde o gesto ostensivo de rebeldia até a chacota a meia-voz, a anedota desmoralizante, o boato corrosivo. A esse exemplo se associam as limitações à liberdade de imprensa e de utilização, enfim, de todos os instrumentos modernos de manifestação do pensamento.

Também pertencem ao mesmo tipo de reações as que se manifestam diante de limitações de consumo, nos racionamentos, ou de fixação de preços, nos tabelamentos, ou de movimentação, como nas viagens para o exterior, de livre disposição de bens etc. Tais restrições se chocam com valores que as sociedades filiadas à civilização ocidental consideram fundamentais. Logo, a contradição entre as normas restritivas e traços firmemente estabelecidos no complexo sociocultural opera como elemento de desajuste. A reação às limitações impostas, dessa maneira, decorre do desacordo entre as normas que as impõem e aqueles valores socioculturais e os interesses que, sob a sua vigência, se instalaram e se legitimaram. Como se vê, trata-se de matéria típica de eficácia relativa das regras de Direito, motivada pela inadequada interação entre a normatividade jurídica e a realidade social a ela subjacente.

A opinião que prevalece em determinadas sociedades, principalmente nas sociedades de massas em que se transformaram quase todas neste século, depois do extraordinário progresso tecnológico que, pelo aperfeiçoamento das comunicações, fez "encolher" o planeta, tem meios, assim, de ser medida e investigada no que se refere à ordem jurídica, de modo a permitir o tratamento dos fatos sociais ligados ao Direito e à própria formação daquela opinião, de forma eficiente e útil. Uma investigação dessa espécie permitirá mais eficiente formulação de projetos legislativos e providências dos órgãos sociais.

4 Outras considerações.

O que consta deste capítulo, entre outras coisas, é o retrato da desinformação generalizada. A insuficiência do processo educacional geral da sociedade, mesmo quando relativamente bom, é a principal causa disso. A instrução elementar e o aprendizado que se lhe segue são carentes de precisão e da preocupação de orientar adequadamente crianças, jovens e adultos a respeito da ordem jurídica existente e seu funcionamento.

Já mencionamos alhures essa falha, de que resultam por vezes coisas ridículas durante, por exemplo, o processo eleitoral. Candidatos a vereadores prometem defender políticas federais, sobretudo no que diz respeito ao enfrentamento das influências externas na vida econômica e a uma afirmada submissão às grandes corporações econômicas e financeiras e a governos das chamadas grandes potências.

A falta da compreensão dos limites de atuação de administradores, legisladores e do próprio Judiciário está na raiz de muitas confusões que o público em geral comete e na sua inadequada percepção do que ocorre no funcionamento das instituições públicas e da própria chamada "sociedade civil". Esse fato condiciona inegavelmente as opiniões e as ações conseqüentes sobre a vida social.

Convém insistir sobre a ocorrência da mudança social intensa, generalizada e desigual entre a época que as páginas anteriores foram redigidas e aquela em que se escrevem estas notas adicionais. Já temos feito algumas referências a isso, mas é sempre bom lembrar que as coisas mudam, como se transformaram entre o quadro antes descrito e o que impera ao tempo desta nova edição. Apesar disso, permanecem vários dos aspectos mencionados no capítulo, embora em grau diverso e diferenciado. Algumas referências a estudos feitos são meramente indicativas do rumo que pode tomar o exame científico da vida social. Mais uma vez insistimos na presença da mudança social, permanente realidade que se manifesta, embora desigualmente, nos fatos examinados.

A matéria aqui abordada está dentro do quadro geral do que foi dito no capítulo III sobre a "Ideologia e o conceito do justo". Tal é um aspecto a mais na consideração do que seja justo ou injusto, justiça ou injustiça, bom ou mau nos comportamentos de pessoas, instituições, grupos. A opinião predominante ou as correntes parciais de opinião são resultados dos condicionamentos ideológicos (com a amplitude que entregamos na respectiva conceituação) que se exercem a todo tempo. Tais condicionamentos incluem o mundo de idéias, o universo de ideais, planos, desejos, volições, que operam entre os humanos e que configuram sua visão do mundo. Essa visão dita o modo como se manifestam as opiniões em suas diversas manifestações concorrentes, divergentes, apenas diferenciadas. É significativo, portanto, acentuar o que se declarou no início do capítulo, sobre o conceito do que seja opinião pública.

Uma das referências feitas nas páginas imediatamente anteriores foi a maneira como são interpretados os comportamentos de desvio, ou seja, aqueles que se afastam dos modelos preconizados para seguir rumos em conflito com tais modelos e que incluem, por exemplo, mas não somente, as práticas criminosas ou ilegais em geral. O conceito de desvio é muito amplo e tem sido objeto de estudos específicos, principalmente ligados nas atuações divergentes, com ênfase especial nos desenvolvimentos da Sociologia norte-americana e no que respeita ao controle social.

Sobre essa matéria escrevemos ao final de uma pesquisa realizada no Rio de Janeiro em 1980. Mais adiante, ainda refletindo sobre a natureza conflitante de tais comportamentos com os padrões sociais e principalmente legais protegidos no Direito Penal, escrevemos artigo de confronto entre as escalas das penas e o grau de censura social às aludidas práticas.

Basta aqui mencionar o fato de que o desvio de comportamentos é, por vezes, resultado da má compreensão das normas de conduta e, por outro lado, uma forma de agressão a tais normas conseqüente de opiniões a elas contrárias.

As pesquisas de opinião entraram no cardápio da mídia e dos comportamentos sociais nos últimos tempos. Na vida comercial, não há marketing que se inicie sem uma boa sondagem do público a que se destina o produto. Por outro lado, na vida política as pesquisas de opinião, que alguns consideram danosas, mas todos continuam usando, comparecem em grande parte nos noticiários dos meios de comunicação de massa. Por isso mesmo as manifestações de opinião do público sobre a Justiça, o aparelho judicial e as pessoas que nele atuam, constituem objeto necessário de estudo.

Capítulo XII

Métodos e Técnicas da Sociologia do Direito

---

1. *Breve introdução metodológica. Conceito de método e sua variabilidade. Métodos e técnicas.*

2. *Métodos, ou técnicas, de pesquisa sociológica; formulação de hipóteses, documentação, observação, amostragem, questionário, entrevistas, experimentação, simulação; análise e processamento de dados.*

3. *Métodos e técnicas da ciência dogmático-normativa do Direito; interpretação das normas, decisões, atos, contratos etc.; mundo conceptual do Direito; semântica especializada; a arte do raciocínio jurídico.*

---

1 Breve introdução metodológica. Conceito de método e sua variabilidade. Métodos e técnicas.

Examinemos, brevemente, o problema dos métodos e técnicas seguidos na Sociologia do Direito. Não se trata, aqui, dos métodos que são adotados desde as formulações doutrinárias e teóricas da Sociologia, como o indutivo, partindo-se dos fatos particulares para alcançar a definição de fenômenos típicos universais, que Max Weber substituiu pelo chamado processo compreensivo,[1] que envolve, inclusive, o recurso à empatia. Nem se cuida do chamado "método sociológico", abrangente, genérico, cujas regras foram enunciadas por Durkheim em celebrado estudo.[2]

O uso do termo "método" tem sido objeto de debates, pois alguns durkheimianos encastelados não o admitem senão com o sentido em que o sociólogo francês o utilizou, enquanto outros preferem reservar o emprego da palavra em relação aos processos intelectuais ao nível teórico, pelos quais se efetua análise e síntese de conhecimentos adquiridos pelos meios empíricos. Dessa maneira, rebelam-se, uns e outros, contra o uso do vocábulo para descrever as operações intelectuais realizadas pelo investigador, ainda na fase da observação propriamente dita.

Salientando que, embora fosse melhor usar, para esse fim, o termo "processo", sugerido por Paul Arbousse-Bastide, entende Florestan Fernandes que semelhante emprego da palavra parece justificar-se e é legítimo.[3] Invoca, a propósito, o fato de que Wolf salientou que o termo "método" pode ser aplicado, no campo da ciência, tanto em sentido técnico, quanto em sentido lógico, denotando, no primeiro caso, as manipulações analíticas através das quais o investigador procura assegurar-se condições vantajosas de observação dos fenômenos. Florestan Fernandes sugeriu a eliminação das confusões com o emprego das expressões "método de investigação" e "método de interpretação", respectivamente, nos níveis técnico e lógico.[4]

O que se pode afirmar, com toda a segurança, é que já se generalizou o uso do termo "método" para significar os processos e as técnicas, empregados na investigação social, de tal maneira que, muito longe agora dos tempos e das limitações de Durkheim, se fala de "métodos", no plural, em quase todos os trabalhos a respeito de metodologia. Exemplo disso é a sugestão de Pierson a respeito de um "curso sobre métodos e técnicas nas Ciências Sociais",[5] em que qualifica de "métodos (propriamente ditos)" o estudo de caso, o estatístico, a observação participante, a observação em massa, o comparativo e o experimental, e como "técnicas" a observação simples e a planejada, a entrevista, o formulário e questionário, a história de vida (diferenciada da biografia e autobiografia).

Outro exemplo marcante do emprego do termo "método" com o sentido técnico, referindo-se às técnicas utilizadas na pesquisa social, é o conhecido volume de Selltiz, Jahoda, Deutsch e Cook, trabalho que mereceu três edições norte-americanas, antes da sua tradução brasileira, e no qual se cuida, sempre, dos "métodos" que o "processo de pesquisa" emprega.[6] Também Koenig se refere aos "métodos da Sociologia", exemplificando-os como o histórico, o comparativo, o estatístico, o estudo de caso, a compreensão de Weber, a abordagem funcionalista de Parsons e Merton.[7] E o muito prestigioso Sorokin, da mesma forma, fala de "métodos", no plural, dizendo que a Sociologia utiliza, em seus estudos, os métodos lógico-matemático e dedutivo-silogístico, explica moderadamente a visão intuitiva (sempre controlada por outros métodos), aplica amplamente a observação empírica em todas as suas formas, como a indução, a análise estatística, estudo de caso e observação clínica, "e até a experimentação".[8]

É com essa amplitude e com tal caráter abrangente que aqui entendemos o termo discutido. Atendendo, contudo, ao objetivo específico deste trabalho, o que nos preocupa são os instrumentos de pesquisa. Por esse motivo, o que se indica, em seguida, são os métodos e as técnicas de trabalho de campo e de investigação dos fatos reais, e sua análise científica, para posterior utilização do material colhido em nível mais elevado, ao plano da elaboração teórica. O sociólogo do Direito tem que lançar mão de dois grupos de instrumentos de trabalho em matéria metodológica: os métodos sociológicos habituais e os métodos jurídicos tradicionais. Ele não pode prescindir de qualquer dos dois grupos. Sua atividade exige, como toda atividade dos sociólogos, o recurso aos métodos e técnicas de investigação próprios da Sociologia; mas a elas deve somar o conhecimento razoável do mundo conceptual do Direito como ciência dogmático-normativa, com os seus sistemas lógico-formais de raciocínio, a menos que se vise à obtenção de mero amontoado de dados desconexos, de utilidade muito duvidosa.

2 Métodos, ou técnicas, de pesquisa sociológica; formulação de hipóteses, documentação, observação, amostragem, questionário, entrevistas, experimentação, simulação; análise e processamento de dados.

Os instrumentos próprios das pesquisas em Ciências Sociais, e especialmente da Sociologia, são assim os primeiros que ocuparão nosso cuidado. Todo trabalho de pesquisa exige uma formulação preliminar das hipóteses a investigar, com a formação, definição e delimitação do problema. É clássica a crítica severa feita ao desenvolvimento da Sociologia norte-americana, em certo período, quando o entusiasmo pelas pesquisas e o encaminhamento de recursos elevados para esse campo de atividades (em parte pelos favores fiscais que acompanhavam e ainda acompanham tais contribuições) fizeram que se obtivesse material copioso, em levantamentos amplos, cuja utilidade, porém, foi reduzida, em relação ao que se esperava desses dados. Valiam tais levantamentos, na maioria dos casos, mais como material estatístico, pois a ausência de programação adequada anterior, como a colocação das hipóteses teóricas a investigar, a eles furtou maior significação científica.

Isso prejudicou muito o sucesso da reação norte-americana contra o excesso de teoria que muitos entendiam existir na Sociologia européia, sem constatação prática da realidade social. A reação aludida, justificada em parte, visava proporcionar aos sociólogos verificações concretas do que ocorre na vida da sociedade, sem o que as formulações teóricas e doutrinárias da Sociologia ameaçavam entrar em um plano abstrato, mais próprio da Filosofia, ou das ideologias político-sociais, o que de fato aconteceu em certos casos, como na identificação, ou quase-identificação, na Itália, de Sociologia com socialismo, confundidas as cogitações dos estudiosos de uma e outro. O exagero com que se pôs em execução esse programa, e a falta de uma sólida base doutrinária e teórica na Sociologia norte-americana, causaram os inconvenientes apontados e que se deve, agora, evitar, como está ocorrendo, de resto, nos Estados Unidos, em um esforço de integração das escolas de pensamento sociológico, assim como das maneiras de se abordar o seu objeto.

O conjunto de métodos e técnicas pertencentes à Sociologia, empregados já, em diversos países, nas pesquisas de Sociologia do Direito, é muito variado. A documentação do material sob investigação, mediante obtenção de informações a ele referentes, é um dos instrumentos de trabalho mais comuns, e foi a base do trabalho, por exemplo, de Ezio Moriondo sobre a ideologia da magistratura italiana, já referido por nós.[9] Trata-se de recurso a arquivos e a publicações especializadas, o que, no campo da Sociologia do Direito, pode ser conseguido com relativa facilidade, pois os processos judiciais permanecem à disposição dos interessados em seu exame, nos arquivos especiais, assim como o registro dos atos judiciais e numerosos atos jurídicos, em notários e outros ofícios especializados. Também as publicações técnicas, como repertórios de jurisprudência, proporcionam elementos documentais da maior riqueza para o investigador. A utilização dessa documentação é feita segundo técnicas acessórias, desde a seleção do que é relevante até a análise dos elementos obtidos, formando um todo coerente e significativo.

Por outro lado, a observação direta dos processos sociais, pelos pesquisadores preparados convenientemente para isso; sua participação em tais processos e na vivência que se investiga, numa busca de identificação com a realidade sob exame, para seu melhor conhecimento, auxiliando principalmente os estudos do tipo "atitudinal", são úteis para o conjunto de pesquisas a que nos referimos aqui. Na seleção dos elementos a serem submetidos à investigação, como a coleta de amostras, ou seja, a chamada técnica da amostragem, que exige cuidados especiais para que tal amostragem seja realmente representativa da fração da sociedade que se está investigando, é indispensável o emprego de recursos metodológicos especializados.

O mesmo deve ser dito sobre a aplicação de questionários, cuja formulação envolve toda uma técnica minuciosa de separação do que é relevante, ou não, de afastamento de perguntas ou maneiras de perguntar, capazes de condicionar as respostas em determinado sentido, excepcional atenção com relação à carga semântica variável de certos vocábulos ou de expressões idiomáticas, e outros detalhes. As técnicas de entrevistas, nas quais os questionários ou formulários são utilizados em face das pessoas, objeto da pesquisa, também envolvem uma verdadeira "arte de entrevistar", pois é essencial que o informante seja sincero ao fornecer o material desejado, além de espontâneo e consciente.

O "estudo de caso" pode ser — e tem sido, certamente — muito importante, aliado ao recurso à técnica da "história de vida", no exame dos condicionamentos extralegais das decisões judiciais, ou mais precisamente, no conjunto de elementos condicionantes que a sociedade faz incidir sobre as pessoas dos juízes, advogados, legisladores e outros agentes humanos da ordem jurídica, conformando-lhes a visão do mundo que se reflete, afinal, indiretamente, nas suas decisões.

Um dos métodos seguidos, entretanto, merece referência especial: é a experimentação, ou a realização de experiências em situações concretas modificadas, ou artificialmente criadas. A esse método se denomina, também, "simulação", embora esta última denominação se associe, habitualmente, a apenas um dos meios de experimentação, que é a criação de "modelos" teóricos e funcionais de situações sociais concretas, para a observação de determinados aspectos de sua realidade. São criados modelos simulados, cuja observação direta, com a utilização dos demais métodos e técnicas de pesquisa social, é informada pelas impostações teóricas e com outros elementos de estudo, inclusive a comparação com o levantamento do que ocorre nas situações reais, ou seja, não-experimentais, ou não-simuladas.

Como foi dito, o método experimental, incluído nele o recurso à simulação, envolve não apenas a criação de situações sociais artificiais, mas também a modificação de situações reais, com a utilização de técnicas especiais, inclusive a edição de normas jurídicas específicas, de maneira a se examinar as conseqüências práticas dessas modificações assim artificialmente feitas.

Tais recursos da pesquisa sociológica serão utilíssimos no desenvolvimento da Sociologia do Direito. Nesse campo, a criação de situações experimentais, ou simuladas é particularmente viável, no que se refere ao lado da normatividade jurídica. A modificação experimental dessa normatividade importará na alteração de um dos dois pólos da relação investigada, ou seja, da interação que se pretende conhecer e medir. Isso não significa que não seja possível a modificação no outro pólo, a realidade social subjacente à superestrutura jurídica. Pelo contrário, a criação de condições simuladas é perfeitamente viável, embora em âmbito restrito, e sujeita a problemas de autenticidade que apresentam pontos difíceis.[10]

Convém observar que a utilização de modelos simulados na investigação de fatos de interesse para a Sociologia do Direito tem especial importância para o campo do Direito Público e, mais particularmente, do Direito Político e do Direito Eleitoral. Processos de pesquisa a respeito têm demonstrado essa utilidade, como um trabalho de Rosenthal salientou.[11] Examinando o emprego de técnicas de simulação desenvolvidas pelos investigadores Pool, Abelson e Popkin, o autor mostrou que a utilização desse instrumento de estudo de fatos políticos e especialmente eleitorais ainda está em seus primórdios, mas tem possibilidades importantíssimas a explorar.

Podem ser ampliadas, particularmente, as vantagens do método de simulação experimental, para se verificar o funcionamento prático de certas normas eleitorais em diferentes âmbitos sociais, ou diante de variadas conjunturas políticas e econômicas; para aferir a diferença de resultados de mandamentos legais diante de situações concretas também diferenciadas etc.

A análise dos resultados conseguidos na fase de pesquisa e coleta de dados é operação da mais acentuada repercussão nos progressos da investigação sociológica, em relação ao fenômeno jurídico, o que é verdadeiro, aliás, quanto a todas as investigações nas Ciências Sociais. Ela começa com a organização, crítica e classificação do material levantado. É aqui que se selecionam os dados que a investigação precedente obteve, de modo a ordená-los, submetê-los a um exame quanto à sua validez ou adequação às proposições iniciais do projeto de pesquisa, a respeito do seu grau de autenticidade, e finalmente à sua distribuição classificatória, para extrair dos elementos caóticos da realidade social observada, e dos fatos já condicionados pelas impostações teóricas e hipóteses formuladas para a investigação, um conjunto de elementos significativos e coerentes.

Só então o processo analítico atinge a maturidade, com a reconstrução e a explicação da realidade, em operações realizadas no âmbito da especulação intelectual. Procuram-se construir os tipos empíricos que reproduzem o fenômeno concreto, nos termos em que é objeto da investigação científica; e se caminha para descobrir as propriedades dos fenômenos que não são acessíveis, de modo imediato, às modalidades já indicadas, antes, de observação direta ou indireta, nas palavras de Florestan Fernandes.[12]

Os dados obtidos na observação direta ou indireta, portanto, são submetidos a um processamento, hoje facilitado pela utilização de modernos computadores, mas sempre programado segundo as proposições iniciais da pesquisa e critérios de análise dos seus resultados, que se ajustam às instâncias empíricas elaboradas. Essa análise termina pela definição de certos tipos e pela reposição dos fenômenos sociais observados e reconstruídos, em contextos empíricos nos quais eles se relacionam com as variáveis possíveis.

Um fato deve ficar claro: o de que não se trata de operações sempre sucessivas, estanques, que se exaurem antes de se passar a outro estágio, mas de um complexo em que os traços marcantes de cada uma delas é que definem cada fase. Assim, as proposições iniciais da pesquisa, baseadas em impostações teóricas, informam e dominam todas as fases do trabalho, desde a própria formulação dos meios e objetivos particulares da investigação até a aplicação dos instrumentos e das técnicas de pesquisa, para chegar, finalmente, ao mecanismo de análise e às conclusões que se resolvem em sínteses e abstrações em nível mais elevado. Cada uma das diversas operações desenvolvidas se entrelaça com as demais, reflui com força modificadora de estágios anteriores, e ocorre uma interpenetração de todo o processo. Mas este guarda uma unidade lógica de objetivos, que são os que nascem dos fins teóricos da pesquisa e de uma precisa definição do que se pretende conhecer e explicar.

3 Métodos e técnicas da ciência dogmático-normativa do Direito; interpretação das normas, decisões, atos, contratos etc.; mundo conceptual do Direito; semântica especializada; a arte do raciocínio jurídico.

Aos métodos sociológicos devem ser somados, como já foi dito, os métodos jurídicos tradicionais. Para isso, contudo, é indispensável uma adequada formação do pesquisador, a fim de que ele esteja em condições de avaliar corretamente os dados a serem obtidos em relação a uma ciência na qual o mundo conceptual e os processos lógico-formais de raciocínio atingiram um nível de refinamento multissecular e, portanto, de grande abstração teórico-doutrinária, a par com a existência de princípios de ordem prática elementar. O mundo jurídico, aliás, é dominado por forte dose de pragmatismo, a que não estão alheios, até mesmo, os chamados princípios gerais de Direito.

A interpretação das normas jurídicas, envolvendo processos variados, que fazem da hermenêutica do Direito um dos campos de debate mais férteis, deve ser razoavelmente conhecida pelo pesquisador. Questões referentes ao mecanismo lógico-formal na formação das decisões judiciais, dos atos jurídicos em geral e dos contratos em especial; a teoria geral do Direito e a problemática que informa a distinção entre Direito objetivo e Direito subjetivo; e um conhecimento amplo da ordem jurídica vigente no quadro espaço-temporal que se esteja submetendo à investigação, constituem aspectos do fenômeno jurídico que não podem escapar aos planejadores ou programadores de qualquer investigação de Sociologia do Direito.

É preciso não olvidar, a propósito, a existência de uma semântica especializada, em matéria jurídica. A correta utilização das palavras na sua significação técnica, e a comparação dessa significação técnico-jurídica com a correntemente aceita pelo leigo, também, são importantes no manuseio dos dados de investigação no campo de que nos ocupamos. Como ciência desenvolvida, a chamada ciência dogmático-normativa do Direito construiu, com o correr dos séculos, não apenas um mundo conceptual extremamente complexo, mas também, em conseqüência, símbolos verbais de grande variedade, a respeito dos quais existem controvérsias profundas e generalizadas, de modo que o problema semântico, em relação ao Direito, é dificílimo para quem não esteja habituado ao uso corrente de conceitos jurídicos. Para os iniciados, mesmo, surgem freqüentemente obstáculos consideráveis nessa matéria. Disso decorre, portanto, a necessidade de que uma investigação de Sociologia do Direito, para que seja eficiente, tenha em conta essa realidade do campo jurídico propriamente dito, a que se incorporam questões de Filosofia do Direito.

O conhecimento da chamada "arte do raciocínio jurídico", essencial, como ficou dito nos capítulos iniciais desta obra, ao trabalho do jurista profissional, seja ele juiz, professor, advogado ou representante do Ministério Público, é importante, da mesma forma, para a eficiência dos estudos de Sociologia do Direito. O valor instrumental dessa "arte", verdadeira técnica, na realidade, para a aplicação das normas em abstrato aos casos concretos, ou melhor, para a identificação dos casos concretos com modelos ideais previstos nas normas, impõe o seu emprego nas operações intelectuais da preparação, no desenvolvimento, na análise e na síntese final de qualquer pesquisa de Sociologia do Direito.

Jorion, no seu livro já mencionado,[13] afirmou e reiterou o seu ponto de vista de que as pesquisas de Sociologia jurídica e o estudo dessa disciplina, como ele denomina o objeto de nossas atuais reflexões, só serão completos e realmente bem orientados se neles estiverem representadas diversas outras disciplinas científicas, em uma equipe ideal interdisciplinar. Métodos e técnicas dessas outras ciências, ou disciplinas, serão assim importantes, também, segundo a intervenção de problemas a elas relativos, no desenvolvimento das investigações a que nos referimos. Entre as contribuições mais valiosas, nesse particular, podemos considerar as da metodologia do estudo da História, da Economia, da Política e da Psicologia. O método histórico, aliás, é expressamente reconhecido, por muitos sociólogos, como importantíssimo para o estudo das Ciências Sociais; as contribuições dos métodos e das técnicas da Economia ao conhecimento dos assuntos da Sociologia do Direito ficaram bem claras nos trabalhos, mencionados algumas vezes por nós, dos economistas do grupo italiano que realizou a grande pesquisa a respeito da administração da justiça na sociedade italiana em transformação.

Por seu lado, as estreitas relações entre a Ciência Política e a Sociologia e as contribuições certamente fundamentais da Psicologia, e especialmente da Psicologia Social, para os estudos sociológicos e, muito particularmente, para a Sociologia do Conhecimento, tornam desnecessário insistir a esse respeito. Os métodos, os processos, as técnicas e os instrumentos de estudo dessas ciências e disciplinas do saber humano têm, para o estudo da Sociologia jurídica, utilidade comprovada.

Capítulo XIII

Considerações Finais

1. *A sociedade de massas e o Direito. A nova realidade social e a relativização da normatividade jurídica.*

2. *A revolução cultural contemporânea. "Contestação". A atuação da juventude do segundo pós-guerra. Expectativas, realidade e seus reflexos no Direito.*

3. *Os ideais de justiça e sua permanência no mundo moderno. A noção de Justiça e sua significação sociológica.*

4. *A questão da "profissionalização" da magistratura. Juízes de carreira e juízes temporários; juízes profissionais e juízes leigos.*

5. *Algumas conclusões.*

6. *Reflexões adicionais.*

1 A sociedade de massas e o Direito. A nova realidade social e a relativização da normatividade jurídica.

Ao iniciarmos este livro, procuramos deter-nos, como lembrará certamente o leitor, sobre a importância dos estudos sociais na sociedade moderna, em plena era da tecnologia, quando a mudança social se faz aceleradamente, intensamente e desigualmente. É um quadro novo (como o têm sido todos) na história da humanidade. Ele se reveste de aspectos próprios, pois o processo histórico chegou a uma espécie de compactação, em certos setores, modificando inteiramente a visão que oferece ao observador.

Como já tivemos oportunidade de salientar, também, um dos elementos básicos na composição desse quadro é o avanço formidável nos meios de comunicação social. Sendo a comunicação o hábitat natural da interação social, pois esta inexiste sem aquela, modificada a comunicação pela nova tecnologia, pelos recursos cada vez mais amplos, instantâneos, extensos e variáveis a ela oferecidos, toda a interação social, vale dizer, toda a trama que molda a sociedade, se transforma no mesmo ritmo, com a mesma rapidez, com idêntica amplitude e igual profundidade. Essa transformação, entretanto, não fica limitada aos reflexos diretos daquela mudança que a motivou — entre muitos outros elementos influentes, é bom deixar claro — mas gera, pela extrema complexidade do meio social, novos processos de mudança que acabam por penetrar em toda a realidade sociocultural.

A chamada "massificação" da sociedade moderna é um dos fenômenos característicos do mundo contemporâneo. Para que ela ocorresse, contribuiu inegavelmente a ampliação e o aperfeiçoamento dos meios de comunicação social, tornando possível certo grau de instantaneidade da comunicação, das reações, uma universalidade de participação do homem nos conhecimentos, nos acontecimentos, nos problemas, nas ações e nos movimentos sociais. A comunicação social chegou, mesmo, a ser rotulada de "comunicação de massa", em uma assimilação de conceitos que está longe de ser satisfatória. Comunicação social é algo de maior, mais abrangente, que comunicação de massa. Esta é apenas um dos aspectos pelos quais se pode manifestar aquela, e seu estudo, então, constitui uma como que especialização, na qual se examinam os processos, meios, conseqüências etc. da comunicação social, atuando nas massas humanas, ou diante das realidades de massificação da sociedade, já objeto de estudos variados e importantes.

Tão grande é a significação do fenômeno da chamada "sociedade de massas", em verdade, que uma série de trabalhos valiosos tem sido publicada a seu respeito. O exame das implicações que a sua existência possui é objeto das pesquisas de sociólogos e dos cientistas sociais em geral, particularmente os economistas e cientistas políticos (ou politólogos, como alguns preferem chamá-los), com resultados significativos e, alguns deles, curiosos, como é o caso da obra de Canetti, de natureza ao mesmo tempo filosófica, sociológica e psicológica, na qual esse escritor procurou examinar as relações entre a massa e o Poder.[1]

Problemas de dominação, de exercício do Poder, de distinção entre Poder e potência, e autoridade, de manifestações do Poder nas massas, das massas e sobre as massas, e outros fenômenos de agrupamento humano, relação entre esses fatos e religiões, tendências humanas diversas, questões ligadas à busca da sobrevivência e do exercício do domínio, e outras, foram abordados pelo referido autor. Ao estudioso do fenômeno jurídico não escapam, seguramente, as suas implicações, inclusive de Sociologia do Direito.

Pois bem: é essa sociedade de massas, de que tanto se lamentam alguns, mas uma realidade nova, ainda pouco estudada, a sociedade industrial moderna, extremamente variada e em mudança, aquela em que a ordem jurídica dos tempos atuais e dos tempos futuros terá que ser entendida. Essa é a realidade sociocultural que informa a superestrutura do Direito. Sua investigação, seu conhecimento, são indispensáveis, reconhecida a grande capacidade de transformação que ela tem, e portanto a propriedade e transitoriedade dos conhecimentos adquiridos, e a necessidade da inclusão da idéia de relatividade, no espaço e no tempo, de todos os conceitos assim formados.

Essa relatividade deve ser tida em função de diversos elementos a considerar, pois os fatos sociais significativos para a normatividade jurídica e os instrumentos da ordem jurídica não estão apenas em mudança intensa, ampla, profunda, acelerada e desigual, como já tivemos ocasião de acentuar, mas ainda se situam dentro de uma estrutura global, em que todos os aspectos são interdependentes, agem reciprocamente todo o tempo. É esse, portanto, um mundo instável, de grande fluidez e para cuja apreensão intelectual se exigem enorme capacidade de abstração e uma perfeita consciência de que todo conhecimento e todo conceito deve estar, permanentemente, submetido à própria revisão crítica.

2 A revolução cultural contemporânea. "Contestação". A atuação da juventude do segundo pós-guerra. Expectativas, realidade e seus reflexos no Direito.

Essa revisão crítica e, mesmo, uma negação frontal do mundo de valores e da organização social existente fazem parte, aliás, de um fenômeno que tomou vulto nos anos mais recentes e cuja significação está ainda longe de ter sido bem compreendida e definida. Estamo-nos referindo à revolução cultural que, em escala que abarca todo o planeta, vem-se desenvolvendo de maneira a agitar a humanidade inteira e a colocar em questão, praticamente, os fundamentos da sociedade industrial que se havia tornado, com o correr dos tempos, o paradigma para as sociedades menos desenvolvidas e o modelo gerador dos principais impulsos de progresso, das normas de conduta e modos de vida desejáveis, e padrão de organização social e principalmente econômica.

Um impressionante movimento, que se disse ser de "contestação", tomou corpo e provocou incidentes de maior ou menor gravidade, nos diversos continentes e, o que é mais importante, adquirindo expressões variadas, embora, se manifestou tanto na área socialista quanto no campo das chamadas democracias ocidentais. A "contestação" se fez sem vinculações necessariamente políticas, no sentido usual do termo, de radicações político-ideológicas, seja no pólo capitalista, seja no pólo socialista, em que supostamente se dividira o mundo, na imaginação de alguns, com exclusão de toda e qualquer outra posição.

Desde os bastiões capitalistas dos Estados Unidos até os centros nervosos do socialismo europeu, como na Tchecoslováquia, na Polônia e em outros países, os valores que informaram a cultura, entendida esta no sentido sociológico, foram colocados sob reexame. É natural que esse fato se tenha verificado, especialmente, entre os grupos mais jovens. A composição etária dos grupos sociais que contestam os valores que prevalecem na sociedade industrial moderna é acentuadamente jovem. Os níveis médios de idade neles encontrados superam, em pouco, os 20 anos, ou nem atingem esse índice. Mas, em meio à maioria jovem, forte contingente de intelectuais, preocupados com os caminhos que a humanidade tem adotado e pode adotar, no futuro, diante das novas realidades tecnológicas e socioculturais, tem assumido posição de inegável relevo, nem sempre entendida em suas verdadeiras dimensões.

É compreensível o quadro. São os jovens do terceiro quartel do século XX o produto de um novo tipo de condicionamento sociocultural. São, aliás, os primeiros a chegar à quase-maturidade ou a esta, sob tais condicionamentos, profundamente diversos dos que atuaram sobre as gerações anteriores. Eles são os que nasceram ao terminar, ou logo após a Segunda Guerra Mundial, encontrando um mundo em que as expectativas de eliminação da guerra e da injustiça social, das discriminações raciais de qualquer espécie, dos processos arcaicos de distribuição da riqueza, e de outras mazelas antigas, se haviam tornado dominantes. Uma poderosa máquina publicitária em escala mundial havia incutido tais esperanças entre populações vencidas e vencedoras no conflito que era tido como o último grande choque guerreiro da história da humanidade.

Ao mesmo tempo, os progressos da ciência e da tecnologia vinham proporcionando recursos gigantescos para a luta contra a doença, a fome, os obstáculos naturais à expansão e à dominação que a espécie procurava, como sempre, realizar, sobre o meio físico em que existe. Horizontes jamais suspeitados, de aventura, progresso, bem-estar, se rasgaram à vista dos homens. Eles foram mostrados aos que, já então, se encontravam em pleno processo de ambientação. A sociedade condicionou seus novos componentes, segundo tais valores, expectativas, possibilidades.

O progresso das Ciências Sociais, entretanto, não esteve à altura desse quadro animador. As instituições humanas, os instrumentos sociais de realização dos fins do homem, não evoluíram com a celeridade esperada — nem o podiam fazer. A distância entre a expectativa e a realidade afinal encontrada, raiz de tantos desajustes e graves fenômenos de desorganização social, não podia deixar de atuar sobre as novas gerações, assim confrontadas com os problemas da sociedade, em muito parecidos com os que existiam antes delas virem ao mundo, e tão diferentes daqueles que suas expectativas, estimuladas por todo um processo de condicionamentos sociais, haviam visualizado.

Foi essa a primeira vez na história em que tão profunda e larga defasagem se verificou entre a expectativa e a realidade social, em meio a um processo de transformação acelerada. As estruturas sociais se referiam, e se referem ainda, a realidades superadas, na grande maioria dos casos. Os valores que a sociedade continuou preservando se tornaram, então, em grande parte, desajustados aos fatos da vida, ou aos fins ideais que a sociedade se havia estabelecido. A sociedade massificada, despersonalizada, em que se transformaram quase todas as sociedades industriais, passou a representar a negação de um novo humanismo em plena efervescência; e a economia de consumo, esta, provocou violenta reação em alguns dos fenômenos mais característicos dessa verdadeira revolução cultural em andamento.

O fenômeno, ferindo fundo e violentamente a realidade sociocultural, as bases econômicas e os valores mais sólidos estabelecidos, teria que se refletir, como de fato se refletiu, nas superestruturas, entre elas a ordem jurídica. Há uma implicação sociológica muito clara na impotência da ordem jurídica para conter certas manifestações de inconformismo das novas gerações, ou da "contestação" global. E a incapacidade de se conterem, nos limites das normas de Direito existentes, fórmulas e práticas, comportamentos sociais variados, que vão tomando volume e se tornando fato social inconteste, é um indício da superação dessas normas, como espelho da realidade social a elas subjacente.

Em alguns países, uma intensa produção de regras de Direito vem sendo observada. É uma resposta à modificação da realidade social por motivos que, em parte, são os que há pouco indicamos e, parcialmente, a outras forças transformadoras da sociedade, sobretudo no campo econômico. Tem sido acentuado que os países menos desenvolvidos são ricos em produção legislativa. Produziriam em leis o que não produziriam em bens de consumo. A observação nada tem de surpreendente. São eles os que sofrem mais fortemente o choque provocado entre seu atrasado estágio de desenvolvimento econômico e social, e as influências socioculturais da coexistência com sociedades superdesenvolvidas, num mundo em que as comunicações e, portanto, a consciência dessas diferenças são fáceis, amplas e rápidas.

Daí o porquê da copiosa produção legislativa. A ordem jurídica se desdobra em instrumentos de controle social; e procura, por outro lado, acompanhar de perto as mudanças que se verificam na sociedade em desenvolvimento, as adaptações que ela tem que realizar. Buscam, mesmo, naquela função de agente de mudança social a que já nos referimos no primeiro capítulo, criar ou aperfeiçoar condições de transformação socioeconômica, de modo a se antecipar ao processo histórico, na corrida pela consecução de novos e melhores níveis de desenvolvimento e de bem-estar.

3 Os ideais de justiça e sua permanência no mundo moderno. A noção de Justiça e sua significação sociológica.

É significativo mencionar o fato de que, em face de todo esse processo de transformação social, de progresso tecnológico aliado à contestação de valores tidos, até aqui, como fundamentais, de revolução cultural e de massificação, a realização da justiça entre os homens permaneça como objetivo social necessário, invariável, valor inatacado e, até mesmo, ainda mais enaltecido pelos movimentos a que fizemos referência, todos fortemente impregnados de forte carga idealista e voltados para a mais perfeita realização das potencialidades da criatura humana.

A busca do ideal de justiça é uma constante na história. A ela já aludiam os antigos; para ela se voltam os homens de hoje, continuando a revelar a preocupação no sentido de que todos sejam tratados justamente, em suas relações recíprocas e nas relações com a sociedade a que pertencem. Ginsberg, em magnífico estudo,[2] procurou em Aristóteles a inspiração a respeito do tema da realização da justiça da sociedade, citando a famosa afirmação do filósofo grego, de que "a injustiça aparece quando os iguais são tratados desigualmente e, também, quando os desiguais são tratados igualmente".

O livro de Ginsberg merece algumas considerações adicionais, dadas a sua atualidade e algumas das reflexões que seu autor faz. Partindo do exame dos fundamentos morais da idéia de justiça, ele nos mostra como é difícil identificar, com precisão, o que é justo, em certas circunstâncias. A dificuldade não o preocupa, é verdade, além das implicações científicas que apresenta. Invocando Bertrand Russell, lembra que "a dificuldade na descoberta da verdade não prova inexistir verdade para ser descoberta".[3] Em outro ponto, Ginsberg discute o princípio de que a generalidade de uma norma de comportamento, moral ou jurídica, implica imparcialidade entre as diferentes pessoas. Observa que o que são pessoas "semelhantes" e circunstâncias também "semelhantes" só se pode saber diante de situações objetivas, ou seja, através de critérios que definam a classe dos atos aos quais a norma se aplica. "Essa imparcialidade tem que ser aprendida. É fácil para qualquer um acreditar que ele é uma exceção à regra, ou que as circunstâncias em que ele se encontra são diferentes das circunstâncias contempladas na norma", acrescenta o autor.[4]

Debatendo o conceito de justiça, Ginsberg contrapõe as idéias de Giorgio del Vecchio, baseadas em um idealismo filosófico, e o relativismo de Alf Ross, a cujas observações já fizemos referência nestas páginas.[5] Para Ross, as normas, legais ou morais, são uma espécie de fatos sociais: não devem ser interpretadas como proposições do *dever ser*, mas como proposições do *ser*. A idéia de um princípio apriorístico de justiça, como guia para a legislação, é uma idéia vazia, e a política jurídica tem, assim, que ser discutida em um espírito relativista, isto é, em relação a valores hipotéticos efetivamente aceitos com fundamentos emocionais, por grupos influentes na sociedade.[6]

Ross entende, segundo observa aliás Ginsberg, que não existe um meio científico de se decidir se uma lei é "bom direito". O único critério científico para definir como "boa" ou "má" uma norma legal é a sua eficiência no atingir seus fins, quaisquer que sejam eles. Ora, esse critério tipicamente funcionalista do autor sueco repele evidentemente as considerações de natureza ética, e coloca problemas explosivos no seu exame. Ginsberg não se furta ao debate e discorda de Ross. Diz mesmo que os conceitos do autor sueco a respeito da justiça são completamente inaceitáveis. E conclui, a respeito: "É verdade que a moralidade deve ter uma base na experiência, mas constitui simples dogmatismo confinar a experiência àquilo que se adquire através dos sentidos. Existe essa coisa chamada experiência moral."[7]

Ginsberg examina as idéias de direitos e deveres que, frisa, "definem relações sociais"[8] e faz importantíssima observação, quando previne contra a atribuição, a certos tipos de direito, de um caráter de auto-explicáveis ou absolutos, ou a lhes conferir uma situação dominante em relação aos demais, exemplificando com os direitos de propriedade, ou os decorrentes do contrato.[9] Ao perquirir os problemas dos direitos à segurança pessoal, suas considerações abordam o perigo de se utilizar os juízes como instrumentos políticos. Recorda, por exemplo, as normas do regime nazista, segundo as quais os juízes deviam decidir atendendo aos "são instintos do povo". Isso corresponde, certamente, a idênticos mandamentos que obrigam juízes e tribunais a decidir atendendo "aos princípios fundamentais da ordem socialista", ou aos "superiores interesses nacionais", ou ainda aos "supremos interesses da revolução", fórmulas muito usadas em diversas nações e que, igualmente, constituem mandamentos, por vezes bem intencionados, mas que resultam, invariavelmente, na abertura de portas e caminhos para o puro arbítrio.

O referido Alf Ross, em seu livro já citado, aborda a idéia de justiça em importante capítulo.[10] Nele, analisando o conceito aristotélico já referido, focaliza os diversos critérios para se avaliar as igualdades e desigualdades entre as pessoas, relevantes para as diferenças de tratamento que constituem, segundo aquele conceito, a maneira de se fazer justiça. Assim é que indica, por exemplo, o critério de se dar a cada um segundo o seu mérito; ou a retribuição pelas realizações; ou segundo as necessidades dos componentes do grupo social; ou atendendo à capacidade, ou também segundo a situação social, ou status etc. As dificuldades da escolha do critério ideal são apontadas. As questões da eqüidade em face do Direito positivo foram examinadas, da mesma forma, pelo Professor Ross, com a costumeira clareza de raciocínio.

Outro exemplo notável do tratamento da matéria e da permanência da idéia de justiça como um valor fundamental na sociedade moderna é mais um estudo de Stone,[11] em que seu autor, partindo das primeiras noções de justiça no mundo ocidental, especialmente entre os hebreus e gregos, prossegue analisando o aparecimento das teorias de direito natural, o individualismo metafísico, o utilitarismo hedonista de Bentham, as idéias de utilidade e solidariedade social, os ideais sociais e a civilização como critérios de justiça, o reaparecimento do direito natural como base da sua conceituação, o relativismo não-comprometido nas teorias modernas, o pragmatismo, as teorias e o significado da justiça, a justiça como idéia e a justiça na história. É esse um ambicioso e sempre esclarecedor trabalho, cujo alcance varia das questões filosóficas colocadas na antigüidade clássica e nos dias recentes até as teorias sociológicas em evolução e certas considerações de ordem prática na aplicação dos princípios que visam à realização da justiça.

O problema da realização da justiça, aliás, está na base de todas as discussões a respeito da igualdade entre os homens, que é um dos fermentos das grandes agitações desses anos de transformação tão profunda das sociedades humanas. Quase tanto quanto o anseio de liberdade, inclusive a liberdade para escapar às engrenagens conformadoras do meio social, que, para muitos, estiolam a iniciativa e impedem a plena realização da criatura, o problema da igualdade está presente em todas as manifestações de sentido reformista, inconformista, ou da chamada "contestação". Ora, a idéia de igualdade é inegavelmente vinculada à ordem jurídica. Os princípios que regem a igualdade perante a lei têm sido objeto de repetido estudo e, entre nós, mereceram, além de outros, os cuidados de Paulino Jacques, em ensaio muito conhecido e de grande valia para o conhecimento da problemática do tema.[12]

Da significação sociológica da idéia de justiça, e especialmente no que se refere à Sociologia do Direito, também nos falou de la Torre, ao analisar o Direito em sua função como norma de justiça. O autor espanhol entende que duas características novas aparecem, hoje em dia, nas estruturas jurídicas como normas de realização do que é justo. A primeira delas, afirma ele, é uma atenção maior para as conexões comunitárias, com a introdução de uma preocupação prospectiva, de maior ou menor clareza, consistente em uma positiva tendência para olhar rumo ao futuro.[13]

Essas observações são o resultado de estudo atualizado, em que os problemas da realização da idéia do "justo" dominam os que pesquisam questões jurídicas; e dão bem a medida da permanência da idéia de justiça como valor social.

Se a idéia de justiça permanece como valor social intocado, em plena época da tomada de consciência de uma rejeição profunda de grande parte dos valores da sociedade industrial moderna, especialmente das estruturas econômicas de consumo e do que se convencionou chamar de "sistema", no qual cada um se ajusta inevitavelmente a certos modelos preestabelecidos na sociedade, sem possibilidade de exercer, em escala apreciável, a sua criatividade; e se, de outro lado, a realização da justiça na sociedade é alvo irrecusável da ordem jurídica (apesar de não ser o único), a significação desta, como superestrutura social, para a conquista de novos horizontes à criatura humana, dentro do processo da revolução cultural a que aludimos antes, é fato evidente.

Na sociedade moderna, em que a fluidez dos fatos sociais se mostra cada vez mais nitidamente ao pesquisador, subsiste a importância do estudo e do conhecimento da normatividade jurídica. Esta, no quadro amplo do Direito, é fato social que não escapa às influências que, em todos os sentidos, exercem as novas realidades. Ela, de resto, se apresenta com novas roupagens, e dominada pelas realidades que vão surgindo. As normas tendem a possuir maior flexibilidade, adquirindo um sentido mais dinâmico; são cada vez mais utilizadas como instrumento, ou agente, de mudança social; procuram-se descobrir, mais seguramente, as vinculações da regra de Direito com os fatos sociais que a tenham motivado, a justifiquem ou a possam modificar.

4 A questão da "profissionalização" da magistratura. Juízes de carreira e juízes temporários; juízes profissionais e juízes leigos.

É curioso observar o reaparecimento periódico das discussões a respeito da adoção de sistemas de organização judiciária não-profissional, ou não inteiramente profissional. Os problemas da carreira da magistratura são assim enfocados de outro ângulo que não é, por exemplo, aquele que dominou e inspirou as pesquisas italianas a que fizemos menção, por várias vezes, nestas páginas.

O leitor, certamente, conhece a controvérsia e suas ramificações: juízes profissionais, ou de carreira, ou juízes leigos, ou tribunais mistos ou ainda juízes temporários, a questão dos juízes eleitos etc. Ao assunto, abordado no capítulo VII, voltamos portanto.

Na verdade, em plena época da especialização profissional, quando em todos os setores das atividades humanas se busca sejam elas realizadas por quem tenha feito uma preparação específica para isso, e quando o volume de conhecimentos setoriais vai aumentando a ponto de se tornar impossível sua completa conquista, persiste a discussão a propósito da conveniência de existirem juízes leigos na organização judiciária ou, pelo menos, de juízes que não pertencem à carreira da magistratura.

Os juízes não-profissionais, algumas vezes chamados juízes "populares", seriam mais ajustados à realidade social que ao formalismo do raciocínio jurídico a que se escravizariam, segundo alguns, e com freqüência, os juízes de carreira.

O debate, como em todos os casos semelhantes, se desenvolve segundo as tendências pessoais dos debatedores. Na verdade, ele se baseia muito mais em opiniões e em casos individuais não-representativos do que ocorre, habitualmente, do que em estudos sérios. Estes têm que ser, quando feitos, de Sociologia jurídica, com uma participação interdisciplinar intensa, em que, pelo menos, juristas, sociólogos, psicólogos, politólogos e economistas devem tomar parte.

Um excelente estudo a respeito do assunto foi recentemente tornado público pelo Professor Boguslaw Lesnodorski, da Faculdade de Direito de Varsóvia,[14] em que o autor procurou examiná-lo principalmente do ponto de vista histórico e sociológico. Lembrou que o problema, em sua apresentação, depende de exame de diversos elementos fundamentais, habitualmente não-apreciados de maneira sistemática, como a terminologia, em que se designam diferentemente instituições iguais, e igualmente instituições diferentes, abrangendo "tribunais do júri", "escabinados", "tribunal de assessores populares", "juízes populares" etc.; ou ainda as questões de perspectiva histórica e sociológica, envolvendo o estudo conjuntural das diversas sociedades, segundo o método histórico integral e o método sociológico.

Também referiu Lesnodorski o problema das áreas de civilização, ou do que chama de "famílias de direito". Como áreas de civilização entende ele "as três áreas de civilização e política, isto é, os países capitalistas, de países em via de desenvolvimento e os países socialistas". O problema da função da administração da justiça é outro, oscilando entre os princípios que têm em vista a proteção dos interesses e da personalidade dos indivíduos, moderada por considerações de ordem pública, e, de outro lado, a proteção dos interesses do Estado e da sociedade, moderada por considerações das necessidades dos indivíduos e certos grupos humanos.

Analisa o choque entre a técnica, ou especialização profissional, e a inclusão dos elementos "populares", ou leigos, para uma democratização dos tribunais, fugindo-se aos excessos de "tecnicismos", mas sem perder de vista a especialização necessária para julgar, e o problema do grau variável da participação dos juízes não profissionais em tribunais, segundo sua natureza e função.

Lesnodorski acentua a tendência crescente para estabelecer, em um sentido largo, os laços entre os tribunais e o conjunto da vida social, a opinião pública nas formas próprias aos regimes e os países a que se refiram, ou seja, às "famílias de direito". Citando Tleolleyre, lembra que o juiz de nosso tempo, juiz-humanista, deve viver com a cidade.

O aludido trabalho é estimulante de novos estudos da mesma espécie, que estão faltando em todas as "áreas de civilização", para usarmos sua maneira de referir os "três mundos" que mencionam tantos autores. O que se pode observar é que, na realidade, as formas de intervenção de juízes não-profissionais, ou que não pertençam à carreira da magistratura, na composição de tribunais, são muito variadas.

No Brasil, por exemplo, é possível lembrar as formas do Tribunal do Júri; os chamados "júris de economia popular", que eram escabinados; os conselhos das auditorias da Justiça Militar, que o são também de tipo embora diferente; a justiça paritária em matéria trabalhista com a presença de vogais de empregados e empregadores nas juntas de conciliação e julgamento e tribunais superiores; os tradicionais "tribunais de imprensa" etc.

O exame da relação entre esses tipos de composição de órgãos judicantes e as realidades socioculturais e políticas é, na verdade, importante. Certas tendências antiformalistas periodicamente dominantes parecem favorecer a criação ou desenvolvimento de tribunais mistos, mas nem sempre. Por outro lado, o leigo, se recrutado em níveis elevados de instrução, pode contribuir eficientemente, em alguns casos, para dinamizar o funcionamento da máquina judiciária.

5 Algumas conclusões.

A Sociologia do Direito tem, assim, um vasto campo de atividades e fins práticos a realizar. Deve formular princípios teóricos gerais que permitam estabelecer as leis específicas de correlação entre os fatos sociais e a ordem jurídica. Também é de sua alçada estabelecer as leis que regem a relação entre os valores e as normas de Direito.

A atividade prática do sociólogo do Direito, além da investigação de tudo aquilo que já foi referido antes, nestas páginas, deve desenvolver-se na assessoria de órgãos legislativos e judiciários, especialmente daqueles, mas sem excluir os segundos, sobretudo em caráter pericial; em todo o funcionamento da máquina administrativa, principalmente nos setores de planejamento e de formulação de projetos de normas jurídicas; e na esfera das atividades privadas, particularmente no campo empresarial e das grandes indústrias.

Sua importância, quase toda ainda em estado potencial, para o aperfeiçoamento das instituições e para um funcionamento adequado da sociedade, portanto, exige a atenção dos estudiosos, a partir do ambiente universitário. Ela justifica, em verdade, a maneira pela qual abordamos o tema que mereceria, certamente, e merece, uma exploração em maior profundidade de grande parte de seus aspectos particulares. Há, dessa maneira, bons motivos para nossa orientação. A convicção de que é importante desenvolver os estudos de Sociologia do Direito, aliada à constatação de que eles são parcos e precários entre nós, dominou e condicionou tal orientação. O fato de que, em matéria de pesquisa, a Sociologia do Direito no Brasil é certamente novidade — o que acontece como um exemplo agudo a extremo da pobreza de pesquisas de Sociologia, em geral — está a reclamar um exame do assunto.

É fácil compreender, assim, que nosso objetivo é conseguir que este trabalho seja principalmente um convite à reflexão e ao estudo da matéria, seguido de investigações da realidade concreta, baseadas em formulações adequadas de hipóteses teóricas.

Acreditamos que, das considerações anteriormente feitas, seja possível formular algumas conclusões principais, além de outras, acessórias, que foram ou podem ser deduzidas da dissertação feita.

Uma delas é a de que a Sociologia do Direito é disciplina (para nos utilizarmos do enfoque de Jorion) cientificamente autônoma. Estão superadas, mortas e enterradas as dúvidas válidas sobre seu cabimento. Ela usa métodos e conceitos da Sociologia e do Direito; não prescinde do conhecimento do sistema conceptual da ciência dogmático-normativa do Direito; utiliza-se dos recursos da Filosofia do Direito, em suas considerações ontológicas e axiológicas.

Como tal, entretanto, a Sociologia do Direito é disciplina sociológica, constituindo-se em uma das sociologias especiais, ao lado de outras, como a Sociologia do Conhecimento, a Sociologia da Arte, a Sociologia Política. Isso porque ela cuida de um campo especial da realidade social, cujos fenômenos apresentam características próprias muito definidas.

Ao fenômeno jurídico é preciso reconhecer a sua natureza de fato social, condicionado pela realidade subjacente na sociedade. Ele reflete essa realidade, as crenças, valorações e fins do complexo social; é por esse motivo que a diferença de sistemas jurídicos tende a se atenuar, com a progressiva uniformização sociocultural da humanidade, pela expansão dos meios de comunicação social e como conseqüência de todo o progresso tecnológico.

Se é condicionado, o fenômeno jurídico, porém, é por sua vez condicionante da realidade social a ele subjacente. Não existe manifestação importante da vida da sociedade que escape à sua influência. A sua força reguladora do dinamismo e das estruturas se exerce de maneira a condicionar todos os tipos de fatos sociais, desde os econômicos até as manifestações de simples estilo.

O controle social assim exercido pela norma jurídica, paralelo com os demais tipos de controle social, invadiu áreas antes guardadas a outros desses tipos, na evolução moderna dos Estados industriais. É, portanto, forma de controle social em expansão, o que tem relação direta com a expansão do Estado moderno.

Além das funções de controle social, de conservação e de transformação do complexo social, a normatividade jurídica possui uma função educativa de grande importância, pois exerce uma influência que decorre da presunção de que seus mandamentos são os melhores índices da conduta recomendável na vida social.

O campo de estudo concreto da Sociologia do Direito pode ser encarado sob três aspectos:

— quanto à eficácia das normas jurídicas e seus efeitos sociais;

— quanto aos instrumentos humanos da ordem jurídica, seus condicionamentos e sua função na sociedade;

— quanto à opinião do público sobre o Direito e as instituições jurídicas.

Na esfera da metodologia, a Sociologia do Direito usa métodos e técnicas habituais da Sociologia, integrados com os métodos e as técnicas do Direito. Não se trata de simples adição de métodos, mas de integração em que uns e outros são adaptados às necessidades da pesquisa.

Fazemos tranqüilamente a afirmação de que o Estado do futuro fará intenso e generalizado uso das pesquisas de Sociologia jurídica como instrumento fundamental às suas atividades legislativas, administrativas e judiciárias. Não é razoável supor que as práticas de improvisação e dogmatismo, que até hoje perduram, continuem a prevalecer na sociedade industrial. Os argumentos de Mannheim e outros são irresponsáveis: o planejamento se tornou imperativo, até mesmo para a preservação das liberdades essenciais à criatura humana.

Logo, é indispensável um intenso esforço de pesquisas de Sociologia do Direito, a ser empreendido com base nas organizações universitárias e com o patrocínio dos órgãos estatais. A Universidade pode e deve ser chamada a comandar esse trabalho, tão importante quanto a pesquisa em outros ramos do saber humano, em que é julgada urgentemente necessária.

A utilidade da incorporação de noções desenvolvidas na Sociologia ao estudo do Direito se apresenta, dessa maneira, evidente. Dessa utilização do mundo conceptual da Sociologia dentro do mundo conceptual e prático da Ciência do Direito poderão ser obtidos extraordinários resultados em benefício de uma real adequação da normatividade jurídica à realidade social.

6 Reflexões adicionais.

Aos leitores deste capítulo recomendamos cotejá-lo com a matéria referente a ideologia e o conceito do que é justo. O justo é o que assim parece às pessoas, segundo os condicionamentos sociais que sobre ela se exercem e que caracterizam uma visão do mundo. Essa visão do mundo, em sentido amplo, é precisamente a ideologia.

Outra remissão a ser feita é a que reitera a importância da mudança social no espaço de tempo entre a redação dos textos anteriores incluídos nesta edição, e a época em que ela é escrita. Os leitores atentos terão encontrado em todo o conjunto agora oferecido ao seu exame as mais claras indicações dessa mudança. Muito do que foi dito aqui e agora refere-se, evidentemente, a uma conjuntura temporal superada com o correr do tempo. Quadros descritos no texto original e em edições subseqüentes são coisas do passado quando apreciadas ao tempo da chamada "globalização", dominada pela expansão das comunicações e pela aparente instantaneidade com que sabemos de qualquer acontecimento.

As diferenças entre as diversas realidades socioculturais em nosso mundo foram sendo gradativamente esmaecidas. A generalização de indicadores globais em matéria de usos e costumes, mas também no mundo das normas legais, faz com que estejamos bem no centro de uma revolução mundial que alcança valores, idéias, anseios, perspectivas, modos de agir e de pensar, para dizer apenas alguns aspectos. É a sociedade de massa globalizada que avança no cenário, tornando ainda menos previsíveis certas modificações que o futuro trará.

O retrato, certamente imperfeito, das realidades socioculturais que interessam a vida jurídica é, pois, contingente. Entre a redação dos acréscimos ao texto ocorridos nesta edição e o momento em que cada leitor a examinar, acontecerão transformações a mais. Essa feição característica da vida social deve ser tida, portanto, em mente, conduzindo o exame crítico das matérias e questões. É conveniente lembrar que a mudança é um processo geral que a sociedade desenvolve, em seus aspectos globais e particulares. Ela acontece em ritmos e andamentos (para usar a terminologia musical) diversos, o que mostra a extrema complexidade de seu estudo, entretanto indispensável.

Isso explica em parte a distância entre a eficácia formal e a eficácia real, ou seja, a eficácia de fato das normas de direito.

Apêndice

A CENSURA NO BRASIL: O DIREITO E A REALIDADE SOCIAL

1. *O direito de opinião e a liberdade de pensamento. As condições da liberdade. O abuso do direito e o controle estatal.*

2. *O Poder de Polícia: conceito. O direito de censura.*

3. *Fundamentos jurídicos do direito de censura no Brasil. A evolução do Direito Constitucional.*

4. *Problemas da realidade mundial e nacional; o inconformismo das novas gerações; a "sociedade informada"; a condicionante tecnológica; a consciência das carências. O debate em curso.*

5. *Problemas de censura e segurança.*

6. *Conclusões provisórias. Advertências e um projeto de pesquisa.*

7. *Apêndice I: Os tempos mudaram...*

8. *Apêndice II: ... e mudaram mesmo.*

1 O direito de opinião e a liberdade de pensamento. As condições da liberdade. O abuso do direito e o controle estatal.

Já se disse que o direito de opinião é um direito absoluto. Com isso, o que se quis acentuar, evidentemente, foi o caráter absoluto à liberdade de opinião. Pois é a vinculação do direito de opinião à liberdade de consciência que importa, no caso. Por esse motivo, o aspecto absoluto é realçado com o que se vai buscar na profunda liberdade humana de formar sua própria opinião, e de manifestá-la, como tal, o fundamento a servir de sustentação a um direito subjetivo.

Para esse entendimento, há dois tipos de considerações a fazer. O primeiro se refere às raízes filosóficas da liberdade, ao entendimento, mesmo, de que a liberdade humana — e sobretudo a liberdade de espírito e pensamento — é essencial à própria realização da criatura que é o homem. Considerações de valor, de respeito à integridade espiritual e intelectual de cada um, dominam as motivações formalmente expostas para a afirmação de que o direito de opinião, correlato à liberdade de pensamento, constitui um direito absoluto.

Outro tipo de considerações, entretanto, se apresenta ao lado deste, agora mais realista ainda, e certamente decisivo. É que o que se passa na consciência individual, os pensamentos que cada pessoa formula, as opiniões que firma, ou adota, constituem fatos que escapam ao alcance de outrem, fogem à possibilidade de controle externo, não estão dentro da esfera de interferência possível por parte do Estado, para a verificação de como se processam tais pensamentos, quais as opiniões que tem a pessoa, quais as suas realidades conscientes, enfim. Diante da impossibilidade de invadir o mundo estritamente privado a que nos referimos, nada há a fazer senão reconhecer o caráter absoluto de suas defesas, sua imunidade à fiscalização ou limitação externa.

Duas são as maneiras, entretanto, pelas quais se manifesta a opinião: uma, íntima, de si para si, em que a pessoa forma e adota pontos de vista, assume posição, elabora conceitos, opina; outra, voltada para o mundo exterior, numa relação para com outro, em que a pessoa expressa, comunica, transmite o conceito, a opinião. A rigor, a primeira manifestação é a que escapa a qualquer maneira de identificação, limitação ou invasão, pelas demais pessoas; a segunda, pela sua própria natureza externa à consciência individual, é possível identificar, limitar, interceptar, enfim, é suscetível de controle externo.

Dentro da mesma ordem de cogitações, é possível dizer que a primeira manifestação acima citada, a opinião íntima, de si para consigo, ou de si para si, é a verdadeiramente absoluta. Ela é liberdade profunda e se encontra protegida por um direito incontrastado e incontrastável. O direito à formação de opinião, o direito à opinião íntima, constitui algo inexpugnável. É absolutamente real. Isso, a menos que se esteja considerando o fato, hoje não mais negado, de que a própria formação da opinião íntima é condicionada pela sociedade, e, acima de tudo, pelos grupos sociais mais próximos da pessoa. O que pretendemos, no caso, entretanto, não é entrar nesse tipo de indagações. Partindo desse fato reconhecido, a pessoa elabora, contudo, de maneira única e individual, a opinião; é essa opinião íntima, personalíssima, aquela a que nos estamos referindo agora.

No tocante ao direito à manifestação da opinião, também chamado direito à manifestação do pensamento, é que se apresentam as limitações formuladas pelo corpo social. Também aqui, o anseio de liberdade, dominante na criatura humana, se faz sentir com força impressionante. Manifestar o pensamento, exprimir a opinião, em realidade, é fundamental para a realização da própria personalidade e se apresenta como acessório indispensável à existência da liberdade de pensar, de opinar, no mundo íntimo de cada um. Afinal, como realizar, em sua plenitude, a liberdade de pensamento, de consciência, de opinião, se lhe faltar a expressão externa, a face representada pela comunicação de si para outrem, a dimensão social, precisamente aquela que confere ao indivíduo, ao animal homem, a sua qualidade de pessoa, de ser em sociedade?

Por isso mesmo, a liberdade de manifestação do pensamento, de expressão de pontos de vista, de opinar, diante do semelhante, é objetivo constante na história da humanidade. Como já tivemos ocasião de dizer, Benedetto Croce, o eminente filósofo italiano, talvez o último grande liberal do século XX, afirmou que a liberdade é ideal moral da humanidade.[1] Não se distanciou, nisso, do que têm sustentado os pensadores de todas as correntes filosóficas, num acordo significativo. Acrescentou ele, ainda, que a história é a própria história da liberdade, revelando a perfeita identificação de todos os passos da vida humana no planeta com a permanência dos anseios de liberdade, cuja expressão mais profunda e mais pura é a liberdade de pensamento, de que a liberdade de opinião é maneira de se manifestar.

Daí porque qualquer documento político-jurídico de maior importância contenha claras afirmações que asseguram tal liberdade e o direito a ela correspondente. O perpassar das páginas de publicações como *Les déclarations des droits de l'homme*, edição francesa a cargo dos Professores Aulard e Mirkine Guetzevitch,[2] nos dá bem a medida dessa universalidade da afirmação de princípios destinados a garantir a liberdade de pensamento e opinião. Não escapam à regra, até mesmo, as ditaduras, de que é exemplo a ditadura do proletariado da União Soviética, da qual a Constituição, no artigo 124, afirma garantir a liberdade de consciência e, no artigo 125, as liberdades de palavra, de imprensa, de reunião, de passeatas e demonstrações de rua.

Se é ideal moral do ser humano; se este a inscreve entre todas as suas reivindicações mais importantes e a persegue até quando está impulsionado pela busca de novos domínios físicos, na conquista dos espaços exteriores, ou quando pesquisa a intimidade do mundo que o circunda, a liberdade, entretanto, não pode ser, em suas manifestações de relação, incondicionada e irresponsável. Assim é que se deve, sempre, ao cuidar do assunto, examinar o que se chama de "as condições da liberdade".

É que ela sofre as indispensáveis limitações diante da realidade ambiental. Não apenas o meio físico constrange, limita, mas também o meio social impõe restrições que acabam por se converter, necessariamente, em "condições da liberdade". Se a cada um couber uma liberdade total de agir como lhe aprouver, é evidente que o campo da liberdade individual de uns invadirá a área da liberdade individual de outros que, como conseqüência, verão a sua liberdade individual limitada, mutilada pelo exercício indiscriminado da liberdade alheia. É injustamente invadida, por certo, na maioria dos casos, pelo exercício da liberdade do mais forte.

Por isso, a sociedade limita o exercício dos direitos de seus componentes. A liberdade é, essencialmente, limitada, para que possa existir no universo social. A ela correspondem, sempre, uma responsabilidade e uma obrigação. Aos direitos correspondem deveres. A correlação é indispensável ao equilíbrio social e condição da própria ordem interna de qualquer grupo.

A liberdade de opinião, abrangida pela liberdade de consciência e pensamento, de que resultam os direitos de opinião, é também, pela sua própria natureza, condicionada. Não aquela, a que nos referimos, a liberdade íntima de consciência e opinião, imune a qualquer controle social coercitivo ou limitativo; mas a face externa do direito de opinião que se manifesta em relação, para com outrem, no universo social propriamente dito. Dessa manifestação da liberdade de opinião é que cuidamos agora.

As manifestações do pensamento e da opinião são essenciais à existência da sociedade democrática. Em seus tipos característicos, elas se apresentam através da imprensa, da publicação de livros e periódicos, dos veículos de comunicação social mais importantes, do rádio e da televisão, mas também por meio das reuniões, comícios, debates públicos etc. Em todas essas formas, o pensamento e a opinião se manifestam, atingindo públicos de dimensões variadas e funcionando, portanto, como componentes da rede de comunicação social, dentro do processo de interação que constitui o elemento distintivo, por excelência, do fenômeno social.

A liberdade de manifestação de pensamento e opinião, pelos meios indicados, destarte, protegida pelo direito de opinião, se exerce no que há de mais característico da vida de relação, e na sociedade organizada constitui instrumento de controle público da vida e dos atos da administração. Essa capacidade não deve ser restringida, obviamente, além do ponto em que se torne inócua, pois se assim ocorrer estará perdido um dos mais poderosos elementos de controle social sobre as suas instituições dirigentes — um dos elementos definidores da forma democrática de organização e estrutura social. A necessidade de que os atos de Governo e administração estejam sempre dominados pelo princípio da "publicidade" e sujeitos ao controle popular, realmente, exige que se assegure às formas de manifestação do pensamento e da opinião as condições básicas para o exercício de sua liberdade e de seus direitos de informar e opinar.

De outro lado, o exercício de qualquer direito é acompanhado do risco do abuso. O abuso de direito é fato comum na ordem jurídico-social e diante dele a sociedade estabelece remédios diversos, prevendo o seu controle, a sua correção e punição, obedecendo sempre ao grau de probabilidade de que ocorram, da gravidade de suas manifestações, e da importância dos valores assim atingidos.

O controle estatal — como forma superior de controle da sociedade — se manifesta por duas formas básicas: a preventiva, que tem um aspecto principalmente psicológico, pelo temor às conseqüências legais do abuso, e outro material, em casos que o Estado considera de excepcional importância; e a repressiva, *post facto*, pela qual se punem os que abusam das liberdades e dos direitos assegurados na ordem jurídica, mediante, já agora, instrumentos corretivos, de reposição das coisas no *statu quo ante*, e instrumentos punitivos, pelos quais os responsáveis pelos atos abusivos sofrem as penalidades previamente fixadas nas leis.

O mecanismo de prevenção ou repressão aos abusos da liberdade e aos abusos de direito, no caso do direito de opinião e de manifestação do pensamento, assume entretanto natureza muito especial. Ele não pode ser levado a extremos que permitam, sob o pretexto de se coibir o abuso, o cerceamento da liberdade naquilo que ela tem de fundamental e justo — e principalmente o exercício de liberdade de crítica e fiscalização da ação governamental. O Poder é, por sua própria natureza, voltado para a expansão, até a hipertrofia. É a sua vocação. Ele busca ampliar-se. É indispensável que não tenha instrumentos fáceis para impedir que o seu exercício esteja sob a fiscalização e a crítica do público.

Logo, critérios devem ser exercidos para que o controle estatal do exercício das liberdades individuais, e, mais precisamente, o controle social sobre o exercício do direito de opinião e manifestação do pensamento não seja, ele também, abusivo. É preciso reconhecer, como o têm feito os melhores estudiosos do assunto, que o recalcamento do direito de opinião conduz mais rapidamente à desordem, à violência, à ruptura da ordem jurídico-social, às situações explosivas, do que os abusos no exercício de tal direito. A velha imagem da rolha que comprime e recalca um meio em que a pressão e a força de expansão se apresentam poderosas serve perfeitamente para o caso, pois a manifestação do pensamento e da opinião é tão profundamente própria da criatura humana, tão arraigada nos principais anseios de qualquer grupo social, tão extensamente aceita como ideal da pessoa humana, que sua força explosiva é por todos reconhecida.

O critério da efetividade real do perigo, na manifestação do pensamento e da opinião, balanceado com as necessidades de preservação da sanidade do meio social, impõe contenção, cuidado, imaginação (o que falta freqüentemente). O ponto de equilíbrio entre a necessidade da liberdade de manifestação do pensamento e da opinião e os riscos da impunidade do respectivo abuso, ou de graves males sociais em virtude desse mesmo abuso, assim, é o centro nervoso da matéria que estamos abordando. A busca desse meio-termo necessário, indispensável, e apesar disso, instável, em constante mudança, sob o influxo das mudanças sociais, da permanente fluidez dos fenômenos que se desenrolam na sociedade, deve ser a nossa preocupação no trato da matéria.

2 O Poder de Polícia: conceito. O direito de censura.

O conceito de Polícia é objeto de discussão entre os estudiosos do Direito Constitucional e Administrativo, pois sua exata extensão é, de um lado, ampliada até abranger, praticamente, toda a atividade administrativa do Estado e, de outro lado, limitada como simples atividade preventiva ou repressiva dos ilícitos penais. Entre os dois extremos, contudo, se situam os juristas, cientistas, políticos e sociólogos, focalizando a atividade administrativa de modo especial, de maneira que a acepção vulgar de "polícia" não impressione aos que examinam o importante campo de ação estatal que se situa no âmbito do chamado Poder de Polícia.

Este, na feliz conceituação do ilustre Marcello Caetano, é o direito de intervenção administrativa da autoridade pública, no exercício das atividades individuais suscetíveis de fazer perigar interesses gerais, tendo por objeto evitar que se produzam, ampliem ou generalizem os danos sociais que as leis procuram prevenir.[3]

De tal conceituação se pode concluir que a Polícia é uma modalidade de intervenção administrativa, como lembra, ainda, aquele eminente professor em considerações de grande acuidade, analisando o conceito acima exposto, em cada um de seus elementos componentes.

É o que, em essência, os demais autores modernos sustentam, pois o chamado Poder de Polícia constitui o instrumento de que se vale o Estado para, no cumprimento de sua missão de controle social, garantir a paz, a segurança, a ordem, o desenvolvimento harmônico da sociedade, o respeito aos direitos e garantias individuais e a realização do bem-estar da população.

É em tal campo que se insere o *direito de censura*. O exercício da autoridade de examinar e conceder, ou não, permissão, para que sejam veiculadas certas manifestações de pensamento e opinião, num Estado democrático, pela sua extrema delicadeza, já acentuada anteriormente neste trabalho, e pelas vinculações políticas sempre implícitas, constitui objeto de intensas e extensas discussões. Está, entretanto, firmemente preso ao Poder de Polícia. Este, no seu aspecto preventivo, destinado a impedir que se produzam, ou se agravem, males sociais que as leis procuram evitar, intervém em alguns casos, previstos também nas leis, para assegurar o cumprimento de sua missão. O direito de censura que compete ao Estado, portanto, é inerente ao seu Poder de Polícia e apresenta dois aspectos, ou fundamentos, de maior relevo: o da segurança e o da preservação dos modos de vida da coletividade.

3 Fundamentos jurídicos do direito de censura no Brasil. A evolução do Direito Constitucional.

Como expressão parcial do Poder de Polícia, que a atividade administrativa do Estado exige para a realização de seus fins sociais, o direito de censura está consagrado em textos constitucionais brasileiros. Como bem acentuou Themistocles Brandão Cavalcanti, as Constituições mais modernas evoluíram no sentido de estabelecer restrições à livre manifestação do pensamento, impostas pelo interesse público.[4] A disposição da Constituição de 1891 sobre a manifestação do pensamento era muito ampla e não admitia a censura. Determinou o constituinte de então, no artigo 72, parágrafo 12 "Em qualquer assunto é livre a manifestação do pensamento pela imprensa, ou pela tribuna, sem dependência de censura, respondendo cada um pelos abusos que cometer, nos casos e pela forma que a lei determinar. Não é permitido o anonimato."

O enunciado de tal dispositivo constitucional permite duas ordens de conclusões: a primeira, no sentido de que as manifestações de pensamento e opinião, feitas pela imprensa e pela tribuna, independiam de qualquer forma de censura. Esta era proibida expressamente. A outra é de que, *contrario sensu*, a manifestação de pensamento e opinião por outros meios (por exemplo, representações teatrais) estava sujeita à censura. E tanto assim ocorreu que a jurisprudência dos tribunais, nos casos controvertidos da época, se orientou pela permissão de censura, em tempos normais, mesmo sem a vigência de estado de sítio, incidindo sobre as representações teatrais. É que, em relação ao teatro, preocupavam sobremodo as influências sobre os costumes e a sua capacidade de, pelo caminho da emoção, condicionar poderosamente a opinião pública e seu comportamento.

Essa enorme força do teatro, como capaz de influir na vida social e de servir de instrumento político poderosíssimo, já fora sentida pelos gregos clássicos. A tal ponto que, ironicamente, Platão falou de uma "teatrocracia", referindo-se à influência que os comediantes de seu tempo exerciam, pela representação teatral, sobre as pessoas que governavam Atenas. Por esse motivo, depois de larga fase em que isso foi observado sem interrupções, Menandro afastou o teatro ateniense dos temas políticos. Foi a primeira manifestação conhecida do exercício de censura teatral na história do Ocidente.

A redação dada pela Constituição de 1891 se ajustou, em espírito, à da Constituição Imperial, cujo artigo 179, em seu parágrafo 4º, assim dispunha: "Todos podem comunicar os seus pensamentos por palavras, escritos, e publicá-los pela imprensa, sem dependência de censura, contanto que hajam de responder pelos abusos que cometerem no exercício deste direito, nos casos e pela forma que a lei determinar."

É interessante advertir, porém, uma *nuance* na evolução de um para outro mandamento constitucional. Enquanto na primeira Constituição republicana a independência de censura se referiu expressamente, apenas, à manifestação do pensamento pela imprensa e pela tribuna, a Carta imperial era mais liberal. Assegurava não depender de censura qualquer comunicação do pensamento por palavras, escritos e publicação na imprensa. A palavra, dita em qualquer circunstância, tinha sua independência de censura, de tal forma, garantida no nível constitucional.

Mais nítida se tornaria, com o correr dos tempos e a mudança da realidade social subjacente à normatividade político-jurídica que se reflete nas constituições, a evolução das normas constitucionais brasileiras nesse particular. A Constituição de 1934, de evidente inspiração liberal, estipulou, em seu artigo 113, item 9, o seguinte:

> Em qualquer assunto é livre a manifestação do pensamento, sem dependência de censura, salvo quanto a espetáculos e diversões públicas, respondendo cada um pelos abusos que cometer, nos casos e pela forma que a lei determinar. Não é permitido o anonimato. É assegurado o direito de resposta. A publicação de livros e periódicos independe de licença do poder público. Não será, porém, tolerada propaganda de guerra ou de processos violentos para subverter a ordem pública ou social.

Na redação aludida, verifica-se desde logo a preocupação de tornar explícita a exceção referente aos espetáculos e às diversões públicas, permitindo, portanto, agora expressamente, a censura a esse respeito, que vinha sendo reconhecida como válida pelos tribunais, anteriormente, na interpretação *contrario sensu* da norma constitucional de 1891. Por outro lado, a nova Constituição, vindo após a revolução paulista de 1932, visando aos excessos da ditadura Vargas em sua primeira fase, quis declarar expressamente, também, a liberdade de publicação de livros e periódicos.

Seja como for, contudo, ficou já então bem clara a permissão constitucional à censura de espetáculos e diversões públicas, dentro aliás do quadro mundial, pois quase todos os países adotaram, na época, embora sob formas muito variadas, o critério de admitir censura em tais atividades. Alguns deles, deve ser reconhecido, não incluíram formas proibitivas na censura, mas simples critérios de classificação.

A Constituição de 1937, fiel aliás às suas próprias inspirações, que terminaram por desembocar na fase mais longa da ditadura Vargas, aquela denominada de "Estado Novo", foi muito mais longe em matéria de censura. Instituiu a censura geral sobre as manifestações do pensamento. Seu artigo 122, item 15, dispunha: "Todo cidadão tem o direito de manifestar o seu pensamento, oralmente, por escrito, impresso ou por imagens, mediante as condições e nos limites prescritos em lei."

A essa disposição aparentemente liberal, contudo, acrescentou:

> A lei pode prescrever:
>
> a) com o fim de garantir a paz, a ordem e a segurança pública, a censura prévia da imprensa, do teatro, do cinematógrafo, da radiodifusão, facultando à autoridade competente proibir a circulação, a difusão ou a representação; etc. etc.

Ficou, dessa maneira, inteiramente inócua a garantia, inicialmente atribuída, de liberdade de manifestação do pensamento. O recalcamento do direito de opinião se produziu naquela época de nossa vida nacional, em termos amplos, sem limites, prevalecendo apenas o arbítrio pessoal dos governantes, que se atribuíam, como de costume, em todas as ditaduras, qualidades de salvadores e fiéis da civilização ocidental, da moralidade dos costumes e da natureza dos ideais legitimamente democráticos. A pressão na garrafa, em que o direito de opinião e manifestação de pensamento ficou represado, teve o resultado conhecido.

Em conseqüência, o movimento de 1945 restabeleceu os postulados democráticos. Como sempre, na história, a supressão desmedida da liberdade de pensamento e de opinião provocou a reação violenta, em seguida à oposição quase unânime do povo. Dos trabalhos da constituinte então eleita, resultou a Carta de 1946, que teve uma vida razoavelmente longa, pois vigorou, com emendas, até março de 1967. Essa Constituição, sob inspiração liberal, como a de 1934, assim mandava, em seu artigo 141, parágrafo 5º:

> É livre a manifestação do pensamento, sem que dependa de censura, salvo quanto a espetáculos e diversões públicas, respondendo cada um, nos casos e na forma que a lei preceituar, pelos abusos que cometer. Não é permitido o anonimato. É assegurado o direito de resposta. A publicação de livros e periódicos não dependerá de licença do poder público. Não será, porém, tolerada propaganda de guerra, de processos violentos para subverter a ordem política e social, ou de preconceitos de raça ou de classe.

Naquilo que interessa ao exame que estamos fazendo, dos fundamentos jurídicos do direito de censura, a redação de 1946 reproduziu, em essência, os mandamentos contidos na de 1934. A censura de espetáculos e diversões públicas se manteve, vedada a censura dos demais casos de manifestação do pensamento.

Assim foi que chegamos à norma da Constituição de 1967, que revela mudança de técnica na sua redação e determina em seu artigo 150, parágrafo 8º:

> É livre a manifestação de pensamento, de convicção política ou filosófica e a prestação de informação sem sujeição à censura, salvo quanto a espetáculos e diversões públicas, respondendo cada um, nos termos da lei, pelos abusos que cometer. É assegurado o direito de resposta. A publicação de livros, jornais e periódicos independe de licença da autoridade. Não será, porém, tolerada a propaganda de guerra, de subversão da ordem ou de preconceitos de raça ou de classe.

No que se refere à censura, continuou a sua proibição quanto à manifestação de pensamento, acrescentando-se referência à convicção política ou filosófica e à prestação de informação; e permaneceu a permissão no tocante a espetáculos e diversões públicas. No que há de fundamental, em relação à censura, não houve alteração importante.

As sucessivas emendas à Constituição de 1967, a partir da Emenda nº 1, de 1969, trouxeram pequenas modificações de redação no que tange ao assunto de nosso interesse e, assim, a matéria passou a ser regulada pelo artigo 153, parágrafo 8º, com o seguinte teor:

> É livre a manifestação de pensamento, de convicção política ou filosófica, bem como a prestação de informação independentemente de censura, salvo quanto a diversões e espetáculos públicos, respondendo cada um, nos termos da lei, pelos abusos que

> cometer. É assegurado o direito de resposta. A publicação de livros, jornais e periódicos não depende de licença da autoridade. Não serão, porém, toleradas a propaganda de guerra, de subversão da ordem ou de preconceitos de religião, de raça ou de classe, e as publicações e exteriorizações contrárias à moral e aos bons costumes.

Pelo visto, nesse passeio pela história das disposições constitucionais brasileiras referentes ao direito de censura, esse direito, verdadeira faculdade reconhecida ao Estado no exercício do seu Poder de Polícia, veio evoluindo, de maneira a se tornar mais nítidos, em face das novas realidades na vida nacional, sem que as reações liberais de 1934 e 1946 deixassem de acolher tal permissão, nos casos de espetáculos e diversões públicas. Se, no quadro da Constituição estado-novista de 1937, essa tendência correspondia a um antiliberalismo manifesto, nos quadros de 1934 e 1946 esteve presente em meio ao fenômeno da vitória do liberalismo. Logo, não se pode legitimamente ver no fenômeno um sinal de tendência para a ditadura, a menos que sua prática se revista de uma estreiteza de vistas que insinue, no plano legislativo ordinário, e na execução diária, instrumentos de recalque do direito de opinião, com os riscos que já foram apontados.

Convém ainda mencionar o fato de que a orientação constitucional brasileira não discrepa do caminho adotado pela grande maioria dos Estados, mesmo na presença das inspirações mais liberais na redação das normas das respectivas Constituições. Não é preciso exemplificar longamente, pois o fato é notório. Diremos apenas que a Constituição da República Italiana, em que a carga liberal domina fortemente, em seguida ao eclipse que representou a chamada era fascista, em seu artigo 21 assim dispõe: "Todos têm direito de manifestar livremente seu próprio pensamento com a palavra, por escrito e todos os meios de difusão. A imprensa não pode ser sujeita a autorização ou censura."

Depois de dispor, ainda no mesmo artigo, sobre as medidas judiciais para coibir os abusos da liberdade de imprensa, acrescenta a Carta italiana: "São proibidas as publicações por meio de imprensa, os espetáculos e todas as outras manifestações contrárias aos bons costumes. A lei estabelece procedimentos adequados para prevenir e reprimir as violações."

A menção foi feita em caráter meramente ilustrativo, tendo em vista o espírito reconhecidamente liberal que dominou a redação da Constituição italiana de 1947.

4 Problemas da realidade mundial e nacional; o inconformismo das novas gerações; a "sociedade informada"; a condicionante tecnológica; a consciência das carências. O debate em curso.

O problema deve ser situado dentro das realidades de um quadro conjuntural específico, pressionando no sentido de que se estabeleçam novas estruturas jurídicas para o exercício do direito de censura por parte do Estado. Esse quadro conjuntural, para ser compreendido, deve ser examinado à luz das informações que temos sobre sua dimensão maior, a conjuntura, mundial. Nela se insere a conjuntura nacional.

A divisão ideológica que foi definida como uma oposição em termos de Leste e Oeste, entre o mundo socialista chefiado pela União Soviética e o mundo capitalista sob o comando dos Estados Unidos, sofreu profundas modificações, de todos sabidas. O monolitismo do bloco socialista rompeu-se e nele se instalaram as grandes divisões, primeiro da Iugoslávia, depois, mais amplamente, da China de Mao-Tse Tung e, finalmente, os processos de liberalização de que a Romênia e, principalmente, a Tchecoslováquia são exemplos extremos, no momento em que escrevemos.

Por outro lado, no bloco capitalista, foram acentuadas as divergências em posições básicas. A França segue caminho próprio, de natureza política, principalmente, mas alguns países se situam em um espectro, no qual as gradações de identidade, ou independência, diante da política norte-americana, adquirem cada vez maior significação.

Esse contexto ideológico tem importantes conotações com as manifestações de pensamento e opinião. A ideologia costuma ser o mais poderoso ingrediente da formação de opinião e se insinua, naturalmente, nos processos de formação da consciência e do pensamento, de modo que grande parte dos condicionamentos intervém naquele processo.

É preciso estar atento para os fenômenos de relativo abrandamento do choque, ou conflito ideológico, mediante adoção, nos dois grandes pólos das posições divergentes, as superpotências que são os Estados Unidos e a União Soviética, de orientações conciliatórias, na chamada política de convergência. Sem excessivas ilusões a respeito do que se observa nesse particular, é inegável, entretanto, que houve importantes mudanças no tom de controvérsia e, por outro lado, uma série de atos concretos tendentes à "distensão", cujos reflexos ideológicos são notados.

A essa realidade, na qual a posição extrema da China Comunista ainda atua como elemento de agravamento do conflito, corresponde o aumento de importância de outra, a divisão do mundo em dois campos de diversa natureza, o chamado mundo desenvolvido, chefiado pelas duas superpotências e reforçado, de modo geral, pelos países do hemisfério Norte, e o mundo subdesenvolvido, em que se situa a grande maioria dos países, entre eles o Brasil. A diversidade de graus de desenvolvimento no mundo atrasado levou à criação de fórmulas verbais que se referem aos países em desenvolvimento, ou em processo de desenvolvimento. É que a diferença dos países subdesenvolvidos, entre si, é muito mais acentuada do que entre os desenvolvidos.

Essa maneira de ver os diversos países e as muitas nações existentes independe da divisão ideológica entre socialistas e capitalistas. Assim é que, na área socialista como na capitalista, ocorrem os dois tipos de sociedades, e cada uma das áreas é liderada por uma superpotência com elevado grau de desenvolvimento. Em termos objetivos, a China Comunista é um país desenvolvido para certos fins e profundamente subdesenvolvido, se olhado de outros ângulos. Responderá esse fato, seguramente, em grande parte, pela divergência violenta que se manifestou entre os governantes chineses e a política russa.

A situação de determinado país, diante da dicotomia apontada, é importante para se compreender as formulações e as manifestações de pensamento e opinião. O modo como os fenômenos socioeconômicos condicionam as respectivas sociedades firma não apenas as suas convicções políticas, mas também as suas atitudes quanto ao mais, inclusive os costumes e modos de vida.

Há outras considerações a fazer, ainda, a respeito da conjuntura mundial, nestas breves referências. É mister não perder de vista que o mundo se vai tornando uma grande aldeia. De fato, as coisas não ocorrem mais como antes, em lugares longínquos, ou que sentimos como longínquos. Diante dos modernos meios de comunicação, da celeridade com que circulam as notícias e informações, do acesso quase instantâneo às imagens vindas de todas as partes do planeta, do crescente grau de participação de todos, nos acontecimentos de todos os tipos e de todas as regiões, numa escala planetária, o grau de consciência individual de tais fatos é agora muito elevado. E, com isso, a influência recíproca das realidades nacionais diversas, dos costumes, das atitudes, dos problemas constatados ou declarados, é sempre maior. A "circunstância" do homem, na expressão de Ortega y Gasset, ampliou-se; não é mais o seu pequeno mundo local, mas todo um planeta.

Logo, é impossível secionar uma parcela dessa humanidade, no tratamento legislativo, dentro de uma ordem normativa fechada, imune às realidades externas, num tratamento particular de fenômenos psicossociais muito mais vastos. As questões referentes aos costumes, sobretudo, vão perdendo, irremediavelmente, seu caráter local. Existe uma tendência clara para certa uniformização de modos de vida, sob o influxo do prestígio das formas adotadas nos países tidos como líderes; e os problemas, ou as modas, ou as correntes de opinião, e de comportamento, que neles se manifestam, logo se refletem nas demais sociedades, sob sua influência.

Por outro lado, ocorrem certos problemas de grande importância em escala cada vez mais global. São exemplos disso, a preocupação com a explosão demográfica e o debate a respeito dos preconceitos e das práticas discriminatórias raciais. Ambos ocupam a atenção mundial e provocam uma participação crescente da população, não apenas na respectiva discussão, mas também em atividade que chega, por vezes, ao plano da violência e do conflito direto e carregado de ódio. Tais questões, hoje em dia, deixaram a escala "paroquial", na linguagem de Toynbee, para atingir o plano ecumênico. E fazem parte do quadro conjuntural do planeta, a informar todas as manifestações de consciência e sua expressão.

Em um plano nacional, a primeira coisa a observar é o conjunto de reflexos daqueles problemas mundiais. Ampliando o grau de sensibilidade dos instrumentos de observação direta, partindo da macrovisão, em escala planetária, para uma visão setorial, em escala nacional, é preciso compreender que a transposição dos grandes problemas mundiais sofre um processo de adaptação. Eles, já agora, não são apenas olhados em suas grandes linhas, que escondem detalhes e minúcias numerosas. Essas particularidades se apresentam, combinadas com outras, inclusive de caráter internacional, mas não mundial. Poderíamos chamá-las de regionais, em um esforço de generalização, certamente insatisfatório, pois há realidades internacionais que não se ajustam propriamente a um quadro "regional".

Deve ser dito que a conjuntura nacional não prescinde de sua situação como realidade latino-americana; e, mais precisamente, de realidade sul-americana. Nossa posição, na verdade, é contraditória, aparentemente, no que se refere às grandes linhas gerais que já delineamos. Estamos englobados no chamado bloco ocidental, sob a liderança dos Estados Unidos; mas somos um dos países líderes do mundo subdesenvolvido, em choque de interesses e de políticas com os países desenvolvidos e especialmente com as superpotências. Estes, em alguns casos, têm interesses coincidentes entre si e antagônicos aos nossos.

Isso condiciona, evidentemente, as atitudes nacionais. E coloca sérios problemas no trato das manifestações de pensamento e de opinião. A tais realidades, entretanto, devem ser somadas as condições particulares de nosso País. É a nossa realidade sociocultural que deve ser, então, ponderada, para a melhor compreensão das dificuldades referentes ao exercício do direito de censura entre nós.

O novo inconformismo que domina a sociedade moderna, sobretudo nas suas faixas etárias mais jovens, é elemento primordial a considerar numa análise do problema. A juventude brasileira, mas não apenas ela, e também as faixas etárias que vão até os 35 anos de idade, representam um tipo de formação e de opinião bastante diverso do que dominou as gerações anteriores. As parcelas mais inconformistas e radicais desse pensamento, como sempre ocorre, são as da faixa etária entre os 16 e os 21 anos, aproximadamente, correspondendo de certo modo, e até certo ponto, ao período da capacidade relativa, prevista na lei civil.

Colocada em meio aos fenômenos mundiais indicados, após os abalos da economia e em toda a estrutura da sociedade ocidental, que se seguiram à Segunda Guerra Mundial, a mocidade se tornou extremamente cônscia de sua opinião no mundo em mudança. Ao lado dessa tomada de consciência de sua posição e, sobretudo, de sua força, conseguiu alcançar, pela identidade de problemas a enfrentar na escala mundial, uma grande unidade de propósitos e de aspirações. O repúdio à guerra, a recusa de aceitação de fórmulas tradicionais, uma unidade de perspectivas, foram fenômenos que se superpuseram ao relativo niilismo dos primeiros anos do pós-guerra, quando das manifestações práticas do existencialismo. As formas, certamente mais modernas e melhor promovidas, do ponto de vista publicitário, dos *beatniks* e dos *hippies*, são resquícios por vezes intelectualizados, por vezes ingênuos por demais, daquele fenômeno, já agora irrelevante.

Na verdade, a conscientização crescente da juventude, para a própria missão histórica, e para as mudanças socioeconômicas de grande extensão e profundidade que o mundo sofre e sofrerá no seu tempo de vida, opera juntamente com a natural revolta da mocidade, seu inconformismo essencial, característico aliás de todas as gerações de jovens, principalmente universitários, na sociedade ocidental. No tipo de sociedade em que vivemos, é inevitável o fenômeno da intranqüilidade, do inconformismo, do reformismo, da busca de mudança e correção de injustiças existentes, que domina a mocidade. Não que isso ocorra em todas as sociedades humanas. Margaret Mead[5] e outros antropólogos e sociólogos já nos demonstraram o contrário, pois as sociedades do tipo primitivo, ou sociedades estáticas, de baixo dinamismo social, revelam quase completa ausência de traços como esse. Nas sociedades industriais modernas, contudo, todas apresentam o quadro que identificamos, no momento, entre nós.

Soma-se a tal condição o fenômeno da *sociedade informada* a que fizemos breve referência linhas antes. O que caracteriza o homem comum de uma grande comunidade urbana, hoje em dia, é o fato de que ele é informado sobre a grande quantidade de fatos que dizem respeito à vida coletiva. Não importa a qualidade dessa informação, se boa ou má, se verídica ou fantasiosa, se motivada ou neutra. O fato é que ele sabe de coisas que, na sociedade arcaica, não sabia. Ele está sempre sob o influxo de enorme massa de informações que lhe são transmitidas em todos os instantes, pelas conversas nos círculos menores, nos locais de trabalho, em meio a grandes multidões, nos veículos de transporte coletivo, nas casas de diversões, através de jornais, revistas, livros, aparelhos de rádio, de televisão, filmes etc.

A isso convém acrescentar que os progressos da tecnologia tornaram os meios de comunicação social e, portanto, os veículos dessa comunicação e de toda espécie de informações muito mais eficientes, acessíveis a todos, quase onipresentes. É difícil, hoje em dia, encontrar um recinto fechado em que não estejam instalados aparelhos dessa espécie; e freqüentemente se acham eles operando normalmente, tanto nos locais privados quanto nos lugares públicos. A tecnologia contribui poderosamente para a existência da sociedade informada a que fizemos referência. Serve até para os ensaios já existentes de condicionamento social planejado, o que envolve perigos que têm sido repetidamente denunciados e que devem ser objeto de grande cuidado, se quisermos preservar modos democráticos de vida — e, mais ainda, se os quisermos aperfeiçoar.

O conhecimento do que ocorre no mundo; das possibilidades gigantescas que se deparam à humanidade, em matéria de superação das próprias dificuldades materiais, mediante a utilização da tecnologia moderna; da conquista, em curso, do espaço exterior do planeta, com a possibilidade do estabelecimento das primeiras colônias humanas em outros corpos celestes, dos problemas que estão implícitos na explosão demográfica; das eventualidades da supressão das doenças, da fome, da miséria, com a implantação de uma sociedade de bem-estar; da eliminação possível das guerras como instrumento de solução dos problemas humanos; e a tomada de consciência das implicações de todo esse processo histórico em desenvolvimento, com os seus obstáculos, suas potencialidades e a sua urgência, constituem elementos de grande força condicionante da realidade nacional brasileira, no que tange às suas gerações jovens.

Há uma verdadeira consciência das carências de nosso País. Essa consciência de que nos falta muito, ou seja, a conscientização de que o progresso alheio já atingiu níveis que ainda não pudemos alcançar, constitui aliás um dos elementos que servem para caracterizar o conceito de subdesenvolvimento, na opinião de Yves Lacoste. Mas, desde que se manifesta, desencadeia uma série de fenômenos psicossociais significativos e que têm, como não podia deixar de acontecer, expressão nas manifestações de pensamento e opinião. A busca de realização, que domina o processo de supressão das carências, não se faz em silêncio e sem que se denunciem as deficiências e se enalteçam os propósitos de reforma e conquista de metas. De mistura com a ação, vão as palavras, nem sempre agradáveis ou mansas. Nisso, portanto, a tomada de consciência do processo de desenvolvimento, da necessidade de superar o que está errado ou insuficiente, da natureza dos obstáculos que impedem, ou se entende impedirem, aquele processo, tem direta relação com o nosso tema.

Essa é a raiz do debate em curso. Ele se trava em todos os planos da vida nacional, mas sobretudo no campo das atividades diretamente afetadas pelas decisões que se tomou e que podem ser atingidas pelas que se vier a tomar. A imprensa como sempre, é o grande foro da discussão. Sua natureza de sismógrafo ideal, cuja sensibilidade supera qualquer outro instrumento de comunicação social, é particularmente adequada ao tema, até mesmo porque o que dela fazem profissão são interessados diretos na manutenção de sua liberdade. A censura de imprensa, contudo, nos termos da Constituição atual, segue o princípio tradicional das Constituições anteriores, em obediência à redação dos dispositivos que já transcrevemos nestas páginas.

Não mencionamos, é bem verdade, a exceção expressa em norma também constitucional, à regra de descabimento da censura à imprensa e que é o caso do estado de sítio. Também agora, como sob as Cartas anteriores, essa forma de censura está prevista na atual Constituição. Em seu artigo 156, parágrafo 2º, ela assim determina: "O estado de sítio autoriza as seguintes medidas coercitivas: ... f) censura de correspondência, da imprensa, das telecomunicações e diversões públicas."

Já nos casos do rádio e da televisão, não apenas o silêncio da Constituição quanto à sua independência de censura, mas outras disposições constitucionais e legais expressas permitem francamente a censura, que aliás vem sendo exercida às claras por todos os Governos, sucessivamente. Cada um deles a utilizou, com freqüência, com o fim de limitar o acesso dos seus adversários a tais meios de comunicação de massa, hoje mais capazes de penetração que a imprensa escrita, sobretudo num povo em que ainda é elevada a porcentagem de analfabetos, e quando se sabe que os modernos aparelhos de rádio, transistorizados, se acham ao alcance dos recursos modestos da grande maioria de pessoas.

A censura do rádio e da televisão, porém, tem outro aspecto de grande importância educacional e social. É no que toca à polícia de costumes, pois a penetração dos programas radiofônicos e televisionados nas residências faz que seja de evidente interesse público evitar que, em tais programas, se incluam apresentações danosas aos chamados bons costumes, que representam a moralidade mínima da grande maioria da população. Sob esse aspecto, os mecanismos de censura radiofônica e de televisão têm prestado serviço importante. E poderão fazê-lo ainda mais, se mais inteligentes e racionais forem os métodos e instrumentos de fiscalização estatal à sua atividade.

O debate público a respeito da censura no rádio e na televisão, entretanto, não assume importância maior, senão no que respeita à permanência de tais veículos de comunicação social como foro de debate político-social, com o acesso a ele, por parte dos que sustentam posições e políticas contrárias às do Governo porventura no poder. Isso porque, no que respeita à censura de costumes, há um consenso tranqüilo.

No caso do teatro, do cinema, dos espetáculos e diversões públicas, porém, muda o quadro. É intenso o debate. A interferência estatal é considerada danosa e ilegítima, freqüentemente, não apenas quando se manifesta com um conteúdo político, de limitação ou supressão de opiniões ou pensamentos contrários à ordem vigente no momento, mas também no que se refere à polícia de costumes. Entendem os defensores da liberdade absoluta, ou completa independência de censura, dos espetáculos e diversões públicas, que a interferência dos censores arrisca pôr em perda a obra de arte, e sufocar meio essencial de manifestação do pensamento e da opinião. As posições assumidas na questão são, por vezes, extremadas e indefensáveis, de lado a lado. Como de hábito, os excessos representam radicalismos contrários ao bom senso.

Na verdade, o Estado não pode deixar de exercer a ação fiscalizadora sobre as diversões públicas, inerentes ao seu Poder de Polícia. E o faz através do direito de censura. A administração pública tem a missão de assegurar paz, ordem, harmonia social, liberdade e outros valores sociais. Para fazê-lo, não pode dispensar a censura dos espetáculos e diversões. Deve, porém, como já se disse, realizá-la dentro de limitações bastante nítidas e atendendo, sobretudo, ao bem comum.

A censura proibitiva geral é, por sua própria natureza, ineficiente e danosa ao interesse público. Ao proibir, pura e simplesmente, um espetáculo público, o Estado invade a esfera de manifestação do pensamento e da opinião. Se o faz por motivos políticos, a atitude é eficiente, apenas, no sentido de provocar irritação e de dar maior repercussão às posições oposicionistas que a peça, ou representação, talvez tivesse incluído; se o faz por motivos outros, ligados à polícia de costumes, arrosta a hostilidade e a irritação, também, da maioria do público, sempre sensível quando alguém lhe diz aquilo a que deve, ou não, assistir. Como se sabe, poucas coisas motivam tanta reação emocional e mesmo racional quanto se afirmar que não devemos ver, ou ouvir, isso ou aquilo, a bem de nossa formação moral, ou da preservação dos bons costumes, ou sob qualquer outro pretexto. A impopularidade geral, mundial mesmo, das formas de censura nesse particular atesta nitidamente o caráter inoperante da censura.

Cabe ainda uma observação: a existência do veto oficial absoluto, através da censura, à apresentação de espetáculos e diversões públicas, é por vezes instrumento publicitário dos mais úteis. Alguns filmes, ou algumas peças, têm tido sua proibição inicial, provocada pelos próprios produtores, ou encenadores, distribuidores ou exibidores, visando chamar a atenção popular para tais espetáculos, na realidade quase destituídos de qualquer atrativo, ou mesmo de motivos ponderáveis para a proibição. Conseguido isso, ou a própria administração pública revoga a proibição anterior, geralmente pela via de recurso administrativo, ou os interessados ingressam em Juízo para obter a correção judicial da ilegalidade manifesta que terá sido a proibição. O grande público, a essa altura, já se encontra interessadíssimo no espetáculo...

Ao lado da orientação legislativa ordinária, em matéria de espetáculos e diversões públicas, há ponderável corrente que sugere a adoção de censura meramente classificatória. Segundo esse critério, a censura de espetáculos e diversões públicas classifica os programas, peças, filmes, segundo as conveniências para os diversos níveis de idade do público, com o objetivo de preservar a formação dos menores de idade. Assim é que se fixam os diversos níveis de maturidade média dos menores e, segundo o grau de inconveniência que o espetáculo possa ter para tais menores, é classificado.

O critério é bom e atende, principalmente, à proteção dos menores. Nesse particular, e desde que aplicado com inteligência e realismo, de maneira adequada à realidade sociocultural do meio, não pode ser abandonado. Em alguns casos, caberá mesmo certo rigor na classificação, atendendo ao grau de maturação das crianças e dos jovens que devam assistir ao espetáculo. Psicólogos e sociólogos devem dominar a formulação prática das normas de censura classificatória, e sobretudo sua aplicação.

O que falta no critério meramente classificatório, entretanto, é um elemento que nos parece fundamental numa sociedade democrática, em defesa da liberdade individual, já agora não do exibidor, do ator, do autor, do encenador, do diretor do espetáculo, mas do *espectador*. Este deve ter assegurado o seu direito a que não o iludam, nem o obriguem a assistir a espetáculos que, se ele estivesse corretamente informado, não gostaria de assistir. Assim, a uma pessoa de profundas convicções religiosas, é chocante por vezes assistir a representações teatrais em que se ridicularizam instituições e ritos de sua religião; a essa mesma pessoa, geralmente, desagradável será assistir a um espetáculo em que se sucedem palavras de baixo calão, ou cenas de erotismo cru; e assim por diante. *O espectador tem o direito de saber, previamente*, que espécie de espetáculo lhe será oferecido. E essa informação não pode, por motivos óbvios, ser deixada por conta dos promotores do espetáculo.

Logo, cabe ao poder público prestá-la, no interesse público. Às autoridades do Estado compete examinar o espetáculo que será encenado, ou exibido, censurando-o para o fim de, mediante certos recursos de ordem prática, orientar o público espectador sobre qual a natureza e as características marcantes do espetáculo, naquilo que possa envolver os inconvenientes apontados. Só assim estará a liberdade do espectador assegurada pelo Estado. E só assim estará este cumprindo sua missão de zelar pela ordem, pela paz, pela harmonia e pela liberdade, sem invasão descabida das áreas protegidas pelo direito de opinião e de livre manifestação de pensamento.

A inclusão obrigatória, nos anúncios do espetáculo, e em cartazes ao lado da bilheteria e da entrada do público, das indicações necessárias, poderá realizar esse objetivo, sem que se possa ver nisso uma intervenção indevida do Estado na liberdade de consciência e na criação artística. E dará o tom frio, tranqüilo, objetivo, ao exercício do Poder de Polícia do Estado nesse setor, sem que se apliquem conceitos ou juízos de valor, tais como "impróprio", ou "proibido", ou "inconveniente" etc. Bastará, por exemplo, afirmar: "Este espetáculo contém situações em que são feitas alusões desfavoráveis à Igreja; 18 palavras comumente consideradas de baixo calão; e uma cena em que é representada a prática de ato sexual." O candidato a espectador entrará, se quiser, no teatro.

5 Problemas de censura e segurança.

Muito se tem dito e escrito sobre a importância do direito de censura para a segurança da sociedade. Entendemos que essa importância, em tempos comuns, sem que se haja produzido situação que justifique a decretação do estado de sítio, é realidade ponderável, apenas, no que se refere às possíveis repercussões de dissenso popular aos eventuais desmandos dos órgãos estatais que exerçam tal direito.

Convém esclarecer cabalmente o que afirmamos acima. Há uma hipótese em que são unânimes as opiniões, no reconhecer que o direito de censura, e seu exercício, é importante para a segurança: trata-se das hipóteses em que o Estado, admitida a ocorrência de seus pressupostos constitucionais, e obedecidas as disposições que a Constituição exige, decreta o estado de sítio. Nesse caso, a ordem jurídico-social admite francamente existir uma situação em que motivos de segurança reclamam se censuram todas as manifestações de pensamento e opinião. A vinculação é clara, óbvia mesmo.

Não ocorrendo a hipótese que reclame a decretação do estado de sítio, achando-se a sociedade em sua vida normal, com plena aplicação das normas democráticas, muda a figura. Já tivemos ocasião de afirmar, anteriormente, neste trabalho, que a censura de qualquer espécie, inclusive de espetáculos e diversões públicas, por motivos políticos, é sempre impopular. Provoca e levanta a opinião pública contra as autoridades estatais. O poder público sai dos episódios em que isso se verifica, sempre e invariavelmente, diminuído. Sofre, inevitavelmente, o desgaste que se impõe a quem, de qualquer maneira, silencia o adversário, impede que ele use da palavra oral, ou escrita, para exercitar sua crítica, ou manifestar o seu desacordo.

Sob esse aspecto, portanto, representa um recalcamento do direito de opinião que conduz mais rapidamente à desordem, ou aos males sociais que as leis pretendem evitar. É, em conseqüência, danoso à segurança nacional. Os danos que podem causar as manifestações verbais que os espetáculos e diversões públicas possam conter, contra o Governo, ou contra o regime em vigor, são pequenos, em face dos danos que decorrem do exercício do direito de censura a esse respeito, sem que uma evidente situação de perigo se haja manifestado, com a adoção de todas aquelas medidas próprias do estado de sítio e das horas de emergência.

A experiência, não de agora apenas, mas de todo um processo histórico, ensina que o proselitismo político se pode fazer por muitos modos. E que, a reconhecer que ele não pode ser tentado por um dos meios de comunicação social, se terá que aceitar que não possa ser permitido por qualquer outro meio. Se, ao contrário, se compreende universalmente, como é o caso, que assim procedendo se estaria ferindo algo de essencial à própria existência humana e da sociedade, como é o direito à liberdade de pensamento e de opinião, e se age no sentido de garantir o exercício desse direito por um dos meios de sua expressão, a imprensa, então não é admissível, sem quebra do raciocínio lógico e, principalmente, sem incorrer em engano indefensável, pretender que motivos ligados à opinião sobre problemas políticos, sociais e econômicos justifiquem o exercício de censura sobre espetáculos e diversões públicas.

Para nós, repetimos, o maior risco que, no setor, pode resultar para a segurança é precisamente o desapreço popular, aliado à irritação generalizada pelos possíveis atos que o poder público pratique, visando coibir a livre manifestação de pensamentos e opiniões oposicionistas ou reformistas.

Já no que tange aos costumes, ou à polícia de costumes, no que se refere à segurança, são muito longínquas as vinculações como o direito de censura. É possível argumentar que a dissolução de costumes representa, a longo prazo, sintoma de decadência, com perigo para a segurança. O argumento, porém, é irrelevante. O mal seria, aí, a decadência, de que aquela dissolução seria mero sintoma. Os sintomas, pelo contrário, são úteis, pois permitem a identificação dos males e, quando possível, o seu tratamento.

A censura dos meios de comunicação de massa, especialmente dos meios noticiosos, apresenta ainda outro aspecto perigoso para a segurança social. É o sentimento de desconfiança, a suspeita, que se insinua no público, e condiciona os fenômenos de opinião, sempre que opera um mecanismo de censura na imprensa, no rádio ou na televisão. As explorações se espraiam logo, os boatos ganham estatura. Notícias alarmistas, rumores pessimistas, vão adquirindo aparência de realidade. O fato é muito conhecido dos estudiosos da matéria. Esse ambiente de descrédito nas autoridades públicas tem, por isso mesmo, conotações graves, ao lado do potencial explosivo que possui o recalcamento das manifestações de pensamento e opinião, a que já fizemos referência.

O cuidado com que o Estado se aplique no controle necessário às manifestações de opinião, no mundo de relação, portanto, é decisivo para o bom êxito de sua missão. É indispensável que, aos abusos do direito de manifestação do pensamento, não correspondam abusos na prevenção, ou na repressão, daqueles.

6 Conclusões provisórias. Advertências e um projeto de pesquisa.

Do que ficou dito, é possível enunciar algumas conclusões provisórias. São elas, em resumo, as seguintes:

1) O direito de opinião, naquilo que diz respeito à liberdade de consciência e pensamento, é um direito absoluto.

2) Assim como, entretanto, a liberdade está sujeita a condições, para que não se torne mera abstração, o direito de opinião, em suas manifestações sociais, é condicionado.

3) O Estado tem por missão assegurar a paz social, a ordem, a harmonia, a liberdade e, para isso, exerce o Poder de Polícia, do qual o direito de censura é expressão.

4) O direito de censura está previsto e reconhecido no Direito Constitucional brasileiro e tem raízes doutrinárias em sua evolução.

5) Em situação de pleno vigor das garantias constitucionais, é inadmissível o direito de censura por motivos políticos ou ideológicos.

6) Cabe, entretanto, o exercício do direito de censura em matéria de espetáculos e diversões públicas, no interesse dos bons costumes e para garantir a liberdade individual. A censura, como manifestação da chamada "polícia de costumes", só se justifica no interesse de menores e como informação destinada a garantir a liberdade de escolha do público, no tocante a espetáculos e diversões públicas, rádio e televisão.

7) A imprensa e a publicação de livros e periódicos são insuscetíveis de censura, exceto durante a vigência do estado de sítio.

8) É recomendável que as autoridades exerçam o direito de censura com extremo comedimento, evitando que se criem situações de desprestígio para o poder público.

9) A conexão entre os interesses da segurança e o exercício do direito de censura somente se apresenta estreita nos casos de decretação do estado de sítio, por se configurarem os perigos que o justifiquem, ou pelo risco de que, pelo abuso do direito de censura, seja desprestigiado o Poder de Polícia inerente à atividade administrativa do Estado.

O que foi dito até aqui sobre o direito de censura é exemplo do tratamento, em termos de política jurídica e da ciência dogmático-normativa do Direito, do tema abordado. É, em verdade, uma versão nova, de trabalho redigido meses antes dos diversos capítulos deste livro.

As conclusões a que havíamos chegado então foram confirmadas, entretanto, por uma indagação pessoal que realizamos, à base de reduzido programa. A investigação feita nem foi em quantidade significativa, nem se fundamentou em questionário formulado segundo os rigores técnicos mais recomendáveis.

Faltam, portanto, às conclusões provisórias, que adiantamos a título de provocação de debate, as qualidades de uma sólida verificação, em pesquisa programada cuidadosamente e levada a efeito atendendo aos mandamentos da metodologia apropriada. Sirva a lembrança, porém, para que tal pesquisa se faça.

Um trabalho desse tipo poderia obedecer a um esquema como o que apresentamos a seguir, ou outro assemelhado:

PESQUISA RELATIVA AO EXERCÍCIO DA CENSURA
PELOS PODERES PÚBLICOS

Hipótese de trabalho: O estudo visaria constatar se, ou não, a realidade social pesquisada valida as teses defendidas pelo trabalho que apresentamos.

Orientação: Ela poderia basear-se em uma sondagem de opinião, buscando apurar o que as diversas espécies de público interessado nas manifestações de pensamento pelos meios de diversão pública (cinema, teatro, rádio e televisão, principalmente) consideram válido quanto ao exercício da censura.

Variáveis a considerar:

— públicos de tipos diversos;
— censura por motivos político-ideológicos;
— censura de costumes;
— problema dos menores;
— problema específico do rádio e da televisão;
— problema do cinema;
— problema do teatro;
— os critérios de proibição, ou indicação, de classificação, ou de informação com inteira liberdade;
— a normalidade da vida num regime democrático;
— a ocorrência do estado de sítio ou de situação de emergência.

7 | Apêndice I: Os tempos mudaram...

É claro que o texto primitivo da matéria está defasado no tempo — e no espaço... O quadro político-social e administrativo do Brasil de então configurava uma sociedade aprisionada por um sistema de controle que limitava em muito o exercício das liberdades públicas. Foi a fase da chamada "ditadura militar", com seus excessos e suas restrições, a que nos referimos em nosso *Justiça e autoritarismo*[6] em que procuramos retratar, ainda que superficialmente o período mencionado. Os rigores de então, hoje percebemos, foram maiores, de um lado e surpreendentemente menores, sob certos aspectos, e os analistas políticos e sociais têm focalizado tais fatos. O que mudou quanto à atividade sensória dos então donos do poder, será avaliado facilmente com a estranheza que algumas faculdades do poder político tinham quando o texto original foi produzido. O Poder *no* Estado condicionou largamente o exercício *do* Poder do Estado.

8 Apêndice II: ... e mudaram mesmo

O caráter contingente do que se segue deve ser tido em conta pelos possíveis leitores. A conjuntura político-jurídica da vida brasileira no começo do novo século, mais precisamente nos anos 2000 a 2002, quando se preparou esta edição pode ser realçada seguramente. Ela deflui da natureza do fenômeno jurídico como emanação do processo do Poder a que nos referimos em nosso livro *Poder, direito e sociedade*,[7] no qual salientamos as duas faces do poder; o poder *da* sociedade e o poder *na* sociedade. A primeira, difusa e permanente conformando maneiras de ser gerais, como resultado do condicionamento que o corpo social exerce. A segunda mais mutável, pela atuação de grupos dominantes em determinados momentos, que ocupem ou tenham ocupado posições relevantes nos órgãos e instituições providos da capacidade de decidir, influir e conformar ações individuais e coletivas.

Aurélio Wander Bastos renovou o seu livro *Conflitos sociais e limites do Poder Judiciário*[8] editado pela primeira vez em 1975, com a inclusão de dois ensaios muito significativos que denominou "Posfácio I" e "Posfácio II", para frisar a natureza mais recente dos fenômenos nele indicados. No primeiro, o autor esclareceu que "na expectativa de superar estas dificuldades, estamos admitindo que é perfeitamente viável, pré-requisito metodológico, para a exata compreensão do papel social do Poder Judiciário no encaminhamento de conflitos sociais e no delineamento dos padrões mínimos de harmonia social, que o objeto de verificação epistemológica da sociologia jurídica seja, muito mais, a correlação entre o fato social nas suas diferentes manifestações (relações sociais antagônicas e não-antagônicas) e a norma nas suas manifestações substantivas, processuais e organizativas do Judiciário, do que cada âmbito de conhecimento (relação social e ordem jurídica) isoladamente."

No segundo ele abordou diretamente a figura processual da Ação Civil Pública, com os contornos de correntes das modificações constitucionais de 1988 e que alteraram ampla e profundamente o universo dos procedimentos de interesse coletivo no Direito Brasileiro.

Frisando o alcance dessas novas realidades, Wander Bastos explicitou a problemática da intervenção do Judiciário na solução de dissídios coletivos e diante dos desafios da utilização dos procedimentos agora existentes. Suas conclusões, longe do que sugere o título do livro reeditado, não são desfavoráveis. Muito pelo contrário. Elas mostram que a aplicação reiterada dos remédios constitucionais para as situações mencionadas deverá aplainar alguns obstáculos ainda apontáveis.

Com isso, crescerá o âmbito de atuação do Judiciário brasileiro, cujas limitações práticas e teóricas são o tema principal do livro do autor. Essa evolução é significativa no que diz respeito a uma nova realidade política em que o Judiciário tenha maior participação nas grandes decisões nacionais e no debate em torno a direitos e deveres da cidadania, inclusive quanto às modificações importantes pretendidas para a dinâmica política.

O exercício do poder, portanto, ou seja, do poder na sociedade, estará condicionado diferentemente do que vinha ocorrendo e continua em aplicação. Isso constitui um aspecto relevantíssimo para o encaminhamento de reformas dos diversos tipos, cuja necessidade está sendo apontada por todos, desde a reforma fiscal, com suas limitações próprias até a chamada "Reforma do Judiciário" em fase final de discussão e votação no Senado. A respeito de tal reforma, a do Judiciário, deve ser assinalado o fato de os procedimentos legislativos constitucionais para tal fim, terem sido o palco de intensa controvérsia, com o enfrentamento, principalmente, dos defensores do regime cujo modelo é o do federalismo norte-americano e alguns reformistas que pretendem a adoção de um sistema híbrido, mediante a utilização de um chamado "controle externo" do Judiciário.

É necessário lembrar que, na feitura da Constituição de 1988, a Assembléia Constituinte escolheu o modelo presidencialista ajustado ao sistema dos Estados Unidos, em que os Poderes Executivo, Legislativo e Judiciário são independentes e harmônicos entre si, sem a existência de qualquer órgão ou instituição acima deles, a pretexto de controle. Desprezou, assim, o modelo europeu, em que predomina o parlamentarismo.

O modelo pretendido por esses reformistas é o que prevalece nos países europeus, principalmente, em que o Legislativo, ou seja, a Assembléia, é o poder dominante. Neles, a Assembléia define as leis, forma o Gabinete com poderes típicos do Executivo e controla toda a vida do Estado. Existem variações no modelo, mas o traço dominante dos países parlamentaristas é a prevalência das casas legislativas, com uma espécie de duplicidade no Executivo, por vezes, diante da atuação simultânea do Presidente da República e do Primeiro-Ministro e seus colegas do Ministério.

A idéia da criação de um "conselho" formado por membros do Poder Judiciário, mais representantes de outras entidades, com poderes sensórios, mesmo que limitados a matéria puramente administrativa, uma espécie de "grande fiscal" do Judiciário revela a verdadeira motivação dos que pretendem tal fórmula. Ao escrevermos estas páginas ainda havia dúvida quanto aos termos exatos da Emenda Constitucional de Reforma do Judiciário. A controvérsia apontada achava-se inserida no projeto então em curso no Senado.

Outro aspecto importante a considerar no debate sobre o assunto, também revelador do choque entre os defensores da completa liberdade, dentro da lei, da consciência dos juízes e tribunais e os que desejam aprisionar a magistratura em regras limitativas da apreciação e do julgamento de certas questões reiteradas, são as propostas da uniformização dos julgados, com a criação de "Súmulas Vinculantes" para o exame de algumas questões, muitas vezes repetidas em processos já examinados pelos Tribunais Superiores. Uma corrente ponderável da magistratura favorece a criação de tais "Súmulas" como instrumento para superar a enorme quantidade de feitos a serem julgados, não só nos níveis mais altos como também na base do Judiciário. Tal fundamento, o da eliminação de grande número de processos a serem julgados, pela vinculação a modelos já decididos na cúpula do Judiciário é combatido por muitos juízes, tribunais e associações de magistrados, preocupados com uma "camisa-de-força" que poderia resultar para o pronunciamento dos juízes em geral.

Os argumentos entre as duas correntes dividem a magistratura. Argumenta-se até com a ameaça de uma quase-ditadura dos órgãos superiores da justiça "como instituição" exercida sobre as consciências dos julgadores de 1º e 2º grau. As entidades de magistrados preconizam a utilização de uma espécie de "súmula impeditiva de recursos" para certas situações já objeto de decisão nos Tribunais Superiores.

O problema, todavia, não está posto nos devidos termos. O que a experiência reiterada está demonstrando é que a enorme chuva de processos que sufoca a cúpula do Judiciário e, por conseqüência, todos os níveis e todas as instâncias da justiça é causada principalmente, e esmagadoramente, pelo Poder Executivo Federal com a edição e reedição de "Medidas Provisórias" contrárias à orientação dos tribunais e de teimosia no descumprimento das decisões dos tribunais em matéria esgotada, na verdade, pelos pronunciamentos já existentes no mais alto nível. Essa teimosia, aliás, é acompanhada principalmente pelos Executivos Estaduais resistentes a cumprir algumas decisões judiciais de caráter definitivo a pretexto de insuficiente provimento de fundos. As ameaças de intervenção federal não andam assustando muita gente, principalmente porque o Executivo da federação é o principal teimoso.

As questões aqui referidas não são novidade. A ordem jurídica sofre com isso. A grande quantidade de feitos entope as vias judiciais, fazendo com que os juízes e tribunais tenham que enfrentar a litigiosidade crescente, sobretudo quando uma das partes, o Estado, é acionada, para que respeite as leis e os mandamentos da Constituição. Nisso reside a principal razão das acusações de morosidade da justiça. Não é a única razão, mas tem um peso considerável na conjuntura. Pesquisas têm sido feitas, ou estão em curso, para o conhecimento das causas verdadeiras do andamento lento dos processos, uma delas organizada por nós e o Professor e Desembargador José Carlos Barbosa Moreira, por volta de 1990, teve alguma repercussão diante de revelações não esperadas. Outra, acha-se em curso no Rio de Janeiro quando redigimos este texto, são esforços para se abandonar as declarações impressionistas e a falta de dados confiáveis para o estudo da matéria. O tempo deverá corrigir essa lacuna.

A ampliação dos estudos sociológicos sobre a aplicação da justiça, aliás, a par com o exame das questões circundantes, tem sido um fato alvissareiro. Vários trabalhos recentes foram publicados por diversos professores e estudiosos em geral focalizando detalhes interessantes da vida do Direito e da atividade dos que a ele se dedicam. Com ênfase nas implicações sociais e culturais da vida jurídica e suas instituições. Exemplos disso são os trabalhos que estão centrados nas deficiências da formação profissional dos advogados. Os concursos públicos para o preenchimento de cargos da magistratura, do Ministério Público, das Defensorias Públicas e Procuradorias Estatais, revelam seguidamente a existência de um nível deficiente na vida universitária. Nas universidades são diplomados, em excesso, estudantes sem o devido preparo e isso inclui, surpreendentemente, as universidades públicas, supostamente mais rigorosas e eficientes na preparação dos novos profissionais. O problema não se circunscreve ao Direito, ele é muito mais amplo, profundo e grave do que apenas isso.

Alcança desde as primeiras letras, estende-se pelos cursos primários ou fundamentais, prossegue no segundo grau, antigo ginásio e desemboca no plano universitário. As crianças não recebem, no início de seus estudos, quaisquer noções da estrutura do mundo em que vivem. Os professores primários, aliás, em sua maioria, não estão preparados para nelas incutir esse tipo de conhecimento. A maioria, grande maioria convém dizer, também não sabe distinguir as funções dos serviços ou instituições dos três poderes do Estado. Confundem vereadores, diretores de serviços, deputados, e até senadores, o que facilita as freqüentes confusões provocadas, por exemplo, por candidatos à vereança que em suas campanhas e seus programas, concentram promessas de atuar na esfera da política externa do país ou no plano da economia nacional em nível macro. A necessidade de entendimento do nível e do quadro de atuação dos diferentes titulares do serviço público, e dos poderes do Estado é importantíssima e a ausência desse conhecimento configura realidade que não se pode subestimar. Para dizer o mínimo, o desconhecimento é geral.

Tal é a verdade a respeito, retratando uma deficiência na formação da juventude, que, depois afeta a preparação profissional no campo do direito, como na esfera da medicina, da engenharia, e dos demais ramos de preparação superior. Acontece então o que os concursos para a magistratura, o Ministério Público e outras carreiras vêm mostrando: a insuficiência da grande maioria dos candidatos para enfrentar as provas respectivas.

Por seu turno, a carência de recursos materiais, principalmente orçamentários por parte da Federação e dos Estados-membros faz com que o aparelho judicial, insuficiente na quantidade de juízes e magistrados em geral também o seja no tocante aos meios materiais, instalações, tecnologia e a própria existência de imóveis para acolher juízos e tribunais, pese consideravelmente para atrasar o andamento dos feitos. Inexistem juízes e tribunais em número adequado ao cumprimento das tarefas da justiça. Os magistrados trabalham quase todos sob a pressão de um número excessivo de processos e em condições precárias de instalações. É certo que esses tipos de problemas variam segundo as regiões e os locais a que se refiram. O quadro geral, porém, é esse.

Soma-se a isso, a estrutura processual que ainda prevalece e, na verdade não favorece a rapidez das decisões definitivas, por amor excessivo a certas formalidades secundárias, as quais se manifestam em demasiados recursos.

É a permanência de velhos modelos e antigas práticas constantes da vivência das instituições públicas, seus mecanismos e suas normas de agir que se manifesta. O fenômeno sociocultural que isso configura deve ser reconhecido em todas as suas implicações. De nada, ou quase nada, resulta de medidas legiferantes pouco digeridas e mal orientadas, embora eventual boa intenção, se não considerados corretamente os seus elementos condicionantes. A resistência à mudança, fenômeno clássico nos estudos sociológicos, funciona como entrave ao aperfeiçoamento pretendido que exige, para sua eficácia, meticuloso planejamento.

Convém, não esquecer que o Direito é fato social, com tudo que a ele se vincula.

Importantíssimo é, por isso mesmo, lembrar que foi sancionado recentemente o texto do novo Código Civil, com o que o mais importante diploma legislativo, exceto as normas constitucionais, foi modificado em muitos aspectos relevantes.

Os especialistas fazem suas restrições ao novo Código pela timidez de alterações tidas como necessárias e, por outro lado, combatem mudanças efetivadas. Assim é o que acontece com todas as reformas legislativas. A própria edição de um novo código é anacrônica, a nosso ver. O tempo dos grandes edifícios legislativos já acabou. A celeridade com que se transformam os fatos sociais impõe maior agilidade na feitura, insuscetível de realizar na redação de grandes leis abrangentes.

A redação, ou melhor, a edição de novos códigos, ou grandes edifícios legislativos, deve ser substituída pelas modificações setoriais, de natureza parcial no conjunto das leis codificadoras segundo a necessidade que se constate na evolução da dinâmica e da estrutura social.

Esse ponto de vista tem sido reiterado por nós, embora ainda se imponham práticas legiferantes fora de época, o que amplia o poder da resistência à mudança a que aludimos acima.

Notas

Intróito (p.11-12)

1. Aurélio W. Chaves Bastos, *Conflitos sociais e limites do poder judiciário*, Rio de Janeiro, Lumen Juris, 2001.

Introdução à sétima edição (p.13-14)

1. Cláudio Souto, *Teoria sociológica de direito e prática forense*, Porto Alegre, Sérgio Antonio Fabris, 1978.
2. Cláudio Souto e Solange Souto, *Mudança social e direito*, da coletânea "Comunicação", Recife, Pimes/UFPE, 1974.
3. A.L. Machado Neto, *Sociologia jurídica*, São Paulo, Saraiva, 2ª ed., 1974.
4. Teresa Miralles, *As atitudes dos juízes das varas criminais da Guanabara, perante a organização e funcionamento destas*, Rio de Janeiro, PUC-RJ, 1975; e Teresa Miralles, Elizabeth Süssekind, Maria H.P. Sá e Rosa M.S. Araujo, *O sistema penal na cidade do Rio de Janeiro: Fator criminógeno*, Rio de Janeiro, Liber Juris.
5. João Baptista Herkenhoff, *A função judiciária no interior*, São Paulo, Resenha Universitária, 1977.
6. F.A. de Miranda Rosa, Teresa Miralles e Gisálio Cerqueira Filho, *Alguns comportamentos sociais e sua representação na sociedade urbana brasileira: Reações sociais a comportamentos de desvio*, Rio de Janeiro, Cejur-Nepecs, 1979.
7. Aurélio W. Chaves Bastos, *Conflitos sociais e limites do poder judiciário*, Rio de Janeiro, Eldorado, 1975.
8. Celso Antonio Pinheiro de Castro, *Sociologia e direito*, São Paulo, Atlas, 1979.
9. Cláudio Souto e Joaquim Falcão, *Sociologia e direito*, São Paulo, Pioneira, 1980.
10. Teresa Miralles e Joaquim Falcão, *Atitudes dos professores e alunos das faculdades de direito do Rio de Janeiro e São Paulo (capital), face ao ensino jurídico e sua reforma.* Rio de Janeiro, PUC-RJ, 1974.
11. F.A. de Miranda Rosa, *Direito, justiça e ideologia*, Rio de Janeiro, Achiamé-Socii, 1980.

Introdução à segunda edição (p.15-18)

1. Nélson Nogueira Saldanha, *Sociologia do direito*, Revista dos Tribunais, 1970.
2. Cláudio Souto, *Introdução ao direito como ciência social*, Rio de Janeiro, UnB, GB, 1971.

3. Cláudio Souto, "Sociologia jurídica: Da fundação aos nossos dias", *Revista Estudos Universitários*, vol. 9, nº 3, jul-set 1969, p.119.
4. Nélson Sampaio, "A sociologia jurídica", in *Scientia Juridica*, tomo XIX, nºs 103-104, abr-jun 1970, publicado em Portugal em separata, Braga, Livraria Cruz, 1970.
5. Igor Tenório, *Direito e cibernética*, Brasília, Coordenada Editora de Brasília, 1970.
6. Luiz Antonio de Andrade, "Cibernética e direito", *Revista de Jurisprudência do Tribunal de Justiça do Estado da Guanabara*, vol. 25, 1971, p.10.
7. Juary C. Silva, "A nova sociedade industrial e o direito", *Revista de Direito da Procuradoria Geral da Guanabara*, nº 25, 1971.
8. Menna Barreto, *O desafio das drogas e o direito*, Rio de Janeiro, Renes, 1971.
9. Dora Feiguin, *Normas jurídicas e fertilidade no Brasil*, relatório de pesquisa, distribuição restrita, São Paulo, USP, 1970.
10. Wilhelm Aubert, *Sociology of Law*, Inglaterra, Penguin Books Ltd., 1969; Karl Olivecrona, *Il diritto come fatto*, Milão, Giuffrè, 1967; Edwin M. Schur, *Sociologia del diritto*, Bolonha, Società Editrice Il Mulino, 1970.
11. Jean Carbonnier, *Flexible droit: Textes pour une sociologie du droit sans rigueur*, Paris, Librarie Générale de Droit et de Jurisprudence, 1969; Marie-Pierre Marmier, *Sociologie de l'adoption: Étude de sociologie juridique*, Paris, Librairie Générale de Droit et de Jurisprudence, 1969.
12. Renato Treves, *Nuovi sviluppi della sociologia del diritto*, Comunità, 1966-1967; *Giustizia e giudici nella società italiana*, Bari, Laterza, 1972.
13. Séverin-Carlos Versele, *Sociologie du droit et de la justice* (Atas do Colloque International, Bruxelas, 9-12 abr 1969), Bruxelas, L'Institut de Sociologie de l'Université Libre de Bruxelles, 1970.

Prefácio à edição anterior (p.19-20)

1. In *Sociologie du travail*, nº 1/68, p.36.

Capítulo I (p.21-29)

1. In *A era da tecnologia*, Rio de Janeiro, Cadernos Brasileiros, 1965.
2. Ver *Revue internationale de droit comparé*, Paris, jul-set 1968, p.545.
3. Luigi Sordelli, *Problemi giuridici della pubblicità commerciale*, Milão, Giuffrè, 1968.
4. Benedetto Croce, em *A história, pensamento e ação*, Rio de Janeiro, Zahar, 1962, p.187.
5. Ver Karl Mannheim, *O homem e a sociedade*, Rio de Janeiro, Zahar, 1962.

Capítulo II (p.31-42)

1. In *On Law and Justice*, Londres, Stevens & Sons Ltd., 1958, p.19.
2. Ibid, p.19-20.
3. Edmond Jorion, *De la sociologie juridique*, Bruxelas, Université Libre de Bruxelles, 1967.
4. Ibid, p.222.
5. In *Social Dimensions of Law and Justice*, Califórnia, Stanford University Press, 1966.
6. Ibid, p.223-4.
7. Angel Sanchez de la Torre, *Curso de sociologia del derecho*, Madri, Revista Derecho Privado, 1965, p.67 -8.
8. Ver, principalmente, sua *Filosofia do direito*, São Paulo, Saraiva, 1965. A propósito, ainda, Angel Sanchez de la Torre, *Curso de sociologia del derecho*, op. cit., p.307; Luis Recaséns Siches, em *La sociologia del diritto*, a cargo de Renato Treves, Milão, Comunità, 1966, p.221.

9. Ibid, p.5.
10. Morris Ginsberg, *On Justice in Society*, Nova York, Cornell University Press, 1965.
11. Jan Glastra van Loon, "La sociologia del diritto in Olanda", in *La sociologia del diritto*, a cargo de Renato Treves, op. cit.
12. In *Princípios de sociologia*, São Paulo, Melhoramentos, 1958.
13. Consultamos a edição de 1936, Rio de Janeiro, Freitas Bastos.
14. Sob o título *Sociologia jurídica*, Rio de Janeiro, Kosmos, 1946; *Revista Forense*, 1947, vol. 111, p.275ss; Ibid, vol. 113, p.325ss.
15. Ibid, vol. 117, 1948, p.14ss.
16. Evaristo de Moraes Filho, além de *O problema de uma sociologia do direito*, Rio de Janeiro, Freitas Bastos, 1950; *O problema do sindicato único no Brasil e seus fundamentos sociológicos*, Rio de Janeiro, 1952; *Direito do trabalho e mudança social*, Rio de Janeiro, 1958; e *Sucessão nas obrigações e a teoria da empresa*, Rio de Janeiro, Forense, 1960, entre outros; de Orlando Gomes, principalmente *A crise do direito*, São Paulo, Max Limonad, 1955; de A.L. Machado Netto, em especial, *Teoria do direito e sociologia do conhecimento*, Rio de Janeiro, Tempo Brasileiro, 1965.
17. Ver Angel Sanchez de la Torre, *Curso de sociologia del derecho*, op. cit.; Miguel Reale, *Filosofia do direito*, op. cit.; Luis Recaséns Siches, *Tratado de sociologia*, Porto Alegre, Globo, 1965.
18. Georges Gurvitch, *Sociologia jurídica*, Rio de Janeiro, Kosmos, 1946, p.188.
19. Julius Stone, *Social Dimensions of Law and Justice*, Califórnia, Stanford University Press, 1966.
20. In *Introdução à ciência do direito*, Rio de Janeiro, Forense, 1966.
21. Ibid, p.31.
22. De Julius Stone, também, interessa, para os fins que nos ocupam agora, o livro *Human Law and Human Justice*, Londres, Stevens & Sons Ltd., 1965.
23. Forsten Egkhoff, "La sociologia del diritto in Scandinavia", em *La sociologia del diritto*, op. cit., p.40.
24. Ver F.A. de Miranda Rosa, *Patologia social*, Rio de Janeiro, Zahar, 1966, p.116ss.; Robert Faris, *Social Disorganization*, Nova York, The Ronald Press Co., 1948, p.108ss.; Mabel A. Elliott e Francis E. Merrill, *Social Disorganization*, Nova York, Haper & Brothers, 1950, p.542ss.
25. *The Law and Society Association*, Amherst, University of Massachusetts.
26. Cláudio Souto, *Tempo do direito alternativo: Uma fundamentação substantiva*, Porto Alegre, Livraria do Advogado, 1997 e Cláudio Souto e Solange Souto, *Sociologia do direito: Uma visão substantiva*, 2ª ed. revista e aumentada, Porto Alegre, Sérgio Antônio Fabris, 1997.
27. Cláudio Souto e Joaquim Falcão, *Sociologia e direito: Textos básicos para a disciplina de sociologia jurídica*, 2ª ed. atualizada, São Paulo, Pioneira, 1999.
28. José Eduardo Faria, *Direito e justiça: A função social do judiciário*, São Paulo, Ática, 1989; Octávio Ianni, *Raças e classes sociais no Brasil*, Rio de Janeiro, Civilização Brasileira, 1966; Celso Fernandes Campilongo, *Direito e democracia*, São Paulo, Max Limonad, 1997; Janaína Amado, *Conflito social no Brasil: A revolta dos "Mucker"*, São Paulo, Símbolo, 1978; Aires da Mata Machado Filho, *O negro e o garimpo em Minas Gerais*, 2ª ed., Rio de Janeiro, Civilização Brasileira, 1964; Florestan Fernandes, *Sociedade de classes e subdesenvolvimento*, Rio de Janeiro, Zahar, 1968; João Baptista Herkenhoff, *A função judiciária no interior*, São Paulo, Resenha Jurídica, 1977; Celso A. Pinheiro de Castro, *Sociologia aplicada ao direito*, São Paulo, Atlas, 2001; Anna Maria de Castro e Edmundo F. Dias, *Introdução ao pensamento sociológico*, Rio de Janeiro, Eldorado, 1974.
29. Eliane Botelho Junqueira, *Através do espelho: Ensaios de sociologia do direito*, Rio de Janeiro, Letra Capital, 2001; *A sociologia do direito no Brasil: Introdução ao debate atual*, Rio de Janeiro, Lumen Juris, 1993; *Faculdades de direito ou fábricas de ilusões?*, Rio de Janeiro, Letra Capital/Ides, 1999; *Literatura & direito: Uma outra leitura do mundo das leis*, Rio de Janeiro, Letra Capital/ Ides, 1998.

30. Ana Lúcia Sabadel, *Manual de sociologia jurídica*, Revista dos Tribunais, 2ª ed., 2002; Adriana A. Locke, Helder R.S. Ferreira, Luís Antônio F. Souza e Wânia Pasinato Izumino, *Estudos de sociologia, direito e sociedade*, Porto Alegre, Síntese, 1999.
31. Adam Podgórecki, *Law and Society*, International Library of Sociology org. por Jonh Rex, 1974.
32. Donald Black, *The Behavior of Law*, Academic Press Inc., 1976; Talcott Parsons, *Sociedades: perspectivas evolutivas e comparativas*, São Paulo, Pioneira, 1969; Offenbacher Poster, *Social Problems and Social Policy*, Appleton Century Crofts Education — Division Merith Corporation, 1970; Robert W. Shirley, *O fim de uma tradição*, Perspectiva, 1971; Louis Lallement, *La vocation de l'occident*, La Colombe Editions du vieux colombier, 1946; W. Friedmann, *Law in a Changing Society*, Inglaterra, Penguin Books, 1964; Marshall McLuhan, *Understaning Media: The Extensions of Man*.
33. Luís Werneck Vianna, Maria Alice Rezende de Carvalho, Manuel Palácios Cunha Melo e Marcelo Baumann Burgos, *Corpo e alma da magistratura brasileira*, Revan, 1997.
34. Luís Werneck Vianna, Maria Alice Rezende de Carvalho, Manuel Palácios Cunha Melo e Marcelo Baumann Burgos, *A judicialização das relações sociais no Brasil*, Revan, 1999.
35. J.L. Aranguren, *Sociologie de l'information*, Paris, L'Univers des Connaissances, 1979; Emílio Willens, *Antropologia social*, São Paulo, Difusão Européia do Livro, 1966; R.E. Pahl, *The Social Structure of Modern Britain: Patterns od Hurban Life*, Londres, Longmans, Greens and Co., 1970; William Graham Summer, *Los pueblos y sus costumbres*, Buenos Aires, Editorial Guilhermo Kraft, 1948; Stuart B. Schwartz, *Burocracia e sociedade no Brasil colônia*, São Paulo, Perspectiva, 1979; Bertrand Russell, *A sociedade humana na ética e na política*, São Paulo, Editorial Nacional, 1956; Marshall B. Clinard, *Sociology of Deviant Behavior*, Madison, Holt, Rinehart and Winston, 1974; Rosenberg Gerver Howtow, *Mass Society in Crisis: Social Problems and Social Pathology*, Nova York, Macmillan, 1964; Renato Treves, *Giustizia e giudici nella società italiana*, Bari, Laterza, 1972; Castellano Pace Palomba, *L'efficienza della giustizia italiana e suoi aspette economico-sociali*, Bari, Laterza, 1968; Robert K. Merton, *Teoria y estructura sociales*, México/Buenos Aires, Fonde de Cultura Económica, 1965; Carlos Frederico Von Martius, *O direito entre os indígenas do Brasil*, São Paulo, Edições e Publicações Brasil; Émile Durkheim, *Éducation et sociologie*, Paris, PUF, 1966; Julien Freund, *Sociologia de Max Weber*, São Paulo, Forense, 1970; Gizlene Neder, *Iluminismo jurídico-penal luso-brasileiro: obediência e submissão*, Rio de Janeiro, Freitas Bastos, 2000; Michel Misse, F.A. de Miranda Rosa, Gisálio Cerqueira Filho, Leila Linhares Barsted, *Direto e conflito social*, Rio de Janeiro, Zahar, 1981.

Capítulo III (p.43-53)

1. Luis Recaséns Siches, *Tratado de sociologia*, Porto Alegre, Globo, 1965, p.692.
2. Wolfgang Friedmann, *Law in a Changing Society*, Inglaterra, Penguin Books Ltd., 1964. Seus dois outros trabalhos a respeito foram *Law and Social Change in Contemporary Britain* e *The Changing Structure of International Law*.
3. Jerome Hall, *Theft, Law and Society*, Indianápolis, 1952; *apud* Jerome H. Skolnick, in *La sociologia del diritto*, a cargo de Renato Treves, Milão, Comunità, 1966, p.289.
4. Marshall McLuhan, *Understanding Media: The Extensions of Man*, Nova York, The New American Library Inc., 11ª ed.
5. Angel Sanchez de la Torre, *Curso de sociologia del derecho*, Madri, Revista Derecho Privado, 1965, p.213.
6. Ibid, p.223.
7. Cajo Enrico Balossini, *La rilevanza guridica delle regole sociali*, Milão, Giuffrè, 1965.
8. Georges Gurvitch, *Sociologia jurídica*, Rio de Janeiro, Kosmos, 1946, p.237ss.

9. O texto acima foi publicado na revista nº 8 da Escola da Magistratura do Estado do Rio de Janeiro (Emerj).
10. Caldas Aulete, *Dicionário contemporâneo da língua portuguesa*, Rio de Janeiro, Delta, 1964.
11. Aurélio Buarque de Holanda, *O novo dicionário da língua portuguesa*, Rio de Janeiro, Nova Fronteira, 1975.
12. Emílio Willens, in *Dicionário de sociologia*, Porto Alegre, Globo, 1961.
13. V.J. Gould, in *Dicionário de ciências sociais*, Rio de Janeiro, FGV, 1986.
14. Ver excelente e atual análise da matéria em Joseph Gabel, *La fausse conscience*, Paris, Minuit, 1962.
15. Paulo Dourado de Gusmão, *Manual de sociologia*, Rio de Janeiro, Forense, 6ª ed., 1983.
16. Karl Loewenstein, "L'Influence des idéologies sur les changements politiques", in Bulletin International des Sciences Sociales, 1953, p.53, *apud* Marcel Prélot, *Sociologie politique*, Paris, Dalloz, 1973.
17. Adam Shaaf, "Colóquio do Instituto de Filosofia Política", Aosta, 1966, *apud* Marcel Prélod, op. cit.
18. Ver F.A. de Miranda Rosa, *Poder, direito e sociedade*, Rio de Janeiro, Zahar, 1982.
19. Ver ampla discussão do conceito de cultura, em Clyde Kluckholm, verbete, "Cultura", *Dicionário de ciências sociais*, Rio de Janeiro, FGV, 1986, também Luís Recaséns Síches, *Tratado de sociologia*, Porto Alegre, Globo, 1975, 1º vol., p.194ss.; Pitirim A. Sorokin, em *Sociedad, cultura y personalidad*, Madri, Aguilar, 1962, p.857ss.; Ralph Linton, *O homem*, São Paulo, Martins, 5ª ed.
20. Thomas Stearns Eliot, *Notes Towards the Definition of Culture*, Londres, Faber & Faber, 1951, 4ª ed.
21. F.A. de Miranda Rosa e Odila Dinorá de Alagão Cândido, *Jurisprudência e mudança social*, Rio de Janeiro, Jorge Zahar, 1988.

Capítulo IV (p.55-63)

1. Kazimircuk, Tumanov e Stejnberg, "Diritto e ricerche sociologiche nell'URSS", in *La sociologia del diritto*, org. por Renato Treves, Milão, Comunità, 1966, p.124.
2. Louis Althusser, *Análise crítica da teoria marxista*, Rio de Janeiro, Zahar, 1965.
3. Ver por exemplo Kalman Kulcsar, em "Ideological Changes and the Legal Structure: A Discussion of Socialist Experience", *International Journal of the Sociology of Law*, 1980, nº 8, p.67.
4. Edmond Jorion, *De la sociologie juridique*, Bruxelas, Université Libre de Bruxelles, 1967, p.101ss.
5. Ibid, p.743ss.
6. Jerome H. Skolnick, "La sociologia del diritto negli Stati Uniti d'America", in *La sociologia del diritto*, org. por Renato Treves, Milão, Comunità, 1966, p.287.
7. Orlando Gomes, *A crise do direito*, São Paulo, Max Limonad, 1955, p.67ss.
8. Ver F.A. de Miranda Rosa, *Poder, direito e sociedade*, Rio de Janeiro, Zahar, 1982.

Capítulo V (p.65-77)

1. O texto deste capítulo é o resultado da fusão e reformulação parcial de dois artigos publicados in *Arquivos do Ministério da Justiça*, o primeiro, "O conceito de mudança social e o direito", nº 146, abr-jun 1978 e o segundo, "O direito e a solução de conflitos", nº 148, out-dez 1978. É aqui agradecida a permissão dada para isso.
2. L.A. Coser, *The Functions of Social Conflict*, Nova York, The Free Press, 1956, p.8.

3. Emilio Willems, *Dictionnaire de sociologie*, Paris, Marcel Riviere et Cie., 1960, ed. fr. modificada do *Dicionário de sociologia* originalmente publicado em 1950 pela Globo.
4. Samuel Koenig, *Elementos de sociologia*, Rio de Janeiro, Zahar, 1967, p.308.
5. É copiosa a literatura sociológica sobre a acomodação como processo social. Reporte-se o leitor interessado, por exemplo, a Paulo Dourado Gusmão, *Manual de sociologia*, Rio de Janeiro, Forense, 5ª ed., 1977, p.66; Donald Pierson, *Teoria e pesquisa em sociologia*, São Paulo, Melhoramentos, 11ª ed., 1968, cap. XVI em sucessivas edições; Eva Maria Lakatos, *Sociologia geral*, São Paulo, Atlas, 1976, cap. 5; Recaséns Siches, *Tratados de sociologia*, Porto Alegre, Globo, cap. XIX; e muitos outros.
6. Existem estudos numerosos a respeito, nos documentos produzidos por um grupo de trabalho sob a égide do chamado Centro de Viena (Centro Europeu de Coordenação de Pesquisa e de Documentação em Ciências Sociais, do Conselho Internacional de Ciências Sociais, órgão de Organização das Nações Unidas). Vale também referir B.M. Blegvad, P.O. Bolding e Ole Lando, *Arbitration as a Means of Solving Conflicts*, New Social Science Monographs, Copenhague, 1973; Torsten Eckhoff, "The Mediator, The Judge and the Administrator in Conflict Resolution", in *Contributions to the Sociology of Law*, Copenhague, 1966.
7. Tom Burns, in *A Dictionary of the Social Sciences*, Londres, Tavistock Publications, 1964, p.647.
8. Idem.
9. T.B. Bottomore, *Introdução à sociologia*, Rio de Janeiro, Zahar, 1967, p.227ss.
10. *Idem.*
11. Donald Pierson, *Teoria e pesquisa em sociologia*, São Paulo, Melhoramentos, 11ª ed., 1968, p.328.
12. Eva Maria Lakatos, *Sociologia geral*, São Paulo, Atlas, 1976, p.249ss.
13. Ibid, pág. 249.
14. Cláudio Souto, *Teoria sociológica geral*, Porto Alegre, Globo, 1973, p.86ss.
15. Ver os capítulos antecedente e seguinte.
16. F.A. de Miranda Rosa e Odila Dinorá de Alagão Cândido, *Jurisprudência e mudança social*, Rio de Janeiro, Jorge Zahar, 1988.

Capítulo VI (p.79-92)

1. Madeleine Grawitz, "De l'utilisation en droit de notions sociologiques", in *L'Année sociologique*, vol.17, 1966, p.415ss.
2. Idem.
3. Emile Durkheim, *De la division du travail social*, Paris, PUF, 8ª ed, 1967.
4. Robert Bierstedt, verbete "Anomy", in *A Dictionary of the Social Sciences*, Londres, Tavistock Publications, 1964.
5. Ibid, p.343.
6. Ibid, p.348-349.
7. Emile Durkheim, *Le suicide*, Paris, PUF (nova edição), 1960.
8. Talcott Parsons, *The Structure of Social Action*, Nova York, The Free Press, 1968, p.34.
9. Albert Cohen, *La déviance*, ed. belga, Gembloux, J. Ducolot, 1971, p.152.
10. Robert K. Merton, *Teoría y estructura sociales*, México, Fondo de Cultura Económica, 1964, por nós consultada, trad. esp. de *Social Theory and Social Structure*, 1ª ed., The Free Press of Glencoe, 1949.
11. Ibid, p.140-201.
12. William Graham Sumner, *Los pueblos y sus costumbres*, Buenos Aires, Guillerme Kraft Ltda., 1948, trad. esp. de *Folkways*, título original da obra.
13. Hans Kelsen, *Teoria pura do direito*, São Paulo, Saraiva & Cia., 1939, p.33.

14. Ibid., p.32.
15. Cláudio Souto, *Introdução ao direito como ciência social*, Rio de Janeiro, Tempo Brasileiro/UnB, 1971, p.7.
16. Karl Olivecrona, *Il diritto come fatto*, Milão, Giuffrè, 1967, p.23.
17. Pontes de Miranda, *Tratado de direito privado*, tomo I, Rio de Janeiro, Borsoi, 2ª ed., 1954, p.8-9.
18. Edwin M. Schur, *Sociologia del diritto*, Bolonha, Società Editrice Il Mulino, 1970, p.90.

Capítulo VII (p.93-101)

1. Segundo comunicação de Kalinowski às Jornadas Internacionais de Sociologia Jurídica, promovidas pelo Comitê de Pesquisas de Sociologia do Direito em Varese, Itália, set 1968.
2. Emile Durkheim, *Leçons de sociologie: Physique des moeurs et du droit*, Paris, PUF, 1950.
3. Luis Recaséns Siches, *Tratado de sociologia*, Porto Alegre, Globo, 1965, p.693ss.
4. Renato Treves, in *La sociologia del diritto*, Milão, Comunità, 1966, p.23-25.
5. Edmond Jorion, *De la sociologie juridique*, Bruxelas, Université Libre de Bruxelles, 1967, p.209-211.
6. Ibid, p.211.
7. Ibid, p.227.
8. Ibid, p.223-4.
9. Ibid, p.228.
10. Ibid, p.235ss.
11. Jean Carbonnier, *Sociologie juridique: Sociologie du droit des successions* (1963-1964), Paris, Association Corporative des Etudiants en Droit et Sciences Economiques, p.13ss.
12. Jean Carbonnier, *Sociologique juridique: Sociologique du droit de la famille* (1963-1964), Paris, Association Corporative des Etudiants en Droit et Sciences Economiques, p.22ss.

Capítulo VIII (p.103-116)

1. François Terré, "La signification sociologique de la reforme des régimes matrimoniaux", in *L'Année sociologique*, Paris, PUF, 1965, p.3ss.
2. Jean Carbonnier, *Sociologie juridique: Sociologie du droit de la famille* (1963-1964), Paris, Association Corporative des Etudiants en Droit et Sciences Economiques, p.12.
3. Paul Bohannan e Karan Huckleberry, "Institutions of divorce, the family, and the law", in *Law and Society Review*, segundo Mario Ferrario, em trabalho para publicação do Centro de Documentação de Sociologia do Direito, do Instituto de Sociologia do Direito da Universidade de Milão, cuja edição não veio a lume, ainda, até o momento em que escrevemos, mas cujo texto foi objeto de comunicação na reunião de Varese, 1968, já referida.
4. François Terré, "La signification sociologique de la reforme des régimes matrimoniaux", in *L'Année sociologique*, Paris, PUF, 1965.
5. Jean Carbonnier, *Sociologie juridique: sociologie du droit des successions*, ed. mimeografada da Association Corporative des Etudiants en Droit et Sciences Economiques, Paris, 1963-1964.
6. Ibid, p.229ss.
7. André Brun, in *Revue internationale de droit comparé*, Paris, Societé de Législation Comparée, jan-mar 1967, p.5ss. Ver também Evaristo de Moraes Filho, *Sucessão nas obrigações e a teoria da empresa*, Rio de Janeiro, Forense, 1960.
8. Torsten Eckhoff, op. cit., p.53-55; Renato Treves, op. cit., p.24.
9. F.A. de Miranda Rosa, *Patologia social*, Rio de Janeiro, Zahar, 1966, p.224.

10. Kenneth L. Little, *Race and Society*, Paris, Unesco, 1965, p.17.
11. Ibid, p.28.
12. Ibid, p.30.
13. Michel Leiris, *Race and Culture*, Paris, Unesco, 1965, p.10.
14. Ver, por exemplo, nosso artigo "O império da lei e a África", Rio de Janeiro, *Jornal do Commercio*, 22-6-1961.
15. Apud Mario Ferrario, em trabalho para publicação do Centro de Documentação de Sociologia do Direito, do Instituto de Sociologia do Direito da Universidade de Milão, cuja edição não veio a lume, ainda, até o momento em que escrevemos, mas cujo texto foi objeto de comunicação na reunião de Varese, 1968.
16. Torsten Eckhoff, op. cit.
17. Edmond Jorion, *De la sociologie juridique*, Bruxelas, Université Libre de Bruxelles, 1967, p.225.
18. F.A. de Miranda Rosa, *Poder, direito e sociedade*, Rio de Janeiro, Jorge Zahar, 1982.
19. F.A. de Miranda Rosa, *Patologia social: Uma introdução ao estudo da desorganização social*, Rio de Janeiro, Zahar, 1966.

Capítulo IX (p.117-132)

1. A matéria deste capítulo é constituída do texto, revisto e modificado em parte, de dois artigos: o primeiro, com o título acima, publicado nos *Estudos jurídicos em homenagem a Oscar Tenório*, Rio de Janeiro, Uerj, 1977, p.231-4; o segundo sob o título "As Dimensões Folclóricas do Direito Processual", in *Litis*, ano I, vol.I, 1974, p.167-75, a cujos editores se agradece pela autorização para isso.
2. Donald Pierson, *Teoria e pesquisa em sociologia*, São Paulo, Melhoramentos, 11ª ed., 1968, p.187ss.; também entre outros, W.F. Ogburn e M.F. Nimkoff, "Cooperação, competição e conflito", in *Homem e sociedade*, coletânea de Fernando Henrique Cardoso e Octavio Ianni, São Paulo, Cia. Ed. Nacional, p.236ss.
3. A matéria encontra excelente e moderno tratamento em *Teoria geral do processo civil*, de Waldemar Mariz de Oliveira Junior, São Paulo, 1971.
4. Robert K. Merton, *Teoría y estructura sociales*, México, Fondo de Cultura Económica, 1964, p.140ss., trad. esp. de *Social Theory and Social Structure*.
5. Consulte-se Jean Carbonnier, *Sociologie juridique*, Paris, Armand Colin, 1972, ou *Flexible Droit*, Paris, Pichon et Durand-Auzias, 1969, ou ainda, suas notas de aulas, sob o título *Sociologie juridique*, em vários volumes mimeografados, segundo ramos diversos do Direito.
6. Julius Stone, *Social Dimensions of Law and Justice*, Califórnia, Stanford University Press, 1966 e *Human Law and Human Justice*, Londres, Stevens & Sons Ltd., 1965, são trabalhos exaustivos.
7. Informação a respeito pode ser obtida no capítulo seguinte.
8. Idem, capítulo XIII.
9. Ao analisar o livro VI das *Leis*, de Platão, p.757.
10. Sobre essas reações sociais, veja-se de Gisálio Cerqueira Filho, Teresa Miralles e F.A. de Miranda Rosa, *Comportamentos sociais e sua representação na sociedade urbana brasileira*, relatório de pesquisa, Rio de Janeiro, 1974.
11. A matéria foi tratada em nosso *Patologia social*, Rio de Janeiro, Zahar, 1966.
12. Robert K. Merton, *Teoría y estructura sociales*, México, Fondo de Cultura Económica, 1964, por nós consultada, trad. esp. de *Social Theory and Social Structure*, 1ª ed., The Free Press of Glencoe, 1949
13. A resolução consta do Relatório Geral do I Encontro Nacional de Magistrados, promovido pela Associação dos Magistrados Brasileiros, Rio de Janeiro, Petrópolis, mimeografado e publicado no nº 9 do *Boletim* da Associação.

14. Pontes de Miranda examinou o fenômeno desde as primeiras páginas de seus *Comentários ao código de processo civil* (o de 1939), vol.I, Rio de Janeiro, Forense, 1947, p.64-65.
15. José Gomes B. Câmara, in *Subsídios para a história do direito pátrio*, tomo IV, Rio de Janeiro, Brasiliana, 1967, p.99-124.
16. Eliezer Rosa, *Leituras de processo civil*, ed. pelo próprio autor, Rio de Janeiro, 1970, p.142.
17. Eliezer Rosa, *Leituras de processo civil*, op. cit.
18. Jean Carbonnier, *Sociologie juridique: Sociologie du droit des successions*, ed. mimeografada da Association Corporative des Etudiants en Droit et Sciences Economiques, Paris, 1963-1964, p.14.
19. Jean Carbonnier, ver *Sociologie juridique*, Paris, Armand Colin, 1972, p.153-54.
20. Fernando Whitaker da Cunha, "Folclore e Contravenção", *Revista de Jurisprudência*, do Tribunal de Justiça do Estado.
21. Luís Werneck Vianna, Maria Alice Rezende de Carvalho, Manuel Palácios Cunha Melo e Marcelo Baumann Burgos, *Corpo e alma da magistratura brasileira*, Revan, 1997.
22. Luís Werneck Vianna, Maria Alice Rezende de Carvalho, Manuel Palácios Cunha Melo e Marcelo Baumann Burgos, *A judicialização da política e das relações sociais no Brasil*, Revan, 1999.

Capítulo X (p.133-152)

1. Giuseppe Di Federico, *Il reclutamento dei magistrati*, Bari, Laterza, 1968.
2. Torsten Eckhoff, op. cit.; Jerome H. Skolnick, "La Sociologia del Diritto negli Stati Uniti d'America", in *La sociologia del diritto*, org. por Renato Treves, Milão, Comunità, 1966.
3. Angelo Pagani, *Gli atteggiamenti sociali dei giudici*, Milão, Centro Nazionale di Prevenzione e Difesa Sociale, 1968.
4. Guido Martinotti, *Caratteristiche sociali dei magistrati italiani*, Milão, Centro Nazionale di Prevenzione e Difesa Sociale, 1968, apresentado como comunicação à reunião de Varese, já mencionada, no mesmo ano.
5. Ezio Moriondo, *L'ideologia della magistratura italiana*, Bari, Laterza, 1967.
6. Ibid., p.247ss.
7. Sabino Cassese, *Problemi degli studi dell'ideologia dei giudici*, fascículo publicado pelo Centro Nazionale di Prevenzione e Difesa Sociale, Varese, na já mencionada reunião de 1968.
8. Luigi Bianchi D'Espinosa, *Valori socio-culturali della giurisprudenza: Relazione introduttiva*, e Dino Greco, *Valori socio-culturali della giurisprudenza: Premessa metodologica*, Milão, Centro Nazionale di Prevenzione e Difesa Sociale, 1968.
9. Dino Greco, *Valori socio-culturali della giurisprudenza: Premessa metodologica*, Milão, Centro Nazionale di Prevenzione e Difesa Sociale, 1968, p.33.
10. Maria Cristina Celoria e Generoso Petrella, "L'Etica familiare", in *Valori*, op. cit., parte II, p.5ss.
11. Federico Governatori, "Stato e cittadino", in *Valori*, parte II, op. cit., p.49ss.
12. Elena Paciotti, "Lealtà Commerciale", in *Valori*, parte II, op. cit., p.49ess.
13. Domenico Pulitanò, "Il Buon Costume", in *Valori*, parte III.
14. Cesare Castellano, Carlo Pace e Giuseppe Palomba, *L'eficienza della giustizia italiana e i suoi effetti econômico-sociali*, Bari, Laterza, 1968.
15. Castellano, ibid, p.97-102.
16. Pace, ibid, p.172-191 e 245ss.
17. Palomba, ibid, p.283-4.
18. Ver respectivamente Giorgio Freddi, *La giurisdizzione civile di merito: Elaborazione parziale dei dati racolti presso cinque tribunali*, Milão, C.N.P.D.S., 1968; Giorgio Freddi, *Tensioni e confliti organizzativi nella magistratura*, Milão, C.N.P.D.S., 1968; Giuseppe Di Federico e

Giorgio Freddi, *Il flusso del lavoro giurisdizionale di legittimità*, Milão, C.N.P.D.S., 1968; Giuseppe Di Federico, *Obiettivi instituzionali, struttura, organici e carichi di lavoro: La corte di cassazione*, Milão, C.N.P.D.S., 1968.
19. Francesco Forte, *Prime linee di una teoria economica della giustizia*, e *I costi e i benefici della giustizia e il sistema di bilancio della pianificazione e programmazione*, Milão, C.N.P.D.S., 1968.
20. Piervincenzo Bondonio, *Prime ricerche sull'amministrazione giudiziaria italiana, studiata con il metodo dell'analisi costi-benefici*, Milão, C.N.P.D.S., 1968.
21. Ver nossa *Patologia social*, Rio de Janeiro, Zahar, 1966, p.90.
22. D.R. Gilbert, *Lawyers in England: Present Position and Current Trends*, Varese, C.N.P.D.S., 1968.
23. Gian Paolo Prandstraller, *La professione di avvocato e l'ammnistrazione della giustizia*, Milão, C.N.P.D.S., 1968.
24. Francesco Indovina, *La professione di avvocato in un'area di capitalismo avanzato*, Milão, C.N.P.D.S., 1968.
25. Britt-Mari Persson Bregvad, *Conflict Resolution by Means of Commercial Arbitration*, Varese, 1968.
26. Torsten Eckhoff, "The Mediator, the Judge and the Administrator in Conflict-resolution", in *Acta sociologica*, vol.10, fasc.1-2, Copenhague, 1966, p.148ss.
27. Luís Werneck Vianna, Maria Alice Rezende de Carvalho, Manuel Palácios Cunha Melo e Marcelo Baumann Burgos, *A judicialização das relações sociais no Brasil*, Revan, 1999.
28. F.A. de Miranda Rosa, *Justiça e autoritarismo*, Rio de Janeiro, Jorge Zahar, 1985.

Capítulo XI (p.153-162)

1. Torsten Eckhoff, op. cit., p.43ss.
2. Apud Eckhoff, op. cit., p.44.
3. Berl Kutschinsky, "Law and Education: Some Aspects of Scandinavian Studies into the General Sense of Justice", in *Acta sociologica*, vol.10, fasc.1-2, Copenhague, 1966, p.21ss.
4. Cesare Castellano, Carlo Pace e Giuseppe Palomba, *L'eficienza della giustizia italiana e i suoi effetti econômico-sociali*, Bari, Laterza, 1968.
5. Idem.
6. Berl Kutschinsky, "Law and Education: Some Aspects of Scandinavian Studies into the General Sense of Justice", in *Acta sociologica*, op. cit.
7. Kalman Kulcsar, "The Law and the Public in Hungary", in *Acta juridica*, Academia Húngara de Ciências, vol.10 (1-2), p.37ss; Adam Podgorecki, "The Prestige of Law", em *Acta sociologica*, vol.10, fasc.1-2, p.81ss., e em *La sociologia del diritto*, a cargo de Renato Treves, Milão, Comunità, 1966; Segundo comunicação feita ao Congresso de Varese, em 1968; J. Van Houtte, projetos revelados ao Congresso de Varese, e conjugados com os de Vinke.

Capítulo XII (p.163-170)

1. Fernando Bastos de Ávila, *Introdução à sociologia*, Rio de Janeiro, Agir, 1964, p.159.
2. Emile Durkheim, *Les règles de la méthode sociologique*, Paris, PUF.
3. Florestan Fernandes, *Fundamentos empíricos da explicação sociológica*, São Paulo, Cia. Ed. Nacional, 1967, p.13.
4. Idem.
5. Donald Pierson, *Teoria e pesquisa em sociologia*, São Paulo, Melhoramentos, 11ª ed., 1968, p.94-7.

6. Claire Selltiz, Marie Jahoda, Morton Deutsch, Stuart. W. Cook, *Métodos de pesquisa nas relações sociais*, São Paulo, USP, 1965.
7. Samuel Koenig, *Elementos de sociologia*, Rio de Janeiro, Zahar, 1967, p.16-8.
8. Pitirim A. Sorokin, *Sociedad, cultura y personalidad*, Madri, Aguilar, 1962, p.27-8.
9. Ezio Moriondo, *L'ideologia della magistratura italiana*, Bari, Laterza, 1967.
10. Raymond Boudon, "Réflexions sur la logique des modèles simulés", in *Archives européennes de sociologie*, tomo VI, Paris, Plon, nº 1, 1965.
11. Howard Rosenthal, "Election Simulation", in *Archives européennes de sociologie*, tomo VI, Paris, Plon, nº 1, 1965.
12. Ibid, p.11.
13. Edmond Jorion, *De la sociologie juridique*, Bruxelas, Université Libre de Bruxelles, 1967, especialmente p.227ss.

Capítulo XIII (p.171-183)

1. Elias Canetti, *Masse et puissance*, Paris, Gallimard, 1966, trad. fr. do orig. alem. publicado em 1960.
2. Morris Ginsberg, *On Justice in Society*, Nova York, Cornell University Press, 1965.
3. Bertrand Russell, in "Philosophical Essays", apud Morris Ginsberg, *On Justice in Society*, op. cit., p.25.
4. Ibid, p.40.
5. Alf Ross, *On Law and Justice*, Londres, Stevens & Sons Ltd., 1958.
6. Morris Ginsberg, *On Justice in Society*, op. cit., p.53.
7. Ibid, p.54.
8. Ibid, p.76.
9. Ibid, p.77.
10. Alf Ross, *On Law and Justice*, Londres, Stevens & Sons Ltd., 1958, p.268ss.
11. Julius Stone, *Human Law and Human Justice*, Londres, Stevens & Sons Ltd., 1965.
12. Paulino Jacques, *Da igualdade perante a lei*, Rio de Janeiro, Forense, 1957.
13. Angel Sanchez de la Torre, *Curso de sociologia del derecho*, Madri, Revista Derecho Privado, 1965, p.338-40.
14. Boguslaw Lesnodorski, "Juges professionnels et élément populaire", in *Revue Internationale de Droit Comparé*, abr-jun 1968, p.287ss.

Apêndice (p.185-210)

1. Benedetto Croce, *A história, pensamento e ação*, op. cit., p.47.
2. A. Aulard e B. Mirkine-Guetzevitch, *Les déclarations des droits de l'homme*, Paris, Payot, 1929.
3. Marcello Caetano, *Manual de direito administrativo*, Lisboa, Coimbra Editora Ltda., 6ª ed., 1963, p.669.
4. Themistocles Brandão Cavalcanti, *A Constituição Federal comentada*, Rio de Janeiro, José Konfino, 2ª ed., 1952, vol.III, p.87.
5. Margaret Mead, *Coming of Age in Samoa*, Inglaterra, Penguin Books, 1963.
6. F.A. de Miranda Rosa, *Justiça e autoritarismo*, Rio de Janeiro, Jorge Zahar, 1985.
7. F.A. de Miranda Rosa, *Poder, direito e sociedade*, Rio de Janeiro, Zahar, 1982.
8. Aurélio W. Chaves Bastos, *Conflitos sociais e limites do Poder Judiciário*, Rio de Janeiro, Lumen Juris, 2001.

Este livro foi composto por TopTextos Edições Gráficas em Minion
e Frutiger e impresso por Geográfica Editora em março de 2009.